perfis brasileiros

Outros títulos da coleção perfis brasileiros

Antônio Vieira, Ronaldo Vainfas
Castro Alves, Alberto da Costa e Silva
Cláudio Manuel da Costa, Laura de Mello e Souza
D. Pedro I, Isabel Lustosa
D. Pedro II, José Murilo de Carvalho
General Osorio, Francisco Doratioto
Getúlio Vargas, Boris Fausto
Joaquim Nabuco, Angela Alonso
José Bonifácio, Miriam Dolhnikoff
Leila Diniz, Joaquim Ferreira dos Santos
Nassau, Evaldo Cabral de Mello
Rondon, Todd A. Diacon

Roberto Marinho

por
Eugênio Bucci

pesquisa e checagem
Ana Helena Rodrigues

coordenação
Mario Sergio Conti e Lilia M. Schwarcz

COMPANHIA DAS LETRAS

copyright © 2021 by Eugênio Bucci

Grafia atualizada segundo o Acordo Ortográfico da Língua Portuguesa de 1990, que entrou em vigor no Brasil em 2009.

capa e projeto gráfico
Raul Loureiro

foto da capa
Marco Antonio Teixeira/ Agência O Globo

foto da p. 7
Mirian Fichtner/ Agência O Globo

pesquisa iconográfica
Sérgio Bastos

preparação
Fábio Fujita

índice remissivo
Luciano Marchiori

revisão
Carmen T. S. Costa
Marise Leal

Dados Internacionais de Catalogação na Publicação (CIP)
(Câmara Brasileira do Livro, SP, Brasil)

Bucci, Eugênio
    Roberto Marinho : Um jornalista e seu boneco imaginário / Eugênio Bucci ; pesquisa e checagem Ana Helena Rodrigues. — 1ª ed. — São Paulo : Companhia das Letras, 2021. (Coleção perfis brasileiros/ coordenação Mario Sergio Conti e Lilia M. Schwarcz)
    ISBN 978-65-5921-315-3

    1. Empresários – Brasil – Biografia 2. Jornalistas – Brasil – Biografia 3. Marinho, Roberto, 1904-2003 I. Rodrigues, Ana Helena. II. Conti, Mario Sergio. III. Schwarcz, Lilia M. IV. Título. V. Série.

21-77481   CDD-920.50981

Índice para catálogo sistemático:
1. Brasil : Jornalistas : Biografia e obra 920.50981
Cibele Maria Dias – Bibliotecária – CRB-8/9427

[2021]
Todos os direitos desta edição reservados à
EDITORA SCHWARCZ S.A.
Rua Bandeira Paulista, 702, cj. 32
04532-002 — São Paulo — SP
Telefone: (11) 3707-3500
www.companhiadasletras.com.br
www.blogdacompanhia.com.br
facebook.com/companhiadasletras
instagram.com/companhiadasletras
twitter.com/cialetras

Roberto Marinho
Um jornalista
e seu boneco imaginário

Para Luiz Antônio Novaes (1959-2016),
meu camarada Diogo, meu amigo Mineiro

Sua ideologia é o negócio.
Theodor Adorno e Max Horkheimer, sobre os "capitães da indústria cultural", em 1947.[1]

Como classificá-lo ideologicamente? Não é tão fácil situá-lo, pois se alguma ideologia tem é a da eficiência.
Roberto Campos, sobre Roberto Marinho, em 1992.[2]

A ideologia dele era o jornal.
Roberto Irineu Marinho, sobre o pai, em 2004.[3]

---

1 Theodor Adorno e Max Horkheimer, *Dialética do esclarecimento: Fragmentos filosóficos*. Rio de Janeiro: Jorge Zahar, 1985, p. 128.
2 "Roberto Marinho, o catador do trigo". In: Roberto Marinho, *Uma trajetória liberal*. Rio de Janeiro: Topbooks, 1992, p. 23.
3 Pedro Bial, *Roberto Marinho*. Rio de Janeiro: Jorge Zahar, 2004, pp. 32 e 348.

Sumário

PARTE 1: NADA COMO UM SOCO DEPOIS DO OUTRO
1. Pancada inaugural 17
2. Sem trabalho e sem escola 23
3. Uma sova no largo da Carioca 29
4. Como *A Noite* mudou de dono 35
5. Quanto valia aquele vespertino? 42
6. Oceano 46
7. O jornal que se lia "por amor" 53
8. Inventar *O Globo* e depois morrer 56
9. Letras afiadas 60
10. O recibo revelado 67
11. *A Noite* finda 73
12. No comando 77

PARTE 2: OFICINA DE ARTES POLÍTICAS
13. Virando gentleman 89
14. Sai Getúlio, entra Getúlio, e a Rádio Globo fica 93
15. Tiros e amigos 100
16. O bon vivant no altar 106
17. Aventuras (lucrativas) imobiliárias 111
18. Em defesa do senador sem pontaria 118
19. Junte-se à tecnologia 121
20. Modalidades artísticas e esportivas 125

PARTE 3: UMA OPORTUNIDADE: A DITADURA
21. O jornalista no espelho 133
22. Estreia estabanada 140
23. Um cubano em hora imprópria 144
24. Entre um Fusca e um iate 150
25. Boni and Clark 157
26. Boni: Casamento de 31 anos 163
27. A cumplicidade dos quartéis 169
28. Identidades oportunas 174
29. "Permanente apoio ao governo" 177
30. Cinquenta anos depois 180
31. A transição inóspita 185

PARTE 4: OUTRA OPORTUNIDADE: A DEMOCRACIA
32. Sem "tempo perdido" 199
33. Desejo teimoso 208
34. "Só não brigo com o dr. Roberto" 211
35. Conflito de interesses? 215
36. Da expansão ao desastre 219

PARTE 5: GRATIDÃO E MEDO
37. Protetor de comunistas 231
38. Esconderijo de repórteres 239
39. "Me enforquem com uma corda de seda" 243
40. Protetor também de anticomunistas — por que não? 246
41. Isso, não 251
42. Fantasmagorias 257

PARTE 6: IMAGENS NO TEMPO
43. Até que um dia, faltou 263
44. Inclassificável 266
45. Boneco 270

Agradecimentos 275
Notas 279
Bibliografia 309
Índice remissivo 321

PARTE 1:
NADA COMO UM SOCO DEPOIS DO OUTRO

1. Pancada inaugural

"Um homem que não tem coragem não merece viver."[1] Assim falava Roberto Pisani Marinho, que viveu 98 anos, oito meses, três dias, cinco horas e trinta minutos: nasceu às cinco da tarde do dia 3 de dezembro de 1904, no Rio de Janeiro, e morreu em 6 de agosto de 2003, às dez e meia da noite, na mesma cidade. Para ele, a coragem, mais que uma virtude moral, era prontidão física para sair no braço. O resto era pose. Em seu vocabulário, o substantivo "coragem" tinha sentido masculino: o homem sem coragem não merece viver porque não merece ser, e não merece ser porque já não é — homem. Aos medrosos, a morte.

Ele aprendeu a pensar assim — e a ser assim — desde cedo, no curso primário do Colégio Paula Freitas, onde os pais o matricularam em 1911. Foi lá que recebeu, aos seis anos de idade, nos seus primeiros dias de escola, a lição definitiva sobre coragem. Ele a recebeu fora da sala de aula, longe do quadro-negro, quando um colega maior e mais velho o agrediu por puro exibicionismo. Mais de meio século depois, já idoso, Roberto Marinho registrou o traumático episódio em notas um tanto desordenadas. Planejava usá-las para escrever uma autobiografia. Nessas anotações, em que fala de si mesmo na terceira pessoa, não esconde a dor da infâmia. "Um colega de colégio costumava agredi-lo por ser bem mais velho e mais forte. Tudo se passou nos seus primeiros dias de colégio."[2]

Quando rabiscou suas notas, as lembranças tinham se dissolvido em meio aos flashes fragmentados, como retalhos de um filme antigo: o vozerio da meninada, a barulheira que se misturava com claridade do dia, o grandalhão avançando em sua direção, o medo, a pancada, um choque elétrico no meio do cérebro. Um dia, de que se lembrava pouco e do qual nunca se esqueceu, caiu nocauteado.[3] Sentiu-se como um boneco de pano, inerte, largado num canto de quarto. E essa imagem, a do boneco desfalecido, o acompanharia por toda a vida.

Não que a escola em que estudava fosse um circo de luta livre. Fundado em 1892, o Paula Freitas, no bairro da Tijuca, no Rio de Janeiro, gozava de prestígio na capital da República. Era a "coqueluche" das mães de famílias endinheiradas. A primeira turma de bacharéis tinha colado grau durante o mandato do presidente Rodrigues Alves (1902-1906), que compareceu à cerimônia de formatura. O colégio imprimia distinção aos seus alunos. Funcionava num casarão que pertencera ao Barão do Rosário, com janelas enormes, altas, que olhavam de cima para o amplo terreno na rua Haddock Lobo. Chancela de boa formação intelectual e signo de status,[4] o Paula Freitas não era sinônimo de briga de rua. Não obstante, como em qualquer outra instituição de ensino, a molecada brigava no pátio.

Roberto era miúdo. Os olhos grandes, acesos, encimados por sobrancelhas arqueadas, ganhavam luminosidade no contraste com a pele morena. Morena de verdade. Sua avó paterna, Edwiges, era descendente de escravos, mas a família considerava esse assunto um tabu, conforme demonstrou o jornalista Leonencio Nossa, o principal biógrafo de Roberto Marinho.[5] Já na travessia dos sessenta anos de idade, coroado como um barão da imprensa, Roberto seria referido por "crioulo alugado", "cafuzo" e "africano com trezentos anos de senzala" em artigos do magnata das comunicações Assis Chateaubriand, o Chatô, dono dos Diários Associados.[6] Os termos o feriam fundo. Adulto, tinha preocupações com o tom da pele, a ponto de se maquiar diariamente com pó de arroz para clarear o rosto.[7] Quando criança, não ligava a mínima. Nem precisava — por mais preconceituosa que fosse a cidade do Rio de Janeiro do início do século XX, recém-saída da escravidão mais atroz, ninguém o tomaria por "crioulo", "cafuzo" ou "africano". A boca de lábios finos, o nariz retraído e os cabelos escorridos, escuros, cortados em franjinha curta, desenhavam as feições do garoto jambo, fracote e branco.

No dia em que foi a nocaute, o aluninho do Paula Freitas se transformou e entendeu de uma vez o significado da palavra coragem. Enquanto se recompunha e tentava ficar de pé, experimentou um misto de dor, tontura, vergonha e impotência. Sentiu-se imobilizado. Faltavam-lhe os punhos cerrados. Bonecos de pano, os mais baratos, não têm mãos. Via a si mesmo como um ser pequenino, frágil, envolto em solidão. Mas, em seu íntimo, em seu silêncio entontecido, reagiu. Ao se dar por "surrado sem motivo e sem piedade", descobriu uma força nova. O franzino espancado "resolveu que, um dia, teria condições e oportunidade de se vingar".[8]

Ao se reerguer, era outro. Não encontrou vigor no corpo, mas, em silêncio, descobriu a firmeza que só a sede de vingança faz brotar. Jurou que acertaria as contas. O imbecil que o esperasse.

A convicção de que o destino lhe reservava a vendeta o acompanhou pelo resto da infância, atravessou a adolescência e alcançou sua juventude. Fixada na fantasia de ser forte, a criança se converteu em esportista contumaz. Não cresceu acabrunhada, com sinais de mágoa represada. Em vez disso, canalizou energias para a atividade física. Praticava remo, nadava bem e lutava boxe, além de jiu-jítsu. Preparava-se para o grande dia.

É bem verdade que, mesmo praticando muita ginástica, não conseguiu turbinar a estatura. Nunca teve ombros largos, e sua escalada vertical estacionou na marca de 1,64 metro. Assim como disfarçava morenice com pó de arroz, encontrou um artifício que o fazia parecer menos baixo do que era: usava calçados especiais, com saltos disfarçados, embutidos na parte interna dos calcanhares, que traziam, por dentro, "elevadores" ocultos, como saltos suplementares, secretos. Eram os *elevator shoes*, que lhe entregavam alguns valiosos centímetros além do limite que a natureza lhe impusera.[9]

Roberto não conseguia se fazer passar por um varapau, é claro, mas se dava por contente quando ostentava uma altura de "quase" 1,70 metro. Empinado em seus "elevadores" escondidos, aprendeu a olhar o mundo com destemor. A seu juízo, tornou-se um rapazote corajoso, que merecia viver. O treinamento plantou nele as sementes da determinação e da audácia. Aprendeu a gostar de si, ou mais do que isso, enamorou-se de si mesmo.

Na primeira juventude, sua estampa copiava o estilo de astros morenos de cinema de Hollywood como o italiano Rodolfo Valentino e o mexicano Ramon Novarro, de faces bem escanhoadas e cabelos fartos, emplastados e lustrosos. Gostava bastante do que via quando se olhava no espelho e desenvolveu pela própria imagem um amor seminal, escaldante. Amor verdadeiro. Amor eterno. No final do século xx, quando começou a anotar suas recordações para escrever sua autobiografia, pensou em dar à obra um título pouco modesto:

Condenado ao êxito.[10] O projeto memorialístico não tinha lá um título original, pois, em 1943, o músico americano Woody Guthrie (1912-67) já tinha lançado nos Estados Unidos um relato autobiográfico bem nessa linha, com o nome de *Bound to Glory* [Destinado à glória]. De todo modo, nunca se consumou, nunca virou livro de verdade, não por sua autoestima não ser altíssima, mas talvez porque, como Otto Lara Resende disse em certa ocasião, "o que interessa ele não conta, o que ele conta não interessa".[11]

No final da adolescência, Roberto não saía por aí declarando que estava "condenado ao êxito", mas já dava sinais de não acreditar que teria parte com o fracasso. Vivia feliz no papel que sonhara para si mesmo, de galã invocado. E como queria ir à forra! Mas, bom revanchista que era, não tinha pressa. Ansiava por devolver a surra, mas não se afligia por não saber o paradeiro do seu vilão de infância. Não tinha como saber sequer se, dando de cara com ele no meio da rua, seria capaz de reconhecê-lo. Não ligava. Tinha fé.

Enquanto isso, usufruía alegremente dos luxos proporcionados pela prosperidade do pai, Irineu Marinho, que fizera fortuna como dono de jornal. Irineu era um tipo magro, calvo, sempre de bigode e, ele sim, "bem mulato".[12] Nasceu pobre, estudou, trabalhou obsessivamente e ficou rico. Tinha um dom para agregar gente boa e para motivar uma redação. Nascera para o ofício. Era um chefe adorado. E também um tipo pacífico: na lista de seus atributos, o pugilismo não entrava. Com a saúde frágil, não tinha compleição física para engalfinhar-se em batalhas corporais.

Roberto, que sempre declarou ter um ídolo na figura paterna, não o seguiu nesse ponto: gostava de distribuir tabefes. Entre ringues e tatames, tinha tomado gosto pelas vias de fato. Não fugia de briga nenhuma. Orgulhava-se de saber bater nos outros. Orgulhava-se de ser vingativo.

Numa tarde, cerca de quinze anos depois de ter levado o inesquecível cascudo na escola, caminhava pelo Lido, em Copacabana, quando avistou um sujeito que andava calmamente na calçada. Teve um estalo: era o tal, era ele mesmo, seu agressor. Na hora lhe veio à cabeça o apelido do infeliz: Mongaguá. Era ele. Um repuxão nos músculos o pôs em alerta. Almofadinha de tempo integral, Roberto estava especialmente bem-vestido naquela hora. Ia visitar uma namorada nas redondezas. Mas não seria por isso. A camisa que amarrotasse. O vinco da calça que se perdesse. No relato de seu biógrafo Pedro Bial, o moço apressou o passo e gritou:

— Mongaguááá!

O outro assentiu. Ato contínuo, o ex-mirrado correu até ele e se pôs a devolver a desfeita.[13]

Em suas notas memorialísticas, Roberto Marinho conta o mesmo caso com um toque diferente. Diz que não deu nenhum aviso antes de bater — foi logo socando o passante. Eis o que ele mesmo narra, sempre falando de si na terceira pessoa:

> Anos depois, num fim de tarde em que passeava pelo Lido, em Copacabana, viu e reconheceu o colega de colégio que o agredira. Sem avisar, desfechou-lhe um chute. Desferiu em seguida uma série de socos e chutes, aplicados com furor e técnica, que deixou o tal sujeito arriado, quase desfalecido na calçada. Tudo isso sem dizer uma palavra. Quando se deu por vingado e recompensado, afastou-se sem pressa.[14]

Bater foi prazeroso. Mongaguá despencou. De alma lavada, a criança indefesa do Colégio Paula Freitas tinha se transformado num rapaz alinhado, namorador, bon vivant, vaidoso e violento. Já não tremia na hora do coice.

2. Sem trabalho e sem escola

Aos vinte anos, o *boxeur* de Copacabana aprendera a conciliar o lazer noturno às jornadas esportivas, o que o levava a não exagerar no álcool. Bebia pouco. Em outros quesitos, pegava mais pesado. Colecionou amores. Nas jornadas atléticas, diversificava as modalidades aeróbicas e esculpia a massa muscular. Mais tarde, desenvolveria uma paixão incurável pelo hipismo e pela pesca submarina, mas, ao final da adolescência, o pugilismo o seduzia mais. Não sentia falta de mais nada. A rotina de playboy garboso e brigão lhe tomava as 24 horas do dia.

  Roberto não tinha trabalho, não tinha patrão e já não ia à escola — que também não lhe fazia falta. Seus boletins, enquanto duraram, não primavam pela excelência. Frequentou o ensino secundário no Colégio Aldridge, na praia de Botafogo, cuja freguesia eram as famílias ricas. O Aldridge foi fundado em 1910, com o nome Gymnasio Anglo-Brasileiro. Sua divisa era *Mens sana in corpore sano* [Mente sadia em corpo sadio]. Dois anos mais tarde, passou a se chamar Colégio

Aldridge, quando o diretor da instituição, o professor Alfred R. Aldridge, comprou a Chácara Paraíso, em São Gonçalo, e manteve lá o seu ginásio, agora com outro lema: *Labore et honore* [Trabalho e honra]. Em 1917, Leonard, filho de Alfred, comprou o prédio que fora do Colégio Abílio, em Botafogo, no Rio de Janeiro, e lá instalou o Aldridge — que funcionou nessa sede até 1945.[1]

O pai de Roberto, Irineu Marinho, queria dar ao filho uma formação compatível com sua condição de elite ascendente, mas fracassou. O rapazote não levou a coisa a sério. Não tirou o diploma e não chegou a cursar o que, na época, seria o correspondente ao ensino médio.[2] Irineu, aflito com a inexpressividade acadêmica do seu mais velho, não achou ruim quando Roberto entrou no Instituto Profissional Sousa Aguiar, que oferecia um curso profissionalizante, com o objetivo de aprender os ofícios de entalhador e de mecânico. Mas aí, de novo, o primogênito não foi até o fim. Intuiu que não precisaria virar entalhador ou mecânico para ganhar o sustento. Confiava na providência da conta bancária do já aclamado Irineu Marinho.

Mais de sessenta anos depois, em 1989, confessou exatamente isso num texto em forma de carta aberta, publicado em *O Globo* de 19 de dezembro de 1989, endereçada a Luiz Inácio Lula da Silva, líder máximo do Partido dos Trabalhadores (PT). No seu desabafo epistolar, Roberto Marinho admitiu publicamente que a prosperidade do pai o eximiu de virar operário.

Mas por que o dono de um império de comunicações, no auge de seu reinado, escreveria uma carta a Lula externando inconfidências sobre o passado? Os motivos são insondáveis, mas o pretexto do artigo de jornal em forma de carta aberta a Lula foi uma inconformidade pessoal: o ex-menino miúdo, agora metamorfoseado no todo-poderoso dono da

Rede Globo, ficara emburrado com certas declarações do destinatário. Naquele ano de 1989, Lula tinha acabado de perder para Fernando Collor de Mello o segundo turno da primeira eleição direta para presidente da República desde o golpe militar de 1964. Lula perdera por pouco — e andava mordido. Tinha a mais absoluta convicção de que o culpado por sua derrota, ao menos em parte, era ninguém menos que Roberto Marinho, que apoiara Fernando Collor, o então jovial governador de Alagoas, na crista dos quarenta anos, cabeleira farta e musculatura exibida, com um palavreado de direita pontuado pelas estridências neoliberais que estavam na moda.

O próprio Roberto Marinho, aliás, não gostava de assumir assim sem mais nem menos que tinha de fato posto a máquina da Globo para eleger Collor. Poucos anos depois, porém, já não se preocupava em aparentar neutralidade. Em 1993, numa entrevista ao *Jornal da Tarde*, ele explicitou integralmente que o apoio da Globo aconteceu de verdade:

> Sim, nós promovemos a eleição de Collor e eu tinha os melhores motivos para um grande entusiasmo e uma grande esperança de que ele faria um governo extraordinário. Fiquei muito triste com as coisas que aconteceram e com o desfecho [Fernando Collor renunciou ao se ver sinucado por um processo de impeachment, em 1992, no bojo de sucessivos escândalos de corrupção, mas não conseguiu escapar de perder seus direitos políticos por oito anos na condenação que sofreu no Senado, em 30 de dezembro daquele ano]. É um homem muito inteligente, com uma grande simpatia, e sobretudo um ser humano muito caloroso, uma companhia extremamente agradável.[3]

De fato, na campanha eleitoral de 1989, o peso da preferência de Roberto Marinho se fez sentir. A Rede Globo de

Televisão dominava todas as faixas de horários em audiência e todos os segmentos do mercado anunciante. Seu proprietário tinha a fama — ou a pecha — de "fazer" o novo presidente do Brasil. Diziam que quem ele apoiasse, ganharia. Tal reputação, para o bem e para o mal, era língua corrente, mas ele ficou agastado, bem contrariado, quando, no debate final da campanha — na noite de 14 de dezembro, nos estúdios da TV Bandeirantes, em São Paulo, e transmitido pelas quatro principais emissoras (Globo, Bandeirantes, SBT e Manchete) —, Lula sugeriu que o proprietário da Globo fazia campanha contra ele e tinha posto o seu império a serviço da eleição de Fernando Collor.

Em resposta, escreveu a carta aberta ao candidato derrotado para dizer que só o que fazia era pensar no bem do Brasil. Foi aí, nesse texto em que se sentiu à vontade para reminiscências, que acabou confidenciando, entre um parágrafo e outro, a respeito de sua formação escolar ter sido "atribulada" e de ter conseguido, na juventude, se livrar do trabalho árduo porque o pai o sustentava.

Na primeira parte, as palavras epistolares de Roberto Marinho tratam de política. Ali, o missivista procura atenuar, talvez por motivos táticos, o que reconheceria com todas as letras na entrevista concedida ao *Jornal da Tarde* em 1993. Em sua carta aberta a Lula, com uma explicação mais cuidadosa, ele escreve:

> Lula:
> Assisti como simples espectador, entre os milhões de brasileiros, ao debate final da campanha pela televisão. [...]
> O candidato Luís [sic] Inácio Lula da Silva mencionou mais de uma vez meu nome, durante a discussão com o competidor. Embora o fizesse com certo respeito e sem propósito de denegrir-me, havia nítido tom negativista no modo com

que reiteradamente me foi atribuído decisivo poder político sobre os destinos nacionais.

Não costumo dar resposta a ataques pessoais de quem quer que seja. A exceção que abro para o candidato Lula da Silva deve ser encarada como uma homenagem que lhe presto.

Não é verdade que eu exerça poder político hegemônico, e menos ainda que o faça em caráter pessoal. A orientação que imprimo aos veículos que me cabe dirigir visa estritamente à defesa do que julgo serem os reais interesses do país e dos caminhos a serem trilhados para que se possa alcançar o bem-estar do povo.

A tentativa de mobilizar a opinião pública contra o meu nome não chega a ser original. Antes do candidato Lula, mais de um político movido pelo oportunismo tem pretendido ferir-me pessoalmente na ilusão de que assim procedendo poderia perturbar a trajetória das organizações que comando. No caso presente, entretanto, devo reconhecer que houve pelo menos comedimento na injustiça praticada contra mim pelo companheiro Lula.

Depois, justificando-se por chamar Lula de "companheiro", dizendo que é "companheiro trabalhador", o signatário relembra como se livrou de ser operário.

Durante minha atribulada formação, em plena adolescência, matriculei-me espontaneamente no Instituto Profissional Sousa Aguiar. Todo dia, às quinze para as sete, eu entrava na sala onde estavam os armários com o número de cada um, e era pelo número que me conheciam: eu era o "Treze" [número que, coincidentemente, seria adotado pelo Partido dos Trabalhadores, o PT, fundado por Lula em 1980], conforme estava estampado no uniforme, um macacão de zuarte. Fiz meu aprendizado nas profissões de entalhador, porque gostava de transformar pedaços de madeira em objetos úteis e bonitos, e de mecânico, por me fascinar a mágica dos processos industriais.

Não tivesse a vida de meu pai, de origem modesta, florescido com extraordinário êxito, produto de um talento e de uma coragem que se refletiram na criação do vitorioso vespertino *A Noite* — que ele fundou para reformar e dinamizar a imprensa brasileira, assim como o faria posteriormente ao fundar *O Globo* —, e eu poderia ter tido por destino ser, com muita honra, um colega operário de Lula.[4]

O texto da carta, lido hoje, intriga. Terá sido ironia do missivista? Ou sinceridade inocente? Em 1925, a rotina de Roberto Marinho não passava nem perto dos chãos de fábrica ou dos bancos escolares. Suas ocupações envolviam ginástica, boemia e refregas de rua. Algumas sangrentas.

3. Uma sova no largo da Carioca

Sangrentas de verdade. Numa manhã de sábado de 1925, precisamente no dia 9 de maio, o filho de Irineu Marinho achou por bem armar uma cilada para surrar um senhor de nome Vasco Lima. Metódico e pacato, o tal Vasco não apreciava práticas de caratê ou capoeira. Nem se quisesse poderia apreciá-las. Como não enxergava sem os óculos, seria considerado inepto para dar tapas ou pernadas em quem quer que fosse. Era um homem inofensivo. Bater nele seria moleza.

    Foi moleza. Ainda mais porque, na ocasião, Roberto contava com a solícita valentia do primo Moacyr Marinho, companheiro de treinos de boxe. Para o serviço em questão, o primo era um ajudante e tanto. Como Vasco Lima, Moacyr usava óculos, de aros redondos e grossos, mas, diferentemente do agredido, sabia se virar bem sem as lentes quando desferia cruzados, diretos e ganchos de esquerda e de direita. Foi barbada. A dupla deixou Vasco Lima no chão, ensanguentado, com o osso nasal em pedaços.

Os relógios marcavam 11h30 da manhã no largo da Carioca. Os passantes, assombrados, presenciaram um quebra-pau que poderia integrar um filme americano de gângsteres, desses em que contraventores mal saídos da adolescência, trajando ternos caros e bem cortados, vão bater em gente desarmada à luz do dia. O sr. Vasco Lima caminhava rumo à estação de Ferro Carril, onde pretendia tomar o bonde para ir almoçar em sua casa, na rua Áurea, 111, no bairro de Santa Tereza. Com seu passo tristonho, rotineiro, não teve nem tempo de se assustar quando lhe veio o primeiro petardo na cara. Seu agressor, Roberto Marinho em pessoa, logo se pôs a pisotear os óculos caídos, enquanto continuava a esmurrar o transeunte. Enquanto isso, o cúmplice, Moacyr Marinho, completava a pancadaria com pontapés e bengaladas. Isso mesmo: bengaladas. Moacyr arranjou uma bengala não se sabe onde, transformando-a numa arma.

A poucos metros dali, no meio-fio, um automóvel de porta aberta e com o motor ligado aguardava os brucutus. A fuga se deu em alta velocidade, com lances cinematográficos. Igualmente cinematográfica foi a cobertura jornalística do atentado, com tintas de sensacionalismo e notas de dramalhão. A emboscada virou matéria de primeira página do jornal *A Noite*, com uma manchete primorosamente apelativa: "Tocaia sinistra".

Não era um diário qualquer falando de personagens quaisquer. *A Noite* fora lançada quase catorze anos antes, no dia 18 de julho de 1911, e era o jornal de maior sucesso no Rio de Janeiro. Seu fundador era ninguém menos que Irineu Marinho, precisamente ele, pai de Roberto e tio de Moacyr.

Irineu Marinho nasceu em Niterói, no estado do Rio de Janeiro, no dia 19 de junho de 1876. Era o quinto filho, caçula, de um maçom português, João Marinho Coelho de Barros, e de Edwiges de Souza Barros, brasileira e morena. João Marinho e Edwiges eram primos — ela, filha de Antonio Pinto Coelho de Barros — e se casaram na cidade de Resende, no Vale do Paraíba fluminense. Em Niterói, João trabalhou como guarda-livros, prestando serviços de contabilidade. Conseguiu pagar uma boa educação para Irineu, que logo deu sinais da vocação de jornalista. No ginásio, fundou um pequeno jornal.[1] Depois, entrou na profissão. Foi revisor em O *Diário de Notícias*, que teve Rui Barbosa como redator-chefe. Terminados os estudos, encontrou uma vaga de revisor na *Gazeta de Notícias*. De lá, mudou-se para A *Notícia* e, depois, para A *Tribuna*, onde realizou o sonho de virar repórter. Então, voltou para A *Gazeta de Notícias*, seduzido por uma proposta de bom salário. Dava até para pensar em casamento.

Irineu se casou na véspera do Natal de 1903. Tinha 27 anos. Sua esposa, Francisca Pisani Barros, que também era de Niterói, tinha dezessete. Continuaram morando na cidade, no Saco de São Francisco. Quando estava perto de dar à luz seu primeiro filho, no final de 1904, Francisca se mudou temporariamente para a casa da mãe, no Rio. Por isso, Roberto nasceu no Rio, mas em pouco tempo voltaria à sua residência do outro lado da baía de Guanabara. Todos os dias, via o pai sair de casa em direção à estação de barcas para ir ao Rio, onde ainda pegava um bonde que o levava ao emprego.

Foi só depois de fundar A *Noite*, em 1911, que Irineu começou a ganhar dinheiro graúdo. Num tempo em que os jornais eram vespertinos — circulavam a partir da tarde, às vezes com várias edições num mesmo dia —, ele era rei. A *Noite* tinha sido uma mina de ouro para a família Marinho. O nome de Irineu era um sinônimo de A *Noite*, assim como A *Noite* era uma espécie de sobrenome para Irineu e para sua família.[2]

Naqueles dias de 1925, porém, Irineu não controlava mais o jornal. Tinha sido expelido. Em seu lugar, diretores que até então eram gente de sua total confiança, entre eles

Vasco Lima, tinham assumido o comando. Roberto andava furioso. Achava que seu pai tinha sofrido um golpe. Odiava os que, aos seus olhos, usurpavam o posto que pertencia por direito a seu progenitor. Considerava-os uma horda de trânsfugas. Principalmente Vasco Lima, cujo nome figurava bem no alto da primeira página do diário. Se alguém merecia ser castigado, era ele.

O incauto senhor apanhou feio, mas os amigos dele deram o troco, poucas horas depois, em letra de imprensa. Como um bom vespertino, A Noite era fechada no início da tarde para circular logo em seguida, de tal maneira que a história da agressão sofrida por Vasco Lima ganhou as ruas do Rio no mesmo dia, com a manchete "Tocaia sinistra". O texto execrava o comportamento do filho mais velho do fundador e ex-proprietário de A Noite. O jovem foi retratado como o mentor intelectual e executor da ação "covarde". Ofensa maior não poderia haver para um rapaz que tinha de si mesmo a imagem de valentão.

A reportagem, que ocupava duas colunas na primeira página, seguia a cartilha do sensacionalismo. Também na primeira página, vinha uma foto em close de Roberto Marinho, nos padrões dos "clichês" dos anos 1920. Enquadrado de perto, com o colarinho engravatado, o jovem encarava a objetiva com olhar de galã. Em outro quadro, apareciam Moacyr Marinho e outros três rapazes, os cúmplices: Costa Soares, Amadeu Guerra e Barros Vidal.

Além de vilipendiar os espancadores, a reportagem fazia o desagravo do espancado. Vasco Lima era qualificado reverencialmente pelo redator como "nosso querido e leal companheiro". Se seus agressores o chamavam de traidor, os companheiros de redação ressaltavam sua lealdade.

Eis a história, segundo A Noite:

Vasco Lima, o nosso querido e leal companheiro, diretor gerente desta casa, foi, pela manhã de hoje, brutal e covardemente agredido por um grupo de assalariados. Acrescentou o nosso informante que se tinha discutido escolher um dos diretores da *A Noite* para apanhar em primeiro lugar, recaindo a preferência sobre Vasco Lima, naturalmente por se conhecer o seu temperamento não afeito às lutas físicas e, esse o motivo principal, por julgarem precário o seu estado de saúde.

Quando era maior o movimento do nosso serviço, uma telefonada nos despertou a atenção:

— Vasco Lima acaba de ser agredido por um bando de indivíduos. Está caído aqui perto da estação da Carioca.

Corremos para o local e lá encontramos Vasco Lima, naquela casa de frutas, ensanguentado, porém calmo e sereno.

Vasco caminhou até o passeio do chafariz.

Aí, subitamente, recebeu um soco por parte de alguém que lhe seguia as pegadas. O agressor, armado naturalmente de box, sabia que Vasco quase nada vê sem óculos. Por isso, tratou de quebrar esses, a fim de deixar a sua vítima indefesa.

Foi o que se deu. Os óculos quebraram-se e seus cacos foram se juntar ao sangue que jorrava em bicas.

Tinha iniciado a torpe agressão Roberto Marinho, filho de Irineu Marinho. Seus sequazes seguiram-lhe o exemplo e todos, a um só tempo, uns de bengalas e outros a socos, puseram Vasco Lima por terra.

Uma vez vendo sua vítima por terra, os agressores puseram-se em fuga. Já tinham preparado esta, pois junto do local se achava um automóvel, com o motor funcionando e a portinhola aberta.

Terminada a tarefa, de que se incumbiram, tomaram o automóvel e ordenaram:

— Toque a toda velocidade para a rua do Hospício![3]

O nome da rua não era piada, apenas um fato candidamente objetivo. Lá mesmo, na rua do Hospício, ficava o escritório de Herbert Moses, um advogado que se tornara amigo inseparável de Irineu Marinho. Mais tarde, o herdeiro Roberto desenvolveria um respeito quase filial pelo dr. Herbert Moses, cujos conselhos tomaria ao pé da letra. E foi para Moses que ele correu, seguido por seu bando, naquela manhã de maio, conforme informou a reportagem de A *Noite*. Dentro do escritório do advogado, os agressores queriam, em primeiro lugar, encontrar proteção e, em segundo, combinar a estratégia de defesa.

4. Como A *Noite* mudou de dono

A saída de Irineu Marinho do comando de A *Noite*, pouco antes da sessão de luta livre que teve como ringue o largo da Carioca, tinha por trás uma transição turbulenta, ou mesmo conflagrada. Vasco Lima serviu de bucha de canhão, mas a briga real era maior do que ele e seu nariz fraturado.

Irineu ficara no leme do vespertino até 1924, quando se afastou para uma longa licença médica. O jornalista tinha a saúde débil. Suas condições físicas vinham aos sobressaltos pelo menos desde 1914, quando uma crise de rins o levou a uma cirurgia, na Casa de Saúde Crissiuma. Ele se recuperou, mas lhe sobreveio uma aderência do duodeno. Dali em diante, nunca mais foi são.[1] Em 1922, sofreu com uma tuberculose, doença que, naqueles tempos, era fatal: quando não matava, obrigava os pacientes a buscar ar puro em clínicas especializadas. Era esse o tratamento que o jornalista teria de seguir. Só não arranjava tempo. Em 1924, finalmente arrumou um jeito de se afastar e partiu para a Europa em busca de clínicas renomadas. Foi aí que, aproveitando-se da oportunidade, os seus antigos amigos assumiram o leme da redação e do negócio. E deram um golpe.

A conspiração, que se desenrolou com andamentos de teatro de circo, impingiu um novo trauma ao seu filho. Embora não tenha sido um soco na cara, como o da infância, foi tão doloroso quanto. O que houve ali determinou a fase final da formação da personalidade do adolescente.

O imbróglio começara um ano e meio antes do espancamento de Vasco Lima. No final de 1923, Irineu Marinho, o fundador e editor de A Noite, pressentia: se não fosse cuidar da saúde, longe da atmosfera do Rio de Janeiro, morreria depressa. Teria de viajar, e viajar para longe. As clínicas que os médicos lhe recomendavam ficavam no Velho Mundo. A questão era: como sair? Com quem deixar a chefia de A Noite? Apesar das premências terapêuticas, ele hesitava. Como ficaria sua galinha dos ovos de ouro durante sua ausência? Como escolher um substituto leal? Como assegurar que não seria passado para trás?

Todas essas interrogações já eram suficientemente atordoantes, mas havia outra: como ter alguma noção do que se passaria com a conjuntura nacional, que não tinha a mínima estabilidade? Se o caráter dos subordinados de Irineu Marinho poderia dar margem a incertezas, o cenário político do país era uma verdadeira loteria, uma caixa-preta, um enigma cujos lances futuros ninguém era capaz de antecipar — e esse enigma afetava drasticamente a transição no jornal.

A República Velha não tinha mais um minuto que fosse de normalidade. As conturbações em torno do governo se irradiavam para o mundo dos negócios e, de modo especial, atingiam a imprensa. Irineu já havia sentido isso na carne. Desde que lançara A Noite, em 1911, imprimia ao seu vespertino uma linha de oposição ferrenha aos presidentes que se sucediam, numa postura que lhe angariava respeito dos leitores e ódio dos governantes. Em 1922, durante o governo Epitácio Pessoa, amargara quatro meses de cadeia, na Ilha das Cobras, por ter apoiado a Revolta dos Dezoito do Forte, o primeiro levante tenentista do Brasil.

Desde então, o quadro só se deteriorava. A partir de 1923, com Arthur Bernardes na presidência da República, o país se distanciava do equilíbrio institucional. Bernardes manteve o Brasil em estado de sítio durante a quase totalidade de seu governo, entre 1922 e 1926. Irineu tinha absoluta razão em temer que, num ambiente desses, a sua licença médica pudesse acarretar as piores consequências. Se ele saísse e nomeasse substitutos, estes poderiam não resistir a pressões políticas mais contundentes. Bastaria que as autoridades mandassem prender um ou dois diretores indicados por ele e todo o seu plano cairia por terra.

De um jeito ou de outro, até pelo menos o início de 1924, o tarimbado editor acreditava que poderia contar com a lealdade de seus colaboradores mais próximos — e que eles teriam jogo de cintura para se esquivar dos golpes que viessem do Palácio do Catete. Sabia, de todo modo, que não poderia controlar o contexto de uma República entregue a convulsões encadeadas e disruptivas. Estava entre o ruim e o pior. Se não tirasse sua licença médica, morreria logo. Se a tirasse, não teria segurança de ter para onde voltar depois do tratamento.

O que fazer? Irineu resolveu tentar. Para um tratamento adequado, o que incluía internar-se em centros médicos fora do Brasil por uma temporada indeterminada, precisaria de uma dinheirama. Não só para pagar as despesas na Europa. Seu objetivo era levantar uma soma que lhe desse tranquilidade a longo prazo, que assegurasse um futuro de largo conforto para ele e os filhos. Acontecesse o que acontecesse com o Brasil — e também com aqueles que designasse para substituí-lo —, ele tinha de dar um jeito de sair e de voltar, se voltasse, bem de vida.

Entre tantas incógnitas, enxergou uma fórmula salvadora: poderia vender suas ações de A Noite. Isso, sim, renderia um bom pé-de-meia. Se vendesse as ações, levantaria um montante respeitável e, na volta, quem sabe, poderia até mesmo recomprá-las, se quisesse. Mas, de novo, dúvidas: vendê--las para quem? Nada era fácil. Nada era simples.

Por aqueles dias, ele recebera uma proposta de um ambicioso jornalista e advogado, ainda bem jovem, na virada dos trinta anos. Esse jornalista era Assis Chateaubriand, que logo se tornaria o legendário Chatô, o maior magnata da imprensa brasileira até meados do século XX. Na década de 1920, porém, Assis Chateaubriand não passava de um autor de artigos polêmicos e destruidores. O jovem tumultuador dava ainda os primeiros passos para construir o que, nas décadas de 1940 e 1950, seria o maior império midiático da América Latina, com jornais e emissoras de rádio em mais de cem cidades do Brasil: os Diários Associados. Chatô sabia o que queria: ofereceu 2 mil contos por todas as ações de Marinho em A Noite. Era dinheiro. Mas Irineu achou que ainda não era o ideal.

Foi então que entrou em cena um personagem decisivo: Geraldo Rocha. Ele já era sócio de Irineu em A Noite e, sabendo das sondagens de Chatô, quis cobrir a oferta. Preferia resolver o assunto da porta para dentro, sem envolver estranhos. Irineu concordou. Havia vantagens em negociar com Geraldo Rocha. Além de render os recursos para sua ida à Europa, Irineu sentiu que, fazendo negócio com seu velho sócio, poderia recomprar os papéis quando retornasse, e tudo voltaria a ser como antes. Pensando assim, resolveu selar o trato com Geraldo Rocha, que, ao menos segundo sempre constou nas memórias oficiais da Globo e da família Marinho, topou essa condição. Essa versão também era confirmada por Roberto Marinho:

Geraldo Rocha teria aceitado o acordo de vender as ações de volta a Irineu quando este retornasse do tratamento.[2]

Irineu confiava no amigo. Não tinha por que desconfiar. Os dois haviam se conhecido em 1913, quando o baiano Antônio Geraldo Rocha Filho, à época um engenheiro famoso, de 42 anos, começou a colaborar com artigos para A Noite. Era um homem rico. Tinha participado da construção de grandes estradas de ferro, como a de Madeira-Mamoré — uma epopeia que se estendera de 1907 a 1912 —, e fizera fortuna em empreendimentos ligados ao investidor americano Percival Farquhar, controlador da Brazil Railway Company. Em 1913, o engenheiro baiano era um dos principais executivos da Brazil Railway. A Noite fazia oposição declarada aos negócios de Farquhar, a quem acusava de monopolista, mas isso não impediu Geraldo Rocha e Irineu Marinho de desenvolverem uma amizade franca e uma cumplicidade sólida.

Discretamente. Não interessava a Geraldo que Farquhar viesse a saber de seus laços com o dono de A Noite. Não interessava a Irineu criar espalhafato à toa e perder uma amizade tão profícua. Em 1913, quando ele decidiu comprar uma nova rotativa e precisou de caixa, foi Geraldo Rocha quem levantou os quinhentos contos de réis necessários para o pagamento da máquina. Em troca, Irineu fez de Geraldo acionista minoritário de A Noite: Rocha ficou com um lote de ações avaliado em 1,5 mil contos de réis, enquanto Irineu manteve uma quantia maior, 2 mil contos.[3]

A formação da sociedade não foi divulgada por motivos óbvios. Rocha detestaria aparecer publicamente como acionista de um jornal de ruidosa oposição aos interesses de seu chefe na Brazil Railway. Não o incomodava ser, de fato, sócio de A Noite. Não tinha dramas de consciência. Só não queria, de modo algum, que Percival Farquhar ficasse sabendo. Se o vínculo permanecesse velado, estava tudo bem — ao menos para ele. A única ligação pública que ele mantinha com *A Noite* era a sua colaboração como articulista.

Dez anos depois, em 1923, Geraldo Rocha continuava avesso à ideia de dar publicidade à sua condição de sócio do vespertino. Fechou o acordo para comprar as ações de Irineu, o que fez dele o único dono do jornal, mas continuou à sombra. Irineu, por sua vez, não se incomodou com o caráter sigiloso da operação. Como tinha o plano de recomprar as ações, era oportuno que, efetivamente, ninguém ficasse sabendo que ele deixara de ser o proprietário de *A Noite*. Melhor que os leitores seguissem achando que quem mandava era ele. Portanto, como assim convinha aos dois, Irineu Marinho e Geraldo Rocha fecharam um acordo praticamente confidencial, no final do ano de 1923. Para o público, era como se nada tivesse acontecido. Tanto que o diretor de *A Noite* continuou sendo Irineu Marinho.

O acordo determinava que, durante o afastamento do jornalista — previsto para o início de 1924 —, o engenheiro teria o comando administrativo de *A Noite*, o que facilitaria a gestão dos inúmeros compromissos financeiros e jurídicos que fazem parte da rotina de qualquer empresa. Geraldo só não interviria na linha editorial, não chefiaria a redação. O comando jornalístico de *A Noite* ficaria a cargo de colaboradores diretos de Irineu, nomeados e chefiados por ele à distância. Por meio de cartas, Irineu seguiria dando ordens editoriais.

E assim foi feito. Irineu cumpriu sua parte no acordo secreto. Não o revelou a ninguém, nem mesmo a seus familiares. Além dele e de Geraldo Rocha, só outras duas pessoas foram informadas da transferência das ações: Castellar de Carvalho, velho amigo, de extrema confiança, e outro amigo, Antonio Leal da Costa. Para que não pairasse nenhuma dúvida de que Irineu Marinho continuaria sendo o mandachuva de *A Noite*, o nome dele passou a ser estampado no canto superior esquerdo da capa do jornal, ao lado do logotipo, creditado como o diretor do diário (mais tarde, como "diretor-presidente"). Do outro lado do logotipo, no canto superior direito, vinha então impresso outro nome, em outro quadrinho: Antonio Leal da Costa, creditado como "diretor interino da redação".

O novo diretor interino tinha prestígio com o velho chefe. Os dois se conheciam desde a adolescência, quando pegavam a balsa juntos, em Niterói, para arranjar trabalho nas redações do Rio de Janeiro. Desde então, não se desgrudaram. Foram colegas nos tempos longínquos de A *Gazeta de Notícias*. Foi lá que se deu o empuxo na carreira profissional de Irineu. Revisor em 1904, chefe de revisão em seguida, secretário de redação aos trinta anos de idade e, por fim, diretor financeiro. "Mas, como era do feitio daquele tipo de empresa", escreve a historiadora Maria Alice Rezende de Carvalho, "é provável que exercesse todas essas funções simultaneamente."[4] Em 1911, Leal da Costa foi um dos onze integrantes da redação de A *Gazeta* que acompanharam Irineu na fundação de A *Noite*.

Com esse arranjo, seguro do compromisso de Antonio Leal da Costa, Irineu Marinho selou o acordo de cavalheiros com Geraldo Rocha e ficou tranquilo. Em questão de poucos meses, estaria longe do Brasil.

5. Quanto valia aquele vespertino?

Financeiramente, a manobra compensou. A transação rendeu ao jornalista uma cifra de respeito. Pela venda de suas 3808 ações, recebeu, segundo dados divulgados por A Noite em 1925, 3400 contos de réis.[1] Mais tarde, em 1929, Geraldo Rocha afirmaria que deu pelas ações um pagamento um pouco menor, de 3 mil contos de réis. Outros 370 contos, ele alegou, teriam sido retirados "indevidamente" do caixa da empresa por Irineu, alegando que cobriria com isso despesas pessoais.[2] De uma maneira ou de outra, o fato é que a soma aproximada de 3400 contos de réis efetivamente saiu do bolso de Geraldo Rocha e dos cofres de A Noite e foi parar dentro das contas de Irineu Marinho.

Naquele tempo, com 3400 contos de réis, um sujeito podia ficar despreocupado. O futuro da família estava garantido. Para se ter uma ideia, em dezembro de 1923, quando uma assinatura semestral de A Noite saía por 185 mil réis, o preço do exemplar avulso era de cem réis. Como um conto de réis equivalia a 1 milhão de réis, com o que recebeu, Irineu poderia comprar 34 milhões de exemplares de A Noite.

O que significava isso? Como ter uma ideia do valor dessa fortuna depois de cem anos? Dá para fazer uma estimativa. Como A Noite encerrou suas atividades em 27 de dezembro de 1957, não dá para saber qual seria o preço de um exemplar em 2017, por exemplo. Mas é perfeitamente possível fazer o mesmo cálculo com outro diário brasileiro que já circulava em 1923 e que continuou em circulação na segunda década do século XXI. O nome desse jornal é *O Estado de S. Paulo*. Em dezembro de 1923, um exemplar desse jornal paulista, que era incomparavelmente mais bem-feito e mais alentado (saía com dezesseis páginas normalmente, e até com 32 páginas aos domingos, enquanto A *Noite* circulava com seis páginas e raramente ia às ruas com oito), custava duzentos réis. Era uma publicação de grande projeção e em franco crescimento. Naquele mesmo ano, 1923, seu faturamento alcançou os 7 mil contos de réis, um montante "maior do que as receitas de dez dos vinte estados brasileiros" da época.[3] Seu dono e editor, Júlio Mesquita, era um homem rico e cortejado pelos políticos. Em 1926, quando Mesquita morreu, *O Estado* tinha se consagrado como o mais influente e próspero jornal do país, com um faturamento anual de 10300 contos de réis, deixando um lucro de 1800 contos, uma quantia astronômica.[4] Pois foi quase duas vezes esse valor, ou quase o dobro do lucro anual de *O Estado de S. Paulo*, que Irineu Marinho ganhou, sozinho, quando passou suas ações para Geraldo Rocha, três anos antes, em 1923.

Os 3400 contos que ele arrecadou em dezembro de 1923, e que comprariam 34 milhões de exemplares de seu próprio diário, seriam suficientes para adquirir 17 milhões de exemplares de *O Estado de S. Paulo* (a duzentos réis cada um; naquele tempo, o preço nos dias da semana e no domingo era o mesmo). Quase cem anos depois, em 2017, alguém que quisesse arrematar 17 milhões de exemplares do mesmo *O Estado de S. Paulo*, ao preço unitário de quatro reais nos dias de semana, teria de desembolsar nada menos que 68 milhões de reais. Se a referência for a edição de domingo, com o preço de seis reais, a soma saltaria para 102 milhões de reais.

Outra chave para se avaliar o poder de compra daqueles mesmos 3400 contos de réis seria convertê-los ao dólar e buscar um parâmetro para a atualização monetária, mas também aí existem armadilhas. A inflação do dólar é medida nos Estados Unidos segundo indicadores do custo de vida doméstico, o que não corresponde à desvalorização do dólar no mercado internacional. Mesmo assim, a projeção vale a pena.

Em 1923, um dólar valia 10 mil réis (conforme tabelas cambiais oficiais).[5] Logo, 3400 contos de réis comprariam 340 mil dólares e uns poucos quebrados. De acordo com um dos medidores mais aceitos da inflação nos Estados Unidos, esses 340 mil dólares corresponderiam, em 2017, a quase 4,9 milhões de dólares.[6]

Os jornais daquele tempo eram baratos, inclusive em dólar. *A Noite*, custando cem réis, sairia por um cent de dólar. No mesmo ano, um exemplar da edição de domingo do *The New York Times* (bem maior e melhor que *A Noite*) valia cinco cents. Jornais menores de Nova York custavam três cents. Se o critério para converter os 340 mil dólares em 1923 a valores de 2017 for o preço de capa dos jornais, o resultado é uma soma superior. Em 1923, 340 mil dólares comprariam 6,8 milhões de exemplares do *The New York Times* (a cinco cents cada um). Em 2017, quando a edição dominical do diário americano custava seis dólares nas bancas, seriam necessários 40,8 milhões de dólares para comprar a mesma quantidade de exemplares.

É claro que atualizar conversões cambiais ou estimar as perdas provocadas pela inflação, ao longo de um período de um século, envolve cálculos difíceis. A precisão é impossível.

Para complicar, aquele era um período de instabilidade econômica. Em 1920, o dólar valia um pouco menos da metade do que passaria a valer em 1923. Havia incertezas em muitas frentes. O câmbio tinha um quê de montanha-russa. Depois de 1923, a cotação se manteve mais ou menos no mesmo patamar até o final da década, mas, em 1923, tudo era incerto.

Exceto que 3400 contos representavam muito dinheiro — isso não era incerto em nenhuma perspectiva —, o que ficou bem claro na cabeça de Irineu. Com aquele recheio em suas contas bancárias, ele poderia dar muitas voltas ao mundo ao lado da mulher e dos filhos. De resto, tinha o consolo de acreditar que, se quisesse, recompraria as ações quando regressasse ao Brasil. Por tudo isso, achou prudente manter segredo. Qualquer publicidade sobre o assunto só iria fragilizar a imagem do jornal.

6. Oceano

No início de 1924, o quadro clínico do dono de A *Noite* se agravou. No dia 13 de abril, teve de se submeter a uma drenagem da pleurisia na Casa de Saúde Pedro Ernesto. Era uma intervenção cirúrgica delicada, que costumava ser indicada para os casos de acumulação de líquido em decorrência da inflamação da pleura, na camada externa dos pulmões. A cicatrização do procedimento impunha cuidados extremos, e os médicos voltaram a insistir que o paciente se internasse numa clínica na Itália o mais rápido possível. Irineu resolveu obedecer. Comprou as passagens de imediato.

Um mês depois da cirurgia, no dia 20 de maio de 1924, o paciente embarcou com a esposa e os filhos na primeira classe do navio *Conte Rosso*.[1] A excursão não se limitava à família. No total, onze viajantes acompanharam o convalescente: a mulher, Francisca Pisani Marinho, também chamada de dona Chica, os cinco filhos — Roberto, de dezenove anos, Heloísa, dezesseis, Ricardo, quinze, Hilda, nove, e Rogério, de apenas cinco anos —, o noivo de Heloísa, a governanta alemã que servia os Marinho, o médico particular, dr. Velho da Silva, e ainda o amigo Castellar de Carvalho, que trabalhava em *A Noite*, seguido por Joel, filho deste.[2]

Uma grife do luxo mais requintado, o *Conte Rosso* tinha sido lançado ao mar em 1922 e levava 450 passageiros só na primeira classe. Decorado pela família Coppede, de Florença, um quarteto formado pelo pai, Mariano, e pelos filhos Gino, Adolfo e Carlo, era uma miscelânea de estilos, indo do mourisco ao art déco, passando pelo renascentista e pelo pompeano.[3] Alguns criticavam os excessos estéticos do navio, mas Irineu não se preocupava com nada disso. Queria dar apenas acomodações portentosas aos que o acompanhavam. Todos adoraram a escolha náutica, principalmente o filho mais velho, que viu na excursão o sinal aberto para se esbaldar no Velho Mundo.

Badalações à parte, foi durante a viagem que Roberto Marinho estreou oficialmente no jornalismo. Num dos trechos da longa vilegiatura empreendida pela família, que seguiria se deslocando pela Europa nos meses seguintes, estava a bordo o ex-presidente Epitácio Pessoa, o mesmo em cujo governo Irineu fora confinado na Ilha das Cobras. Roberto se encontrou com ele e foi tomado de genuína admiração, impressionado pela elegância, cortesia e altivez do experimentado político. O próprio Roberto contaria isso bem mais tarde, em uma entrevista concedida em 1967, num trecho reproduzido em *O Globo*, no dia seguinte à sua morte.

> Em 1924, minha família embarcou para a Europa. Viajamos no velho *Giulio Cesare*. Epitácio Pessoa, que deixara a Presidência da República algum tempo antes, também estava a bordo. Escrevi a um amigo uma carta descrevendo a viagem. Nela, fazia grandes elogios à dignidade do ex-presidente, a

quem meu pai fizera, em A *Noite*, tenaz oposição. Pedi que juntassem a carta ao malote de correspondência da família. A minha carta foi lida por meu pai, que consertou alguns solecismos e mandou publicá-la, na íntegra, na primeira página de A *Noite*.[4]

Além do début do articulista, a viagem trouxe outra boa nova para a família: o restabelecimento do chefe. Aos poucos, com passagens por diferentes clínicas, Irineu se curava. Evoluiu tão bem que, depois de nove meses de excursão — passando por Itália, França, Suíça, Espanha e Portugal —, resolveu regressar ao Brasil. No dia 20 de fevereiro de 1925, desembarcou no Rio com sua família.

O que desandou de vez foi a relação entre Irineu Marinho e a turma que ficara em seu lugar em A *Noite*. Mesmo antes de chegarem ao Rio, Irineu e o filho Roberto ficaram sabendo, pelas cartas recebidas do Brasil, que o controle do jornal lhe tinha sido tomado. Irineu se abriu com o primogênito quando percebeu a tapeação. Roberto levou um susto, pois não fazia ideia do acordo secreto que o pai havia selado com Geraldo Rocha. Quando soube, achou aquilo uma insanidade, mas assimilou tudo rapidamente. Não precisou mais do que uns poucos minutos para aprender a lição de que sócio é inevitavelmente um perigo. O rapazote se enfureceu. Silente, compenetrado, sentiu a raiva nas veias. Outra vez, jurou vingança, bem ao seu feitio.

Irineu também estava chocado, como o filho. Sentia-se deploravelmente ludibriado, humilhantemente trapaceado, não só por Geraldo Rocha, mas pelos outros que lá estavam, em especial seu amigo Castellar de Carvalho. Não era uma traição qualquer. Castellar de Carvalho, em 1911, saíra com ele da *Gazeta de Notícias* para fundar A *Noite*, e, em 1924, embarcara com ele para a Europa. Em 1925, quando os Marinho pisaram de volta o cais do Rio de Janeiro, o sujeito agora constava do expediente, no alto da primeira página (no mesmo quadrinho, à esquerda do logotipo, no qual antes imperava o nome de Irineu), com o crédito de secretário, ao lado de outros dois diretores, Eustachio Alves (presidente) e Vasco Lima (gerente) — o tal Vasco Lima que, meses depois, teria o osso nasal triturado pelo filho de Irineu no largo da Carioca.

As mudanças no expediente podiam ser acompanhadas como um indicador da progressiva destituição do fundador. Uma das alterações mais marcantes no expediente aconteceu no dia 3 de fevereiro daquele ano, 1925, quando Irineu ainda constava como diretor: o nome de Leal da Costa, que, desde novembro de 1923, aparecia como secretário num quadro à direita do logotipo, foi substituído pelo de Vasco Lima.

A razão dessa mudança talvez tenha sido a ganância, mas pode ter havido também seu componente político. Em meio às conturbações da situação nacional, Leal da Costa havia sido preso pelo governo de Arthur Bernardes. Irineu tinha consciência de que isso poderia acontecer, pois se lembrava dos seus quatro meses de cana em 1922, sob a presidência de Epitácio Pessoa. Com o permanente estado de sítio do governo Arthur Bernardes, quarteladas, tentativas de golpe e rebeliões pipocavam anarquicamente. Tudo podia acontecer no Brasil daqueles dias, e, não por acaso, tudo de fato acontecia.

O motivo da prisão de Antonio Leal da Costa nunca ficou claro. No dia 23 de janeiro, quando ele ainda era o diretor-gerente, uma nota numa coluna social chamada "A Noite Mundana", na página 6 do segundo clichê, informava que ele, chamado de "nosso companheiro", fora testemunha numa cerimônia de casamento realizada na véspera. A nota sugeria que a rotina seguia normalmente. Mas é certo que, por aqueles dias, o homem de confiança de Irineu esteve preso no bojo de "acontecimentos militares".[5] Foi a deixa para que Vasco

Lima, com o apoio de Geraldo Rocha, assumisse o lugar de Leal da Costa na gerência de A Noite. O diretor derrubado, independentemente de qualquer complicação que tivesse com as forças de repressão de Arthur Bernardes, se manteve firme: seguiria fiel a Irineu até o fim e não fechou com a turma de Geraldo Rocha.

Enquanto se desenrolava a intrincada sucessão de trocas de nomes no expediente, prenunciando o "tapetão" final, o nome de Irineu prosseguia no canto esquerdo do cabeçalho de A Noite, impassível, como "diretor-proprietário". A exclusão definitiva de seu nome só foi se consumar na edição de 18 de março de 1925, pouco menos de um mês depois do desembarque da família Marinho no Rio. No lugar do nome do fundador, três nomes imperavam: Eustachio Alves, Vasco Lima e Castellar de Carvalho. Também a partir da edição de 18 de março de 1925, outra mudança se perpetrou no alto da primeira página de A Noite. O quadrinho à direita do logotipo, no cabeçalho do jornal, onde antes Vasco Lima aparecia como "secretário", passou a entrar com os dizeres: "Propriedade da Sociedade Anonyma A Noite". Estava consumado o golpe. Se Irineu Marinho ainda acalentava a pretensão de readquirir suas ações, podia esquecer. Geraldo Rocha não venderia nada de volta. Página virada.

O próprio Geraldo Rocha, aliás, continuava sem dar as caras. Estava convencido de sua estratégia de invisibilidade. Tinha seus motivos. Nesse período, seu nome ainda constava como o responsável pela "direção do mais potente grupo de interesses estrangeiros no Brasil", a companhia inglesa Brazil Railway, de Percival Farquhar, habitualmente criticado pelo jornal.[6] Mantinha-se à sombra. Na prática, a sociedade anônima que detinha a propriedade de A Noite contava com um único dono, e esse dono era ele, mas, para preservar seus múltiplos interesses, esse dono precisava ser ainda mais anônimo que a sociedade anônima que controlava.

O jovem herdeiro de Irineu olhava para aquilo tudo com um misto de nojo e ódio. Era muita sujeira, muita calhordice. Detectando a dor da decepção na voz do pai, entendeu que os traidores sempre aparecem e merecem apanhar. No mínimo apanhar. E foi o que ele tratou de providenciar, para a infelicidade do nariz de Vasco Lima.

A *Noite* continuou acompanhando de perto as repercussões do quebra-pau no largo da Carioca. Na edição de 11 de maio de 1925, dois dias depois do espancamento, foi informado sobre o estado físico da vítima, que passaria por uma cirurgia no nariz.[7]

No dia seguinte, 12 de maio, uma quinta-feira, noticiou-se mais sobre a intervenção cirúrgica, "em consequência de fratura do osso do nariz".[8] "A operação veio comprovar a fratura dos ossos e esmagamento da cartilagem do nariz, circunstâncias já demonstradas desde o primeiro exame de Raio X."[9]

Uma segunda operação foi necessária, conforme a edição de domingo, para "a extração de um fragmento de osso fraturado", que representava "perigo iminente de rompimento da mucosa.[10]

Além do hospital, A *Noite* não se descuidava da vigília à delegacia. No dia 29 de maio de 1925, na página 3, ela noticiou que o caso se convertera num inquérito policial, sob os cuidados do segundo delegado oficial, Francisco Chagas. Segundo o veículo, Roberto Marinho, instruído pelos advogados a permanecer em silêncio, cumpriu a ordem e não disse nada sobre nada. Alegou que só falaria em juízo, ou seja, na frente de um juiz.[11]

No dia 15 de junho de 1925, A *Noite* informou que o ministério público formalizara a denúncia para acusar Roberto Marinho e seu primo Moacyr. O promotor responsável pela denúncia, segundo a reportagem de A *Noite*, foi o dr. Max

Gomes de Paiva.[12] Depois disso, contudo, as notícias cessaram. O caso desapareceu. No início do século XXI, passados quase cem anos do crime contra Vasco Lima, quem fosse aos arquivos da Justiça fluminense procurar sinais de algum processo movido contra o jovem *boxeur* não encontraria nada. Na documentação disponível da Justiça do Rio de Janeiro, não há vestígios dos desdobramentos jurídicos da tocaia sinistra do largo da Carioca. Irineu Marinho, com a influência que ainda tinha, teria ajudado a dar sumiço no processo.[13]

7. O jornal que se lia "por amor"

O jovem Roberto Marinho via seu pai perdendo a grande realização de sua carreira. Parecia um pesadelo. *A Noite* não era um jornal como os outros. Seu logotipo dominava a cena carioca. Simplesmente não tinha concorrentes, embora mais de duas dezenas de publicações disputassem leitores no Rio de Janeiro, que não eram tão numerosos. A população da cidade andava por volta de 1,15 milhão de habitantes.

Naquela década, nada menos que 65% dos brasileiros eram analfabetos, mas a cidade do Rio Janeiro tentava reverter o quadro dentro de sua municipalidade. O Recenseamento de 1920 havia registrado um aumento no grau de alfabetização e considerou letrados 74,2% dos habitantes maiores de quinze anos. Os cariocas tinham afeição por jornais, especialmente pelo vespertino de Irineu. O desenvolvimento urbano, a tensão dos debates políticos e os avanços da indústria gráfica favoreciam a proliferação de títulos e o crescimento das tiragens. A capital federal chegaria ao fim da década de 1920 com dezenove jornais diários, relativamente saudáveis, treze estações de rádio e várias revistas semanais. Algumas alcançariam a circulação de 30 mil exemplares, como *O Cruzeiro*, lançada em 1928. Também nessa década começaria a se firmar o primeiro conglomerado da imprensa brasileira, com Assis Chateaubriand à frente.[1]

No início dos anos 1920, *A Noite* estava em expansão. Declarava tiragens diárias de 40 mil exemplares, superando as do *Correio da Manhã*.[2] Esses números não eram verificados por medições oficiais, mas impressionavam e tinham credibilidade. Davam uma boa medida do talento de Irineu Marinho, que transformou seu modesto jornal num gigante. Ele sabia intuitivamente como se comunicar com o leitor médio, com as pessoas comuns, das quais parecia adivinhar os interesses, as curiosidades e os medos.

Para realizar sua mágica, Irineu entregava a seus leitores uma fórmula diferente. De cara, *A Noite* não trazia "artigo de fundo", aquela parede impenetrável de letrinhas empilhadas, sem intertítulos nem respiros, que sufocava a primeira página dos diários. O "artigo de fundo" era uma instituição inamovível da imprensa daquela época, e Irineu a ignorava. A primeira página de *A Noite* diversificava os assuntos e trazia figuras, com fotografias e ilustrações. Irineu descobriu cedo que textos longuíssimos e prolixos mais afastavam do que atraíam leitores. Preferia reportagens que não tinham medo do sensacionalismo e, quando necessário, editoriais contundentes e claros.[3]

O resultado foi massacrante. Em pouco tempo, *A Noite* se converteu num caso de amor do Rio de Janeiro, como poetizou Nelson Rodrigues:

> Irineu Marinho fundara *A Noite*, jornal que é, digamos, talvez um caso único em toda a história jornalística. Lia-se não por necessidade, mas por amor. Sim. *A Noite* foi amada

por todo um povo. Penso nas noites de minha infância, em Aldeia Campista. O jornaleiro vinha de porta em porta. Os chefes de família ficavam, de pijama, no portão, na janela, esperando. E lá, de longe, o jornaleiro gritava: — A Noite! A Noite! Ainda vejo um sujeito, encostado num lampião, lendo à luz de gás o jornal de Irineu Marinho. Estou certo de que se saísse em branco, sem uma linha impressa, todos comprariam A Noite da mesma maneira e por amor.[4]

O pai de Roberto tinha um carisma particular. Entre os jornalistas de sua redação, não eram raros os que seriam capazes de ir à guerra por ele. Na *Gazeta de Notícias*, onde se firmou na profissão, já na primeira década do século XX, deu mostras de seu sexto sentido para adivinhar e antecipar o gosto do leitor médio. Ali também despontou sua habilidade em liderar equipes, o que o ajudou a manter os melhores ao seu lado — mesmo (e principalmente) quando saiu de um jornal e foi para outro (ou foi *criar* outro), como aconteceu em 1911, ano em que lançou A *Noite*. A vida melhorava. De Niterói, a família Marinho se mudou para uma mansão na Tijuca, na rua Haddock Lobo.

Quando se viu forçado a desistir de uma vez por todas de A *Noite*, em 1925, Irineu tinha dinheiro, prestígio, poder e um pelotão de amigos. Nada menos que 33 jornalistas deixaram o periódico para seguir o destino do chefe. O plano, agora, era criar outro vespertino, do qual o líder sabia muita coisa, menos o nome. Isso ele pediria para o público decidir.

8. Inventar *O Globo* e depois morrer

Irineu Marinho não queria parar. Deixou de lado a decepção com os companheiros que não o seguiram e se fortaleceu na companhia dos que tinham sido leais. Além do quê, a necessidade de dar um emprego ao filho mais velho também o motivava. Já era tempo.

A personalidade de Roberto não fora forjada nos bancos escolares, pelos quais não se afeiçoara. Seu aprendizado aconteceu ao longo das batalhas de seu pai, figura que o motivava desde garoto. Imediatamente, o herdeiro se engajou no exército dos homens de confiança do pai. Irineu sabia que a formação do filho estava no trabalho — no trabalho de jornalista. Foi nessa trilha que Roberto aprendeu — talvez de forma um tanto selvagem — a diferenciar amigos de inimigos. Aprendeu com o pai a valorizar os companheiros de trabalho. Irineu fazia questão de pagá-los bem e, mais ainda, pagar em dia. E, logo que surgiu a chance, passou a pagar também o filho como um funcionário sob seu comando.

A nova redação foi montada em ritmo acelerado. Na primeira folha de pagamentos, que venceu no dia 30 de junho de 1925, o nome de Roberto Marinho aparece em 28º lugar, com o cargo de repórter. Vencimentos: 600 mil réis. Não era uma ninharia, mas ficava longe do maior salário, de um conto e 640 mil réis, do jornalista Eurycles de Mattos, que chefiava a redação. A sede do novo empreendimento ocupava um andar inteiro de um edifício na esquina do largo da Carioca com a rua Bittencourt da Silva.[1] Era um espaço amplo, com portas altas e envidraçadas que davam para uma sacada de onde se tinha visão panorâmica da rua.

Irineu tinha segurança do caminho a seguir. Ele mesmo inovara na receita do vespertino quando criara A Noite. Agora, apostaria na experiência acumulada. Só o que não sabia bem era que nome dar à publicação. Tinha alternativas, como *Correio da Noite*, mas não estava satisfeito.

Fiel ao seu estilo de se apoiar no gosto do carioca médio, teve a inspiração de fazer um concurso para a escolha definitiva do nome. No dia 20 de junho de 1925, anunciaria o resultado. O nome *Correio da Noite* ficou em primeiro lugar (o leitor médio adora reiterar o conhecido e, naqueles dias, o conhecido era a palavra "noite"). Teria sido esse o nome, não fosse um golpe de sorte. No momento de fazer o registro do título, a redação descobriu que *Correio da Noite* já estava registrado, tinha dono. Um acaso providencial. Aquela teria sido uma marca subalterna, que fazia referência explícita ao título rival, A Noite, como numa homenagem involuntária. Teria sido um erro primário, felizmente abortado pelo empecilho burocrático. O jeito que Irineu encontrou foi adotar o título que tirou o segundo lugar no concurso. Esse título era *O Globo*.

Irineu adotou um truque de marketing já conhecido, que se tornaria recorrente no mercado editorial em todo o mundo: deu jornal de graça a milhares de leitores, para que eles pudessem experimentar a nova proposta. De forma a turbinar a circulação inicial, premiou os cidadãos que aceitaram participar da votação para escolher o título. Distribuiu cerca de 6 mil assinaturas do vespertino.[2] Não eram assinaturas de longa duração — tinham apenas trinta dias de validade. Mesmo assim, implicavam um risco maior nas despesas de lançamento, e Irineu decidiu apostar, como era de seu feitio. No dia 29 de julho, dez dias depois do aniversário de 49 anos do chefe da redação, o primeiro número de O Globo chegou às ruas. Tinham se passado apenas quatro meses e onze dias desde que o nome de Irineu saíra do alto da primeira página de A Noite.

A primeira edição circulou às dezoito horas. Naquele mesmo dia, saiu das máquinas uma segunda edição (como era comum entre os vespertinos), num total de 33.435 exemplares.[3] No topo da primeira página, logo abaixo do logotipo do jornal, constavam três nomes, organizados mais ou menos como um pódio olímpico. No centro, em posição mais elevada, o "director-proprietario", Irineu Marinho. À esquerda, o "director-thesoureiro", Herbert Moses, o advogado em cujo escritório Roberto Marinho se refugiou logo após sovar Vasco de Lima. À direita, o "director-secretario", A. Leal da C., o Antonio Leal da Costa, que fora sorrateiramente expelido de A Noite para dar lugar a Vasco Lima.

Menos de um mês depois da estreia de seu novo vespertino, Irineu sofreu um infarte e morreu. Foi na manhã de 21 de agosto de 1925, logo cedo, durante o banho quente que ele tomava diariamente por prescrição médica. Nelson Rodrigues, em suas memórias, narrou aquela manhã de agosto:

> O Globo tinha vinte e poucos dias (se não me engano), quando morreu Irineu Marinho. Minha família morava, então, na rua Inhangá, nos fundos do Copacabana Palace. Lembro-me do telefonema para meu pai, dando a notícia. Irineu Marinho

morrera pela manhã, no banho. E, como demorasse, alguém foi bater na porta. Nenhuma resposta.

Foram chamar Roberto, o filho mais velho. E ele, com vinte e poucos anos, forte (remava no Boqueirão do Passeio), meteu o ombro e arrombou a porta. O pai estava morto. A pessoa que telefonou lá para casa ainda fez o comentário: "O Geraldo tem uma sorte danada. Agora O *Globo* fecha. Fecha".[4]

O enterro foi no dia seguinte, às 16h30, no cemitério de São João Baptista.

9. Letras afiadas

Em suas memórias, Nelson Rodrigues se equivocou na idade de Roberto, que não tinha "vinte e poucos anos". Tinha vinte, cravados, nem mais, nem menos. Nelson também errou ao relatar a maneira como o primogênito entrou nos aposentos do pai para encontrá-lo morto. O depoimento a seguir é do próprio Roberto Marinho, para um documentário de 2011:

> Às seis horas da manhã eu ouvi gritos da minha mãe. Ela estava batendo na porta do banheiro que estava fechada. Naturalmente, às seis horas da manhã começava a vida lá na nossa casa, os criados... Ele fechou a porta. Eu, naquela época, era um atleta. Eu subi numa cadeira, me meti pela bandeira da porta [uma abertura que ficava no alto, acima da porta], caí lá do outro lado para abrir a porta para a minha mãe e [nesse momento de seu depoimento, Roberto Marinho chora] tentar acudir o meu pai. Eu peço desculpas, tantos anos são passados, mas eu não posso recordar esse momento sem emoção.[1]

Diante do vazio deixado pelo falecimento prematuro de Irineu, a viúva, mãe de Roberto, dona Chica, exigiu que seu mais velho assumisse a condução dos negócios da família. Ela tinha pressa. Roberto, porém, refugou. Abriu mão do posto mais alto de O Globo. Alegou que não tinha a experiência necessária para o posto e, para dirigir a redação de O Globo, indicou o nome do tarimbado e culto jornalista Eurycles de Mattos, colaborador direto (e dileto) de Irineu. Dona Chica não teve alternativa. Aquiesceu.

Apenas dez anos mais velho que Roberto, o baiano Eurycles de Mattos se tornou, além de chefe do vespertino criado por Irineu, uma espécie de tutor do herdeiro. Ele tinha se mudado para o Rio após se formar na Escola Normal em Salvador. Fora contratado por Irineu para trabalhar em A Noite quando já era um crítico de arte conhecido. Grato ao antigo chefe, fez parte do grupo que o seguiu, ao lado de outros 32 funcionários, para fundar O Globo. No novo jornal, a tarefa que coube a Eurycles foi a criação de uma página literária. A morte do patrão precipitou sua promoção a diretor-redator-chefe. Ele contava com o respeito da redação, que via nele um líder natural.

O arranjo sucessório funcionou, apesar da contrariedade de dona Chica. Roberto aproveitou o período para começar a sua formação no mundo adulto. Fez reportagens e, acima de tudo, revelou-se um aplicado aprendiz no manuseio das tramas que aproximam e afastam o jornalismo da política. Sentiu que o seu talento floresceria por aí. E estava certo. Roberto se preparava para assumir o comando, mas, de novo, sem ansiedade. A contenda com A Noite, mais que uma disputa comercial, era uma questão de fígado, uma guerra que o absorvia e que não tinha tréguas. A escalada de agressões só aumentava. Foi uma travessia dolorosa para o jovem que, finalmente, encontrava sua verdadeira escola: uma redação de jornal, onde tinha algumas lições sobre jornalismo e muitas sobre concorrência, poder e infâmia.

Nesse período de luto, *A Noite* procurava aparentar serenidade, dando mostras ostensivas de respeito à figura de Irineu Marinho. No dia 21 de agosto de 1925, a data da morte, *A Noite* publicou, em tons triunfais, uma homenagem ao seu fundador. Roberto lia aquilo tudo com um travo no céu da boca. Sentia que eram palavras hipócritas, caligrafadas por traidores inomináveis.

IRINEU MARINHO
O seu falecimento

[...]
Irineu Marinho, pode dizer-se, nasceu para o jornalismo e por ele tinha entranhado amor. Na sua adolescência, ainda quando estudava preparatórios em Nietheroy, já demonstrava seus pendores pela profissão, fazendo um pequeno jornal. Depois, tendo-se matriculado na Escola Polytechnica, entrou para o antigo "Diário de Notícias". Dahi passou para a revisão da "Gazeta de Notícias", como simples conferente de revisão. Quando o saudoso Jovino Ayres secretariava a "Tribuna", deu a Irineu Marinho o logar de repórter naquele jornal. Foi quando ele começou a aparecer como jornalista, firmando a sua reputação, tanto que a direção da "Gazeta de Notícias" achou melhor aproveitar seus serviços na reportagem, tirando-o da revisão, onde ainda continuava.

Chefiando a reportagem de polícia naquele jornal, Irineu Marinho revelou taes aptidões, que foi promovido a secretario e, depois, a director. Nesse cargo foi que se manifestou um organizador, qualidade que o levara a reunir um grupo de 18 companheiros para fundar a A NOITE. Isso se deu em 1911. Até princípios do anno corrente ele aqui permaneceu, sempre cercado pelo apoio decidido e a coesão de seus companheiros, como ele, dedicados a este jornal.

Devido, porém, ao seu precário estado de saúde, afastou-se Irineu Marinho da direção desta casa. Presumia talvez poder descansar, tendo realizado todos os seus sonhos na vida, dos quaes o mais fagueiro e justíssimo era aquelle de ter conseguido sobejamente amparo para sua família. Seu temperamento de homem de acção, porém, não permitiu que ele ficasse inerte e assim veiu ele a sucumbir em plena atividade.

[...]

A NOITE, ao ter conhecimento do súbito desaparecimento de Irineu Marinho, fez hastear a sua bandeira em funeral, rendendo assim uma justa homenagem a quem lhe emprestou desde os seus primeiros momentos o concurso da sua inteligência e dedicação.[2]

Poucos dias depois da derramada louvação, os modos elegantes de A Noite começaram a rarear. Em lugar das reverências, prosperaram as fustigações. Nos anos que se seguiram, Roberto conheceu de perto o estrago causado pela violência e pelo cinismo das palavras. Os dois jornais se estranhavam cada vez mais. Cinco anos depois do enterro de Irineu Marinho, a relação entre os vespertinos era de guerra aberta.

O Globo batia pesado, com as armas de que dispunha. Para ferir a honra de Geraldo Rocha, o traidor que ficara com A Noite, as páginas de O Globo tinham o hábito de xingá-lo de... capitalista. No mais, insultava os escribas de A Noite com ofensas menos eufemísticas. Um artigo publicado no dia 2 de abril de 1929 em O Globo acusava Geraldo Rocha de usar o jornal para catapultar seus investimentos privados.

A Noite é, hoje, um boletim das diversas empresas que o capitalista Geraldo Rocha explora, todas dependentes de favores do governo e de tolerâncias, mais ou menos suspeitas, das autoridades. [...] Durante muito tempo, o governo baiano foi elogiado na NOITE. Um dia, o Sr. Goes Calmon não quis vender a companhia de navegação do São Francisco ao capitalista Geraldo Rocha. Uma campanha marcou o fracasso do negócio e os Calmons passaram a ser agredidos quotidianamente pelo jornal. A Noite é um trabuco que as empresas do capitalista Geraldo Rocha apertam ao peito dos governos pusilânimes. O GLOBO é um jornal que vive do favor público apenas. Aqui não há capitães, licita ou ilicitamente ganhos, por intermédio de negociatas. Aqui não existe um nickel de nenhum capitalista ou açambarcador, nem mesmo por analogia. A proprietária única, exclusiva é a Exma. viúva Irineu Marinho.[3]

A viúva. Foi assim que dona Chica sempre foi chamada nas páginas de O Globo. A viúva aparecia como a reserva moral do Rio de Janeiro, uma instituição acima dos trambiques de que se cercavam os concorrentes. Mas A Noite também não deixava por menos. Nessa época, Geraldo Rocha saiu de sua obsessiva discrição e foi para a linha de frente, desferir ataques personalistas contra as trincheiras de O Globo. O alvo eram os amigos de Irineu e, principalmente, o próprio Irineu. Em abril de 1929, Geraldo Rocha descarregou sua artilharia, que cobria de vergonha Roberto, seus irmãos e toda a família, citados nos ataques dele contra a memória de Irineu.

> A minha amizade com Irineu Marinho acabou num dissentimento, mas eu sacrifiquei a recordação da divergência à lembrança da antiga estima, e ao passo que rendo homenagens constantes à memória do jornalista, recebo insultos e calumnias dos que se apresentam como seus legatários intellectuaes e que são realmente empregados de sua família. [...]

Abusando de minha generosidade, ou dando-lhe interpretação errada, os áulicos de seus herdeiros e sucessores, ultimamente têm-se excedido de tal modo na calumnia, que eu me vejo obrigado a romper a discrição que me impuz, e vou restabelecer os factos adulterados para que o meu silencio não estimule novos assaltos à minha reputação e ao meu nome.

Em legitima defesa, forçado pela teimosia de caluniadores, vou fazer narrações documentadas. Se dos factos, que vou esclarecer, e dos documentos, que posso exhibir, resultar, para o público, qualquer mudança de conceito sobre a personalidade de Irineu Marinho, — a sua viúva e os seus filhos são os responsáveis por essa mudança.

Quando se organizou a sociedade em comandita [Rocha se refere ao período inicial do vespertino A Noite, que tinha sido lançado em 1911 e do qual ele se aproximou em 1913], Marques da Silva e [Irineu] Marinho, a pedido de Marques da Silva, fiquei com algumas acções da A NOITE. Fiz, então, relações com Irineu Marinho, tornando-nos tão bons amigos que eu o apoiei no momento de ser desfeita aquella sociedade.

Marinho, em seguida, comprou uma machina nova para a A NOITE, porém, a alta vertiginosa e imprevista do dólar poz em perigo todos os seus planos. Elle, então, recorreu ao meu auxílio, pedindo-me, para effectuar o pagamento da machina, a importância de 500 contos, mediante prestações constantes de letras pagáveis mensalmente.

Verificando, mezes depois, que não podia fazer face ao compromisso assumido comigo, propoz que se transformasse a A NOITE em sociedade anonyma, com o capital de 1.500 contos. Elle ficaria com 870 contos em acções; eu com 500, e o restante com os demais acionistas.

Acceitei sem qualquer exame, porque visava apenas servi-lo, e assim, ele com mais da metade e eu com um terço das acções da A NOITE, continuamos a agir de acordo, sob a orientação dele.⁴

Geraldo Rocha sempre sustentou que já tinha parte na sociedade de A Noite desde 1913 e usou essa informação como prova de sua amizade com Irineu. Nunca admitiu que tivesse traído o antigo sócio. Quando, finalmente, ficou com todas as ações do jornal, sustentou a versão de que não existia acordo algum pelo qual devesse devolvê-las a Irineu. Em seu entendimento, ele passou a ser o dono legítimo e verdadeiro de A Noite quando o ex-sócio embarcou com a família para a Europa, em busca de tratamento médico, e não tinha obrigação nenhuma de vender as ações de volta. Do outro lado da contenda, Roberto Marinho e seus colegas de O Globo não aceitavam o que entendiam como descaramento e traição imunda. Com esse espírito, belicoso e indignado, publicaram em O Globo uma resposta ao artigo de Geraldo Rocha logo no dia seguinte. O texto começava por identificar nos editoriais de A Noite "as homenagens da hypocrisia gananciosa e as contradições do cynismo". E prosseguia: "O GLOBO não permitirá que o nome de Irineu Marinho seja explorado comercial ou industrialmente por quem quer que seja, e sobretudo pelos que, não contentes de o traírem em vida, tentam agora lhe conspurcar a memória!".⁵

Essa foi enfim a escola que lapidou o caráter do herdeiro de Irineu. Sem entender os fundamentos dessa escola, baseados em noções extremas de lealdade e coragem física, não há como entender os alicerces em que se assentaram as convicções do personagem que chegaria ao final do século XX como o empresário mais poderoso do Brasil.

10. O recibo revelado

No mesmo dia da resposta rabugenta de O *Globo*, 23 de abril de 1929, Geraldo Rocha, nas páginas de A *Noite*, contra-atacou com uma revelação bombástica. Depois de lembrar que, em 1923, aceitara comprar as ações de Irineu Marinho com o único propósito de que elas não fossem parar nas mãos de Assis Chateaubriand, o Chatô, publicou a prova documental de que efetivamente comprara a parte do sócio: um fac-símile de um recibo, com a assinatura de Irineu, atestando que a entrega das ações para ele, Geraldo Rocha, tinha sido efetiva. Não se tratava de um acordo de gaveta, de um acerto informal. A operação tinha se consolidado de forma definitiva.

Geraldo Rocha apresentou os documentos, provando que o que aconteceu entre os dois foi um negócio de compra e venda perfeito, consumado e completo. Com a publicação do fac-símile, o dono de A *Noite* desferiu um tiro de morte na versão dos que diziam que Irineu nunca lhe cedera o controle acionário do jornal. Geraldo Rocha escancarou tudo, inclusive os bancos em que Irineu Marinho depositou o dinheiro que recebeu. Os herdeiros de Irineu alegavam que existiria um acordo de cavalheiros pelo qual Geraldo Rocha teria de vender suas ações de volta. O próprio Geraldo Rocha, entretanto, jamais aceitou a existência de tal acordo. Com sua postura, conseguiu enfraquecer a alegação de que teria ficado entre ambos um acerto de que haveria um caminho de volta. Roberto Marinho sempre defendeu outra versão dos fatos e manteve até o fim a tese de que os dois tinham, sim, um compromisso de devolver as ações e o poder ao fundador de A *Noite*. Mas, ao mostrar os documentos que mostrou, Geraldo Rocha fortaleceu o seu lado na história.

Ele deu algarismos, quantias, nomes de casas bancárias. Mais: publicou recibos, depósitos, saldos. Com riqueza de detalhes:

> De accôrdo com o negociado, recebi as 3.898 acções que lhe pertenciam, pagando-lhe, em dinheiro, 3 mil contos, que Irineu Marinho, para não despertar a attenção, distribuiu pelos seguintes Bancos desta capital: City Bank, Banco Francez e Italiano, Royal Canadá, Bank of London, Banco Portuguez do Brasil e Alliança do Porto.
>
> Sendo as acções da A NOITE ao portador e a transmissão de sua posse por simples entrega, ponderei a Marinho que sendo o negocio secreto e podendo elle morrer, poderia a sua família suppor que ellas tivessem sido roubadas por quem as apresentasse. Deante dessa ponderação, Marinho passou-me um recibo, cujo fac-símile estampo hoje.[1]

Geraldo Rocha voltou à carga no dia seguinte, 24 de abril de 1929, para esmiuçar a lista dos depósitos de Irineu Marinho em diversos bancos do Rio de Janeiro.

BANCO PORTUGUEZ DO BRASIL:	500 contos de réis, em letra no prazo de seis meses.
BANCO PORTUGUEZ DO BRASIL:	495 contos de réis, em caderneta de C/C (conta corrente)
CITY BANK:	285 contos de réis, em caderneta de C/C (conta corrente)
BRITISH BANK:	356 contos de réis, em caderneta de C/C (conta corrente)
BANCO DO CANADÁ:	360 contos de réis, em caderneta de C/C (conta corrente)
RIVER PLATE BANK:	290 contos de réis, em caderneta de C/C (conta corrente)
BANCO FRANCEZ E ITALIANO:	200 contos de réis, em caderneta de C/C (conta corrente)
BANCO ALLIANÇA:	554 contos de réis, em caderneta de C/C (conta corrente)
TOTAL:	3.040 contos de réis[2]

Na segunda parte do mesmo artigo, o dono de A Noite insistiu na sua velha tese de que sofrera um desfalque ou algo parecido. Disse que Irineu teria tirado 370 contos do caixa do jornal, indevidamente, para despesas pessoais. E que nunca ressarciu a empresa dessa retirada.

O ressentimento de Geraldo Rocha começava a aparecer, por mais que ele tentasse ocultá-lo com homenagens e elogios. A verdade é que Rocha não perdoava o ex-sócio ter levado consigo 33 profissionais de A Noite para montar a redação de O Globo. Essa mágoa ficou ainda mais evidente quando, em resposta tardia à debandada, a edição do dia 25 de abril de 1929 de A Noite trouxe uma nota assinada por um coletivo pouco preciso: "Os que ficaram na A NOITE". Foi uma nota pesada.

Embora entendendo que não podíamos ser solidários com quem, tendo vendido a A NOITE, queria tê-la como se sua fosse, respeitamos sempre os sentimentos dos nossos antigos companheiros que o seguiram, e em cujo nome tantos insultos temos recebido.

[...]

Temos, pois, o direito de lamentar a triste situação em que ficaram os nossos antigos companheiros que saíram da A NOITE com Irineu Marinho, depois das revelações feitas e provadas pelo Dr. Geraldo Rocha.

Os que ficaram na A NOITE.[3]

No dia 10 de maio de 1929, O Globo deu uma resposta definitiva, em que acusava Geraldo Rocha de ter conquistado a amizade de Irineu Marinho para depois atraiçoá-lo, movido sempre por interesses "capitalistas".

Como se sabe, este homem de negócio [Geraldo Rocha] tem, como arma de acção comercial, a de aproximar-se dos poderosos e afagar e estipendiar a imprensa. Em consequência disso, procurou todos os meios e modos de se insinuar na confiança de Irineu Marinho, que era uma força jornalística da maior monta, pelas suas grandes aptidões no ofício e de que proviera o enorme prestígio então fruído pela A Noite.[4]

O texto de O Globo não parava por aí. Dizia que a doença e o falecimento de Irineu Marinho tinham sido um presente para os intentos de Geraldo Rocha, que "achou o momento de agir, convertendo a morte em aliada do seu plano". Ainda segundo O Globo, como Irineu teimasse em não morrer, Geraldo Rocha "se impacientou, pensando, naturalmente, que a morte o havia ludibriado pela demora em vir ceifar o seu amigo". A recuperação da saúde de Irineu seria um "burlão da morte". Para contornar esse "obstáculo", na opinião de *O Globo*, Geraldo Rocha deu curso ao seu estratagema enquanto Irineu se tratava nas clínicas da Europa: arregimentou os funcionários de *A Noite* para imprimir uma nova linha editorial ao vespertino. Diante da resistência dos amigos leais a Irineu, foi ainda mais inescrupuloso e "encontrou, infelizmente, dentro da própria *Noite*, homens que se prestaram ao papel inqualificável de o ajudar nesse golpe contra o amigo desprevenido". *O Globo* concluía sua narrativa reconhecendo a vitória do inimigo: "O Sr. Geraldo Rocha conseguia, assim, pela via dolorosa de um feio procedimento, o que desejava: fazer *A Noite* órgão da sua vontade, aparo de seus interesses".[5]

Por vezes, a guerra entre os dois vespertinos tinha episódios pitorescos. Também em 1929, *A Noite* acusou *O Globo* de ter arrecadado dinheiro para ajudar vítimas de uma tragédia natural em Santos e nunca repassar o saldo para ninguém. O desastre acontecera mais de um ano antes, no dia 10 de março de 1928. Depois de muita chuva, uma encosta do monte Serrat veio abaixo, destruiu a Santa Casa de Misericórdia, soterrou um bairro inteiro e matou 110 pessoas. O caso era constrangedor porque, de fato, *O Globo* havia feito uma campanha para colher doações e não as repassou aos necessitados.

Para denunciar a falcatrua, o diário de Geraldo Rocha publicou, com destaque de notícia, uma carta assinada por uma única palavra: "Santistas". A autoria da denúncia era um tanto difusa, mas o conteúdo feria a reputação do concorrente.[6]

O Globo, claro, teve de responder. Emitiu uma nota, que foi publicada em *A Noite*, admitindo que se atrasara na remessa do dinheiro à comunidade de Santos. Era uma resposta vaga, pouco assertiva. Um sabor de caso mal contado ficou no ar. Um reparo, porém, a nota de *O Globo* fazia sobre a denúncia de *A Noite*: de que não arrecadara "cerca de sessenta contos de réis", como *A Noite* havia noticiado, apenas cinquenta contos.[7]

O resto soou meio confuso. No mínimo, fica a impressão de que O *Globo*, na melhor das hipóteses, demorou-se demais em distribuir a quantia arrecadada para as vítimas.

No aprendizado de Roberto Marinho, imprensa era guerra sem tréguas.

11. A *Noite* finda

A guerra se mostrava desigual. A *Noite* era um inimigo desproporcionalmente maior, que alcançara o auge. No dia 7 de setembro de 1929, inaugurou sua nova sede, na praça Mauá: o portentoso edifício A *Noite*. As obras tinham sido iniciadas dois anos antes e transcorreram em ritmo acelerado para entregar ao Rio de Janeiro o mais alto arranha-céu da América Latina. Num tempo em que quase nenhuma edificação na capital da República ousava ultrapassar oito pavimentos, o prédio de Geraldo Rocha imperava com 22 andares e 84 metros de altura. Projetado pelo arquiteto francês Joseph Gire (o mesmo do hotel Copacabana Palace), era uma ode à grandeza de um jornal que se tornara um símbolo de monumentalidade, riqueza e progresso no Rio de Janeiro.

Outros jornais festejaram o edifício que se tornou cartão-postal da cidade. No dia da inauguração do prédio, dia 7 de setembro, o jornal *Crítica* — que, embora com duração efêmera, de apenas dois anos (entre 1928 e 1930), chegou a ser uma sensação na cidade, com 120 mil exemplares de circulação (matutino, ele não concorria com A Noite, que era vespertino)[1] — saudou o lançamento do edifício A Noite com letras triunfais:

> A inauguração do novo e imponente edifício da A Noite, a realizar-se hoje às 16 horas e 30 minutos, não somente é uma grande festa do jornalismo brasileiro como também se reveste do caráter de um notável acontecimento da vida da cidade. É que A Noite, além de representar a imprensa do país, uma luminosa vitória que a todos nós tanto envaidece, constitui, sem dúvida, um dos mais valiosos elementos do patrimônio intelectual do Rio de Janeiro. Fundada, lá se vão anos, por um grupo de rapazes, tendo à frente essa figura por tantos e meritórios títulos admirável que foi Irineu Marinho, A Noite tornou-se, logo a aparecer, graças as suas reportagens sensacionais e a agudez de seus comentários, uma folha, por excelência popular.[2]

Geraldo Rocha, beneficiário autocrático do legado de Irineu Marinho, reinava absoluto. Tentava também se tornar o dono da memória de Irineu. "Em respeito à amizade extincta, recomendei que se esculpisse no grande edifício da A NOITE o medalhão, em bronze, de Irineu Marinho."[3] Rocha se vangloriava do crescimento do jornal em sua gestão. Não pecava por modéstia. "Quando adquiri a A NOITE, em 1923, a sua tiragem era de 50 mil exemplares e a sua média actual é de 140 mil."[4]

Cioso, fizera alterações na linha editorial. O vespertino que tinha lugar cativo na oposição aos governos, um depois do outro, passou a figurar como defensor intransigente das oligarquias, conforme aponta a historiadora da imprensa Marialva Barbosa. A Noite chegaria ao final da década de 1920 com uma circulação de 200 mil exemplares. No mesmo período, a tiragem de *O Paiz* era de 3 mil exemplares.[5] O receituário do sucesso vinha das editorias de polícia e de esporte. Diz a lenda que os jornalistas se disfarçavam de mendigos e andavam pelas ruas atrás de boas histórias, com as quais o povo se deliciava.[6]

Foi aí que a Revolução de 1930, liderada por Getúlio Vargas, bagunçou o tabuleiro e virou de pernas para o ar o equilíbrio de forças. Começou ali o outono de *A Noite*, salpicado de ironias melancólicas. Perseguido pelos vitoriosos da Revolução de 1930, Geraldo Rocha caiu em desprestígio. Em 1931, a Brasil Railway, da qual Geraldo Rocha fora diretor, detectou uma dívida de grande monta que ele tinha com a empresa. Havia sido contraída a partir de retiradas obscuras que Geraldo Rocha se viu forçado a explicar — ou devolver. Sem alternativas, teve de dar seus bens em garantia. No final, acabou perdendo *A Noite* para a empresa São Paulo-Rio Grande, uma subsidiária da Brasil Railway. Em seguida, a propriedade do jornal passou para Guilherme Guinle, presidente da Brasil Railway, que nomeou para diretor do jornal Carvalho Neto, que já trabalhava no diário.[7]

Geraldo Rocha se exilou por alguns anos e, na volta, tentou novos caminhos. Criou os jornais *A Nota*, em setembro 1935, e *O Mundo*, em setembro de 1947. Ambos tiveram curta duração: *A Nota* deixou de existir em 1939, e *O Mundo*, em outubro de 1957. Nos anos 1950, Rocha foi acusado de espionar em favor do ditador argentino Juan Domingos Perón. Enquanto isso, *A Noite* fenecia. Sua edição derradeira foi às ruas em 27 de dezembro de 1957.

A paz entre Geraldo Rocha e Roberto Marinho só se deu quando o primeiro já estava inteiramente rendido. No dia 3 de agosto de 1956, pouco mais de um ano antes de *A Noite* deixar de circular, *O Globo* republicou um artigo em que Geraldo Rocha homenageava Irineu (o artigo fora publicado originalmente em *O Mundo*). *O Globo* teve o cuidado de acrescentar, acima do artigo de Geraldo Rocha, uma nota introdutória na qual constavam os termos do armistício entre Rocha e Roberto. Funcionava como uma senha, ao afirmar que as palavras de Geraldo Rocha sobre os diretores de *O Globo* "muito nos sensibilizaram".

Por trás dessa primeira pessoa do plural estava a vontade e a voz de Roberto Marinho. Com mais de cinquenta anos de idade, à frente de um jornal vitorioso, vendo de camarote *A Noite* moribunda e seu velho inimigo derrotado, o dono de *O Globo* podia finalmente se dar ao luxo de perdoar. O filho de Irineu tinha consumado mais uma vingança. Geraldo Rocha morreu vencido três anos depois, no dia 19 de junho de 1959.[8]

12. No comando

O êxito consagrador de O Globo foi mérito direto e intransferível de Roberto Marinho, que assumiu o comando do vespertino criado por seu pai em maio de 1931, quando tinha apenas 26 anos de idade. Eurycles de Mattos, que, em 1925, tinha sucedido Irineu Marinho no comando da redação de O Globo — e que ficara responsável pela formação jornalística do jovem herdeiro —, morreu em 5 de maio de 1931. Três dias depois, finalmente, seu pupilo virou o chefe do jornal.

A propriedade da empresa continuou inteiramente em nome da mãe, Dona Chica, ou, simplesmente, "a viúva". Dona Francisca figurou no alto do expediente de O Globo até 1952 e, depois disso, continuou opinando até morrer, em 1976. Naquele início de maio de 1931, embora enlutada com a morte de Eurycles, a proprietária vibrou ao ver o filho mais velho na direção. Era tudo o que queria.

Roberto sabia disso. Ele, que não se sentia pronto para o cargo na morte do pai, agora tinha segurança para corresponder aos anseios maternos. No enterro do antecessor, fez um discurso em que sintetizou o que viria a ser o seu estilo de comando: "Diante deste túmulo aberto, fazemos um juramento de fé na defesa das tradições do *Globo*, seguindo os mesmos rumos, com a dedicação de todos os seus companheiros".[1] O reconhecimento e a valorização dos "companheiros" — valorização salarial, inclusive — seriam sua marca. Aprendera a odiar os oponentes, mas também que era preciso prestigiar os que fechavam com ele.

Na história oficial de *O Globo*, Eurycles figura como um líder-chave para consolidar o jornal em seus primeiros anos. Não eram poucos, no entanto, os que o viam como um burocrata medíocre. Para Nelson Rodrigues, era um monumento à ausência de talento, embora honesto.

> De Eurycles de Mattos sabia apenas o seguinte: um probo. Ninguém mais incorrupto. Era, porém, um jornalista de velhas gerações. Fazia um jornal honrado como ele, e de uma mediocridade desesperadora, como ele. Um dia, Eurycles de Mattos morreu e Roberto Marinho assume a direção. Era a esperança.[2]

Entronizado, Roberto se sairia muito bem. A partir daquela redação, modesta, conquistaria o imenso poder que exerceu com gosto a partir da segunda metade do século XX. Ficou no comando praticamente até morrer. Foram 72 anos regendo o mesmo jornal, ainda que, no finalzinho da vida, fizesse isso de longe. Era em seu nome que seus negócios eram orientados, sobretudo em assuntos editoriais. Nelson Rodrigues tinha suas razões para ver nele uma esperança.

Quando estreou na direção, o primogênito ainda era jovem, mas já passava longe de ser inexperiente. Não hesitava mais em afirmar seu ponto de vista na redação, mesmo quando discordava de Eurycles. Foi o que aconteceu quando Getúlio Vargas, à frente da Revolução de 1930, derrubou o presidente Washington Luís e tomou o poder, sustentado por uma junta militar. Eurycles não queria apoiar os revolucionários. Na verdade, não via diferença entre Getúlio e os outros: "Tudo farinha do mesmo saco, vinho da mesma pipa". Roberto discordou e se impôs. Fez prevalecer sua opinião.[3]

O Globo que ele assumiu era, portanto, um jornal alinhado com Getúlio. Apoiou o novo chefe de governo, assim como a mudança drástica que ele representava: o abandono da política do "café com leite", em que políticos paulistas ("café") e mineiros ("leite") se alternavam na presidência do país. Roberto se engajou na Revolução de 1930 como repórter e ativista. Naquele tempo, a imensa maioria dos praticantes do jornalismo, fossem donos ou empregados, não tinha o menor pudor em misturar militância partidária e o ofício de jornalista. Com Roberto Marinho, não era diferente.

Como repórter, o herdeiro deu uma notícia exclusiva (um "furo", no jargão jornalístico) na edição de 24 de outubro de 1930. Numa foto que ocupava toda a metade superior da primeira página, o presidente Washington Luís aparecia no banco de trás de um automóvel, no momento exato em que deixava o Palácio da Guanabara. Ele saía, humilhado, para deixar a passagem livre para os insurgentes liderados por Getúlio, que tomariam o local em seguida. Saía refém. Saía preso. A reportagem de Roberto Marinho mostrava o presidente deposto a caminho do Forte de Copacabana, onde ficaria encarcerado.

Para conseguir seu "furo", o repórter proprietário recorreu a um expediente de malandragem, ao menos segundo o que contam seus admiradores. Providenciou uns galhos de árvore para atrapalhar a saída do automóvel. Assim, obrigou o motorista a diminuir bem a marcha, o que rendeu o tempo necessário para o fotógrafo que o acompanhava produzir o retrato que entraria para a história.[4] (O nome do fotógrafo não aparece na página do jornal. O único crédito que consta ali é "Photo Clichê *Globo*".[5])

Como ativista voluntário a serviço dos revolucionários, Roberto Marinho se destacou ainda mais do que como repórter. Ele, que desde 1927 era reservista de primeira categoria, tinha sido convocado em 1930 e tomou parte como soldado em algumas das movimentações revoltosas. Entre outras tarefas, assumiu a direção não do levante, mas de seu carro particular, transportando os líderes pelo Rio de Janeiro. Pode parecer pouco, mas ele sempre se orgulhou disso. Quatro décadas depois, quando os militares estavam outra vez no poder, durante a ditadura, o ex-soldado Roberto Marinho, numa requisição dirigida ao comandante do Primeiro Exército, pediu que sua atuação durante a Revolução de 1930 passasse a constar em sua caderneta militar.

O pedido foi atendido sem demora, o que não deixa de ser espantoso. Roberto Marinho não quis fazer zombaria nenhuma quando solicitou atualizações em sua empoeirada caderneta, mas parece haver aí um certo toque humorístico. O velho reservista, tornado um ilustre magnata da mídia, conseguiu que um marechal, Honorato Pradel, e um general de divisão, Orlando da Fonseca Rangel Sobrinho, juntos, em plena ditadura militar, dedicassem seu tempo e sua caligrafia para atestar oficialmente que um soldado raso tinha lhes servido como motorista 46 anos antes. É como se os dois não tivessem mais o que fazer.

A declaração dos comandantes não mudaria coisa alguma no status do antigo soldado raso promovido a dono da Rede Globo, mas servia para atestar que as cúpulas fardadas do regime de 1964 não se demoravam em atender prontamente aos desejos mais caprichosos do antigo reco.

Foi assim que, no dia 16 de agosto de 1976, o marechal e o general de divisão detalharam as missões cumpridas pelo requisitante Roberto Marinho: transportar "em seu carro particular, tipo esporte, três lugares", e "em segurança" o general Mena Barreto de sua casa para o Forte de Copacabana; levar o major Valentim Benício até o Ministério da Guerra, quando "novamente nos lembramos de utilizar o soldado Roberto Marinho e seu carro particular, desta vez sem escolta"; e fazer "parte da escolta" do destacamento que levou à Fortaleza de São João o ex-presidente Washington Luís, que embarcaria para a Europa no navio *Alcântara*.

Por fim, Pradel e Rangel Sobrinho, do alto de suas patentes, acrescentaram uma nota na incensada caderneta militar:

> Em resumo, o soldado Roberto Marinho tomou parte nos acontecimentos [...] de 1930 [...] aproveitando [...] para executar missões especiais, face às suas aptidões e caráter, tendo sempre se desincumbido a contento, com eficiência, disciplina e patriotismo. Cumpre salientar que, embora nessa época já fosse jornalista, o soldado Roberto Marinho não levou para o seu jornal nenhum dos episódios aqui narrados e outros que presenciou ou de que teve conhecimento na intimidade do Forte de Copacabana.[6]

Não consta que o dono da Globo tenha sido condecorado por bravura no volante de seu "carro particular, tipo esporte, três lugares". Teve, em lugar disso, a caderneta reescrita com tintas mais do que elogiosas, como um militar leal, corajoso e dedicado.

Faltou dizer que ele, antes de completar trinta anos, havia se revelado um empresário sagaz em fazer e desfazer suas alianças políticas. Logo depois de 1930, a lealdade de O *Globo* em relação ao governo de Getúlio Vargas começou a ser, ela também, reescrita, rediagramada e repaginada. Em 1932, contrariando a vontade de Getúlio, o jornal abraçou a causa dos que exigiam uma nova constituição para o Brasil. Em 1934, quando o motorista dos revoltosos de 1930 já comandava a redação, *O Globo* foi suspenso por 48 horas. Pode ter sido uma vingança de Getúlio contra a mudança de atitude do vespertino.[7]

Apesar de pressionado, *O Globo* não voltou atrás. As relações degringolavam. Em 1937, com a ditadura do Estado Novo já declarada, um censor começou a bater ponto dentro da redação. "Era um pobre fotógrafo lambe-lambe, que fazia ponto no Passeio Público", lembraria mais tarde o repórter Edmar Morel. "Analfabeto, escrevia o próprio nome com dificuldade, e a cada minuto telefonava [para algum superior] para saber se determinada matéria podia ser publicada."[8]

Investido de poderes de censor, o fotógrafo analfabeto transformou a redação num inferno. Atrasava o fechamento e comprometia diariamente o faturamento do jornal. Os anunciantes reclamavam quando a edição saía mais tarde do que o previsto. Fora isso, um atraso na distribuição fazia baixar o número de exemplares vendidos. E tudo num período especialmente crítico. Naqueles anos, *O Globo* já vinha antecipando o horário de suas edições. Aos poucos, deixava de ser um vespertino. Ainda em 1937, costumava soltar a primeira logo às onze da manhã, disputando mercado com os matutinos.

Roberto Marinho andava tenso, mas não era mais um rapazote invocado. Aos 32 anos, ainda solteiro, tinha amadurecido um bocado, sem abrir mão do regime de aventuras noturnas. Nesse quesito, não abria mão do esporte da boemia, do qual era um praticante precoce. O sambista Sinhô lhe dedicara, ainda nos tempos de *A Noite*, uma canção intitulada "A cocaína". Na dedicatória, o compositor o chama de "carinhoso amigo".[9] Roberto nunca foi adepto de impulsionamentos químicos de alegria, mas não economizava alegria nos flertes, nos casos, nos amores, nas sensações libidinais ou astrais. Frequentava tanto casas de samba como terreiros de candomblé em Nilópolis, Cascadura e Caxias.[10]

Logo que se firmou na vida profissional, mudou-se para uma casa de três andares na Urca, na rua João Luís Alves, 260.[11] No topo, uma varanda de onde os olhos alcançavam toda a baía de Guanabara. "Era o mar, um mar imenso", ele lembrava. "Tive então a ideia de fazer ali uma espécie de deque de navio."[12] O tal navio, em embalos mais íntimos, singrava os oceanos das noitadas, dando iniciação a marinheiras de primeira viagem. O dono se divertia. Em outras ocasiões, o número de convivas aumentava. Havia celebridades da época que também subiam a bordo, entre elas a filha de Getúlio, Alzira, que acumulou imenso poder no Palácio do Catete durante o governo do pai, do qual foi chefe de Gabinete Civil. Ela ia até a casa da Urca de braços dados com Ernâni Amaral Peixoto, interventor federal do estado do Rio de Janeiro, com quem se casaria em 1939.

Entre namoros e ginásticas de modalidades plurais, conseguiu manter a disciplina de chegar cedo ao trabalho. Era dos primeiros a aparecer na redação, como observaram seus contemporâneos, como Nelson Rodrigues: "Desde 1931 que Roberto Marinho é o primeiro a entrar no seu jornal e o último a sair".[13] Uma vez dentro do jornal, sobretudo, era ajuizado e prudente. Enquanto convivia com o censor inoportuno e entrão, já somava doze anos de experiência profissional. Sua liderança entre os jornalistas estava consolidada, assim como sua capacidade de enfrentar com galhardia os destemperos de governantes. Firmara-se como um chefe relativamente ajuizado, pacífico, de bons modos, mas aquele censor, francamente, aquele analfabeto que não sabia diferenciar uma notícia de um anúncio, punha a perder a paciência de qualquer cristão.

Para o diretor de O Globo, a solução dos conflitos tinha de obedecer a três regras sagradas que ele aprendera com o pai. A primeira era defender os interesses da empresa e a credibilidade do jornal. A segunda, defender sua equipe de jornalistas, os quais considerava amigos. A terceira regra era enfrentar sem medo os que avançavam o sinal e atravancavam seu caminho — exatamente o que o censor não se cansava de fazer. Roberto até que tentava contornar, administrar as adversidades com sangue-frio. Ia lá, reclamava de um ou outro veto cretino, mas não se alterava. Jamais cometeria a loucura de desprezar a força opressiva da ditadura de Vargas, de modo algum. Não lhe passava pela cabeça comprar atritos com a máquina de repressão política. A Polícia do Distrito Federal, ele sabia, era um aparato mortífero chefiado desde 1933 pelo sanguinário Filinto Müller, um militar obsessivo que participara dos levantes tenentistas na década de 1920; logo depois, convertido à extrema direita, daria início a uma longa — e relativamente bem-sucedida — carreira política. Sob o comando de Filinto Müller, a repressão caçava sem piedade os opositores, em particular os comunistas, os quais prendia e torturava sem dar explicações.

Roberto não tinha a menor dúvida sobre os perigos daquela conjuntura. Ele que não seria louco e inconsequente de brigar com o censor estúpido. Isso lhe renderia complicações das quais não precisava nem um pouco. Sabia do que eram capazes os leões de chácara da ditadura. Ele, que em 1922 vira seu pai encarcerado por quatro meses durante o governo de Epitácio Pessoa, não tinha a menor dúvida de que Getúlio Vargas, encantado pelo fascismo italiano de Benito Mussolini, era mais truculento do que Epitácio Pessoa. Sabia muito bem que o ditador brasileiro, que já mandara suspender O *Globo* em 1934, poderia quebrar o jornal com uma reles canetada. Roberto havia aprendido a agir com cautela e tinha consciência de existir uma diferença de vida e morte entre ser prudente e ser covarde, assim como entre ser corajoso e ser metido a valentão.

Mas aquele censor... Um dia, o sujeito resolveu se exaltar numa imprecação com Roberto e botou o dedo em riste perto de seu nariz. Aí não deu mais. O patrão de O *Globo* sentiu se esborroarem os resíduos de juízo que vinha tentando segurar.

Seus punhos se fecharam. De repente, ficou entregue à sua memória corporal, aquela em que estava inscrito o ato que triturara, mais de dez anos antes, o nariz do traidor Vasco Lima. Subiu-lhe nos olhos o impulso de esmigalhar o rosto do sujeito, de moer os ossos do imprestável. Parou de pensar nas consequências do que quer que fosse e, numa explosão de fúria, partiu para cima do censor ignorante, esmurrando-o com vontade. Nocauteou-o. "Ele deu um soco no censor, apagou o censor na redação", conta o terceiro filho, João Roberto Marinho, que em 2019 era vice-presidente do Conselho de Administração, presidente do Conselho Editorial e presidente do Conselho Institucional do Grupo Globo.[14] Quando a autoridade recobrou os sentidos, o dono do jornal, aos gritos, enxotou-o porta afora. O homem fugiu apavorado. Roberto, vendo a besteira feita, deu de ombros e foi para casa. João Roberto é quem conta:

> Aí, um amigo dele que era da polícia, não lembro quem era, se não me engano o chefe da polícia aqui do Rio, ligou para ele e falou que ele devia se esconder na casa de um amigo porque, senão, seria preso. E ele fez isso. Ele se escondeu. Eu acho que ele não foi preso. Teve mandado de prisão, tal, mas eu acho que ele não foi preso.[15]

A sandice cometida pelo diretor do jornal ganhou a cidade em questão de horas, mas compensou, como relata Mario Sergio Conti em *Notícias do Planalto*: "No dia seguinte, prosperou a história de que o diretor de *O Globo* pedira asilo numa embaixada e o jornal seria fechado — até que Roberto Marinho foi encontrado no salão de bilhar ao lado da redação. O censor foi trocado e o jornal deixou de atrasar".[16]

Enquanto batia no burocrata incumbido de ceifar o trabalho de seus jornalistas, agindo como um bárbaro engravatado, Roberto Marinho provava uma vez mais o gosto da coragem de pavio curto. Era uma coragem essencial — mas ela, sozinha, não daria conta de fazer dele alguém destinado a moldar pela palavra e pela imagem, mais do que pelos punhos, as engrenagens que moveriam num sincronismo improvável a imprensa, o poder e o capitalismo no Brasil do século XX. Entre vertigens, sobressaltos, êxitos fulgurantes e trincheiras descontínuas, Roberto ainda teria de aprender a se controlar.

PARTE 2:
OFICINA DE ARTES POLÍTICAS

13. Virando gentleman

Na longa trajetória que o levou das escaramuças de sarjeta às boas maneiras burguesas, o jovem diretor de O Globo descobriu meios de domesticar as explosões hormonais e aposentar os modos arruaceiros. Sem ter diploma universitário, tomava gosto por ser chamado de "doutor". Domou a impulsividade bruta, transformando-a em assertividade lapidada e, no final dos anos 1930, ganhava elegância, dinheiro, pose, porte empresarial e desenvoltura política. Ganhava, sobretudo, desenvoltura: jamais precisaria postular cargos públicos para fazer valer sua influência. O pugilismo ficou para trás, em prol de habilidades diplomáticas. Não abandonaria a possibilidade do soco, isso nem pensar, mas, na hora de romper relações, passou a dar preferência aos afastamentos polidos. Em vez de luvas de boxe, luvas de pelica.

Foi, então, de modo cavalheiresco, que seguiu se desvencilhando de Getúlio. Ter espancado um censor do presidente dentro da redação tinha sido um ponto fora da curva.

Não foi por meio de pontapés, mas com inteligência e alguma etiqueta, que se distanciou de Vargas. O afastamento se processou ao longo de quase uma década. Na Revolução de 1930, quando Getúlio mal passava de um militar gaúcho que chamava a atenção dos cariocas, o chefe de O Globo o apoiou nas páginas de seu jornal. Mais adiante, em 1935, embora já não fosse tão simpático ao chefe de governo, cerrou fileiras ao lado dele contra os comunistas, mas já com um pé atrás. À medida que Vargas ganhava ares mais e mais prepotentes, o jovem diretor de jornal pressentiu que era tempo de desembarcar.[1]

A ditadura varguista se inspirava no fascismo do italiano Benito Mussolini e no nazismo de Adolf Hitler, da Alemanha. À beira da eclosão da Segunda Guerra, Marinho intuiu a iminência de riscos preocupantes. Ajustou a linha editorial de O Globo[2] contra qualquer pacto com a Alemanha. Migrou de vez para a oposição.[3] Tudo isso sem distribuir tabefes, sem bater os cascos ou chutar portas.

Ele compreendia o carisma do fascismo, assim como era capaz de entender o magnetismo dos líderes totalitários, ídolos de massa na Europa. Ele mesmo se deixara encantar pelo charme abrutalhado de Mussolini, quando aceitou o título de comendador das mãos de embaixadores da Itália fascista. Por um longo tempo, arrependeu-se de ter cedido às bajulações.

Mais de duas décadas mais tarde, em 1963, Roberto Marinho tocou no assunto em tom de lamento. Numa carta ao seu filho mais velho, Roberto Irineu, rememorou o passado e renegou a posição política que abraçara nos anos 1930. A carta foi motivada pelo filme A grande Olimpíada, dirigido por Romolo Marcellini, sobre os Jogos Olímpicos de Roma, em 1960.

Durante a sessão, ele reviveu as emoções de sua aproximação e ruptura com a ditadura do Estado Novo e com a ideologia do fascismo. Ao ver na tela a proeza de Abebe Bikila, um etíope negro de 27 anos que, correndo descalço, venceu a prova de maratona justamente na cidade que tinha sido o centro do império fascista, sentiu de novo a pontada de arrependimento por haver, um dia, se entrincheirado no lado errado da história. Integrante da guarda do imperador da Etiópia (que era chamada Abissínia pelos europeus) Haile Seilassie, o atleta Abebe Bikila entrara na delegação de última hora, em substituição a outro corredor, que havido quebrado o tornozelo jogando futebol. Dias depois, ao pisar as ruas de Roma, correria para se tornar o primeiro africano a conquistar uma medalha de ouro em Jogos Olímpicos.

O dono de O Globo, tocado pelas imagens do campeão de pés descalços, confessa que se penitenciava por ter fraquejado diante da corte que lhe faziam os embaixadores do fascismo. Ele mesmo escreveu:

> Eis que vai ser corrida a maratona, que é a prova olímpica por excelência [...]. Um dos corredores junta-se ao atleta que comanda o pelotão e não mais o larga. É um preto e corre descalço. O narrador da Grande Olimpíada esclarece que se trata de um etíope. A corrida prossegue. Muitos corredores vão ficando para trás, mas o representante da Abissínia ganha terreno, acelerando o ritmo da corrida. E ali nas ruas da orgulhosa Roma de César e de Mussolini ele derrota, com os seus pés descalços, os atletas de todo o mundo, inclusive os corredores italianos... Lembrei-me da invasão da Abissínia. Nessa época, Mussolini, endeusado pelos estadistas mais famosos de então, clamava pelo espaço vital, que dizia necessitar para a expansão do seu país. Por isso, e alegando razões históricas, lançou as suas tropas blindadas, a sua aviação poderosa, toda a força das suas armas contra a pobre e indefesa Abissínia. Aí eu cometi um erro. Feito comendador por Mussolini, cortejado pela embaixada daquele grande país, ferveu-me o sangue

dos avós maternos, e coloquei O *Globo* ao lado do invasor contra a pequena nação, cujos filhos-descalços como o corredor da Maratona jogaram as suas flechas contra a blindagem dos aviões que semeavam a morte e a desolação. Por muitos anos lembrar-me-ei daquela cena admirável da chegada do corredor etíope, que assumiu aos meus olhos o simbolismo de uma lição na história, e trouxe-me a recordação de um ato de que me penitencio.[4]

Aqui, Roberto Marinho fala bastante bem de si mesmo. Mas ele passava longe de se distinguir como um democrata radical ou como um cultor dos princípios de liberalismo político. Suas convicções sobre a liberdade eram frágeis e assim permaneceriam por um bom tempo. Anos depois, ele ainda devotaria seu apoio à ditadura militar, que se manteve no poder entre 1964 e 1985. De todo modo, essa carta não contava uma mentira. Na década de 1930, quando vicejavam na Europa as soluções autoritárias ou totalitárias, o diretor de *O Globo* soube se afastar gradualmente dos tiranos mais cruentos.

14. Sai Getúlio, entra Getúlio, e a Rádio Globo fica

A carta sobre o maratonista Abebe Bikila mostra que Roberto Marinho se modernizava ao menos no repertório. Da crença na doutrina do "espaço vital" de Mussolini, passou a valores menos antiquados, como o respeito à autodeterminação dos povos e o repúdio às guerras de dominação. O jornalista começou a preferir um palavreado de paz, em sintonia com os ideais consagrados pela ONU no pós-guerra. Mas essa adaptação, com suas tinturas sentimentais, não implicava um compromisso radical com a democracia (nos anos 1960, ele apoiaria decididamente a ditadura militar no Brasil). A modernização de seu discurso era, antes, produto de escolhas cerebrais. Roberto Marinho mudava o léxico para manter uma boa posição no tabuleiro do poder — mesmo quando o poder fosse um poder ditatorial. Ele mudava, O *Globo* mudava junto com ele, porque essa era a trilha para a expansão do negócio. Sua ideologia era o seu negócio.

Ele e O *Globo* já tinham desembarcado do projeto de poder de Getúlio Vargas, cuja expressão mais acabada, o Estado Novo, implodiu em 1945. Mas, mesmo deposto, Getúlio não estava acabado, e O Globo sabia disso. Em 1946, aproveitando a legislação que permitia a um mesmo político candidatar-se a cargos eletivos por estados diferentes, o ditador caído teve seu nome lançado ao posto de senador por São Paulo e pelo Rio Grande do Sul. Eleito nos dois estados, deu preferência à vaga que lhe foi concedida pelos gaúchos. Empossado, não foi um senador presente. Passava longas temporadas em suas terras em São Borja. Quatro anos depois, em 1950, disputou as eleições presidenciais em regime democrático e ganhou a disputa. Voltou, como se diz, nos braços do povo.

O Globo acompanhou tudo com alguma galhardia e com desenvoltura tática. Durante a transição entre o Getúlio ditador e o Getúlio democrático, o jornal se equilibrou: nem o incensava em demasia, nem o enxovalhava. Chegou a prestigiá-lo com reportagens que, já no início de 1950, davam destaque para o anúncio de sua volta: "Se o cavalo passar encilhado, ele monta".[1] Mas nada de aproximações além da conta. O Globo se mantinha a uma distância segura do getulismo. O objetivo dessa linha de cobertura, meio *nem lá, nem cá*, era não queimar as pontes, as quais, como antevia o tirocínio do comando do jornal, poderiam ser necessárias num futuro próximo.

A redação não tratava Getúlio como se ele fosse um vilão, um inimigo do povo, apenas não fazia coro à sua estratégia populista. Buscava alianças em outras frentes. Tentava achar contrapesos. Nesse meio-tempo, mantinha relações cada vez mais rentáveis com o presidente que sucedera Getúlio, Eurico Gaspar Dutra. Sem pestanejar, O Globo o cortejava, numa investida que deu certo.

A tática de aproximação foi um tanto atribulada, cheia de movimentos ambíguos e, por vezes, discrepantes, mas evoluiu magistralmente. Sabendo da oposição do presidente aos jogos de azar, Roberto Marinho comprou fotos de seu amigo fotógrafo Jean Manzon, as quais mostravam flagrantes internos do Cassino Atlântico, em Copacabana. As fotografias, que custaram 50 mil cruzeiros — o equivalente a dez meses de salário de um diretor de jornal bem remunerado —,[2] foram publicadas em 1946. Os resultados vieram rápido. O investimento renderia dividendos econômicos e, sobretudo, políticos, segundo o relato de Jacques Marcovitch:

> Com o final da Segunda Guerra Mundial, coincidindo com o ocaso do primeiro período getulista, Marinho cuidou de se aproximar do novo presidente, marechal Eurico Gaspar Dutra, eleito em 1946. Para tanto, utilizou uma tática indireta. Sabia que, ao contrário de Getúlio, Dutra era inimigo declarado dos cassinos. Marinho percebeu nessa circunstância uma maneira de agradar o presidente, além de aumentar a tiragem de seu jornal. Já contava com um trunfo na manga.
>
> Meses antes, Manzon escalara o telhado do prédio vizinho ao Cassino Atlântico, em Copacabana, descobrira uma fenda na claraboia sobre a mesa central e passou parte da noite fotografando os jogadores — algo terminantemente proibido por todos os donos de cassinos. A reportagem deveria sair na revista O Cruzeiro, para a qual Manzon trabalhava. Como Assis Chateaubriand, o dono de O Cruzeiro, se recusasse a publicá-la, temeroso de perder os anúncios das casas de jogo, Manzon foi oferecê-la a O Globo. Roberto Marinho comprou todas as fotografias, mas retardou sua publicação até que a ascensão de Dutra fosse um fato consumado.
>
> Dutra tomou posse no dia 31 de janeiro de 1946, ao lado de sua esposa, Dona Santinha, também inimiga declarada de todos os jogos de azar. No mês seguinte, O Globo trouxe uma nota declarando ter decidido não mais aceitar a publicação de anúncios de cassinos. No dia 28 de abril, finalmente, as fotografias de Manzon começaram a aparecer na primeira página do

jornal, abrindo uma série de reportagens sobre os malefícios do jogo. Ao final da série, que durou uma semana, um decreto do marechal Dutra declarava o jogo ilegal em todo o país.[3]

Não que o dr. Roberto odiasse os cassinos, as jogatinas e o ambiente festivo dos jogos de azar. Longe disso. Sem nenhuma identificação com o puritanismo de dona Santinha, frequentava alegremente o Cassino da Urca, onde selava bons relacionamentos com políticos e empresários.[4] A questão com Dutra era de outra ordem: de amizades políticas ou, mais precisamente, de amizades que geravam dividendos políticos e patrimoniais, e vice-versa. Nada a ver com divertimentos, portanto. A frieza com que Roberto Marinho levava à frente seus lances de cálculo misturando amizade e poder impressionava até mesmo os políticos mais rodados. Fernando Henrique Cardoso, por exemplo: "Ele se aproximava da política. Sabia fazer o que se chama em espanhol a *muñeca*, o joguinho político, mas tinha interesse na visão política. Sempre que estava conversando com alguém, no fundo ele queria saber qual era o horizonte daquela pessoa".[5]

Não era bem que "queria saber". Ele descobria, efetivamente, "qual era o horizonte daquela pessoa". Descobria e transformava sua descoberta em trunfos preciosos.

Roberto Marinho estava de olho no futuro, no futuro distante. Àquela altura, a televisão já começava a invadir os lares americanos e, em 1950, o concorrente Assis Chateaubriand inauguraria o primeiro canal de televisão em São Paulo, a TV Tupi. O senhor de *O Globo* estava convencido de que teria de investir também nesse negócio misterioso e caro, a televisão. No finalzinho do mandato de Dutra, já em 1951, o ainda jovem dr. Roberto recebe a primeira concessão de um canal de TV. Guardou-a num cofre. Ainda não tinha condições de pôr dinheiro pesado na nova mídia, mas o futuro que o esperasse.

Com sua diplomacia que usava o jornalismo como moeda de poder, acabou ganhando de Dutra o que mais queria.[6]

Com um olho em Dutra e outro em Getúlio, que dava sinais cada vez mais fortes de que tinha gás para retornar ao Palácio do Catete (como retornaria, de fato, nas eleições de 1950), O *Globo* procurava a melhor posição no campo das incertezas. Foi aí que Roberto Marinho encontrou um poderoso fator de desequilíbrio: Carlos Lacerda, um político reluzente, promissor, falante, que viria a ser o principal antagonista de Getúlio. Lacerda começou a angariar mais e mais simpatia da casa. Orador capaz de arrebatar as massas quando posto diante de um microfone, havia sido comunista na juventude e, em 1945, por volta dos trinta anos, aderiu apaixonadamente à UDN (União Democrática Nacional), uma agremiação conservadora, moralista, direitista e histericamente anticomunista.

A UDN correspondeu a essa paixão e fez do ex-comunista Carlos Lacerda o seu profeta mais barulhento. Em 1947, o homem se elegeu vereador na cidade do Rio de Janeiro e, em 1950, já se constituía num dos expoentes da campanha contra a volta de Getúlio. Era nesse orador incendiário que o dono de O *Globo*, um magnata em ascensão, investia as suas fichas — mas, claro, sempre com certas ambiguidades, tudo para não cutucar o ex-ditador com vara curta.

Em 1953, a Rádio Globo, que fora inaugurada em 1944, com dez quilowatts, quintuplicou sua potência. Com um novo transmissor de cinquenta quilowatts, fabricado pela Gates, dizia alcançar todo o território nacional.[7] Nesse mesmo ano de 1953, Lacerda virou apresentador de um programa, *Conversa em Família*. Foi um estrondo que inflou ainda mais a audiência. Então deputado federal, o orador disparava suas preleções contra Vargas e era sucesso garantido. Depois, em 1954, o astro radiofônico iniciou participações igualmente explosivas num programa que ia ao ar pouco depois das dez da noite,

O Parlamento em Ação, criado pelo seu aliado político, o radialista Raul Brunini Filho.[8]

Lacerda denunciava o que entendia como irregularidades e condutas suspeitas no governo, como os empréstimos facilitados pelo Palácio do Catete para que Samuel Wainer lançasse o jornal *Última Hora*. Embora fosse ele mesmo dono de um jornal, *Tribuna da Imprensa*, que fundara em 1949, o orador anti-Getúlio não via nenhum conflito de interesses no fato de fazer pregações no ar contra um concorrente. Altissonante, cobrava simplesmente a deposição de Vargas.[9]

O governo via o cerco se fechar. Tentava deter a verve do adversário, a cada dia mais popular, mas não sabia direito o que fazer. Improvisava na base de tentativas erráticas. Lá pelas tantas, o gabinete de Getúlio convidou o dono da Rádio Globo para uma conversa. O objetivo era serenar as animosidades. Roberto aceitou a convocação. Compareceram ao encontro o general Caiado de Castro, chefe da Casa Militar de Getúlio; o chefe da Polícia, coronel Paulo Torres; e o então ministro da Justiça, um jovem político mineiro de futuro promissor. Seu nome era Tancredo Neves.

As três autoridades insinuaram que seria melhor Roberto Marinho dar um basta nas falas de Lacerda. Sutilmente, passavam recados ameaçadores. Diziam que, se o presidente quisesse, poderia mandar fechar a atração radiofônica mais barulhenta da capital federal e, mais ainda, encerrar todas as atividades da Rádio Globo. De sua parte, o proprietário da emissora manteve o sangue-frio. Não levantou a voz, não perdeu o controle, não deu soco na mesa nem nada. Em seu traje de almofadinha e seus modos mais contidos, mais elaborados, respondeu que "fizessem o que bem entendessem". Diante disso, o ministro da Justiça mudou sua abordagem.

Na descrição de Jacques Marcovitch,

Tancredo Neves veio então com panos quentes, explicando que o governo absolutamente não pretendia fechar a sua rádio, mas apenas que Lacerda moderasse seus pronunciamentos. Marinho prometeu agir nesse sentido, mesmo porque achava exagerados os insultos e destemperos da linguagem de Lacerda. Mas já era tarde demais.[10]

De fato, embora o proprietário tivesse a disposição de segurar o facho dos pronunciamentos mais incendiários de sua estrela radiofônica, o caldo entornara. Não havia muita margem para ações de contenção. As relações se azedavam dia a dia. Nesse mesmo ano, 1953, Getúlio cancelou a concessão do canal 4 (de televisão) que o presidente Dutra concedera a O Globo em 1951 e que, àquela altura, não tinha começado a transmitir nada. Não passava de um pedaço de papel.[11] O presidente revidava como podia, e Roberto Marinho ficou sem sua futura TV. Ainda em 1953, ficou inviável qualquer tentativa de recomposição com Getúlio. Em questão de meses, a conjuntura se precipitaria para o caos.

15. Tiros e amigos

Ou, pior do que o caos, a situação desembocaria num "mar de lama".

O ano de 1954 começou com uma fissura entre o presidente Getúlio Vargas e as Forças Armadas. Em janeiro, explodiu a notícia de que um movimento de protesto contra os baixos salários se alastrava na "oficialidade jovem do Exército", nos termos empregados pelo brasilianista Thomas Skidmore ao narrar esse período em seu clássico *Brasil: de Getúlio a Castello*. "No dia 8 de fevereiro", escreve o historiador, "os coronéis apresentaram um longo memorial ao Ministro da Guerra. Tratava-se de um caso inédito de protesto irrompendo através das fileiras."[1] A crise se agravava. O governo tinha resolvido aumentar o salário mínimo, mas os militares queriam mais vantagens nos próprios soldos. As resistências cresciam. O ministro do Trabalho de Getúlio, João Goulart, o Jango, jovem político gaúcho que viria a ser apontado como o herdeiro de Getúlio, acabou saindo do governo no final de fevereiro. Pipocavam denúncias de que Domingo Perón, o ditador argentino, teria financiado a eleição de Getúlio. Jango era chamado de "o chefe do peronismo brasileiro".² Getúlio não recuou. Em 1º de maio de 1954, Dia do Trabalho, oficializou um aumento de 100% do salário mínimo. A oposição reagiu, dizendo que o aumento era inflacionário.

A instabilidade alcançava outras pastas do Poder Executivo. No Ministério da Guerra, o general Espírito Santo Cardoso deu lugar ao general Zenóbio da Costa, um notório adversário de "infiltração comunista" nas Forças Armadas.³ De sua parte, Getúlio radicalizou seu discurso nacionalista e, às vezes, conseguia marcar pontos. Em abril, propôs ao Congresso a criação da Eletrobras, para quebrar o déficit no fornecimento de energia causado pelas empresas estrangeiras no setor, especialmente americanas e canadenses.⁴

A UDN, na liderança da oposição, centrava agora seu fogo em Getúlio, com o objetivo de derrubá-lo. Os udenistas acusavam o presidente de arquitetar um golpe para se manter no poder, uma vez que, naquele tempo, a Constituição não autorizava a reeleição. Sua munição eram denúncias de corrupção, como o favorecimento irregular que Getúlio teria dado a Samuel Wainer, com empréstimos camaradas, para a criação do diário *Última Hora*, que falava bem do presidente e do governo.⁵ Em sua campanha, conseguiram apresentar no Congresso uma moção de impedimento, para destituir em definitivo o chefe do governo, mas a manobra malogrou. Getúlio tinha sólida maioria parlamentar.⁶

Entre golpes e contragolpes, o governo se fragilizava. Em julho, a vulnerabilidade de Getúlio era alta. E, na linha de frente dos ataques contra ele, soava a voz de Carlos Lacerda, especialmente a de Lacerda, nas ondas eletromagnéticas da Rádio Globo. Cada questiúncula ganhava a dramaticidade de uma encruzilhada de vida ou morte.

No dia 5 de agosto de 1954, a casa do governo caiu. Um grupo armou uma emboscada para assassinar Lacerda na porta do prédio em que ele morava, na rua Tonelero, 180. Deu tudo errado. O político sofreu apenas um arranhão (uma bala o atingiu de raspão, no pé), mas o major da Aeronáutica Rubens Vaz, membro da segurança de Lacerda, acabou baleado e morreu. As investigações logo encontraram os autores do atentado, e estes, presos, não demoraram a denunciar a participação de Gregório Fortunato no planejamento do crime. Fortunato era o temido chefe da guarda pessoal do presidente da República. Logo apareceram também indícios do envolvimento do irmão de Getúlio, Benjamin Vargas. Getúlio ficou em xeque-mate.

Foi aí que a expressão "mar de lama", que teria sido pronunciada certa vez pelo próprio Getúlio, atingiu o status de bandeira nacional da oposição. A partir disso, o "mar de lama" se tornou a sentença de morte de um governo. Tudo que se ligasse ao governo era rotulado por esse signo: corrupção, desmandos, abusos, ciladas criminosas. O governo Getúlio era tratado nos discursos da oposição como um antro de delinquentes e assassinos.

Acuado pelas provas de que gente sua tramara a morte de seu rival, Getúlio deu o passo derradeiro. Sem saída, cometeu o suicídio. Na noite de 24 de agosto de 1954, disparou um tiro no coração. A comoção tomou conta do país. Morto, conseguiu inverter o jogo. Sua carta-testamento culpava "as forças e interesses contra o povo" pelo caos que o impeliu a se matar. Seu argumento colou. Getúlio perdeu a vida, mas ganhou a narrativa.

Estilhaços daquele desmoronamento quase fizeram sangrar O *Globo* e a Rádio Globo.

A notícia desencadeou uma revolta popular contra todas as rádios e jornais que haviam participado da campanha para derrubá-lo. Roberto Marinho e seus irmãos Rogério e Ricardo abrigaram-se na redação de O Globo. Depois de incendiarem todas as caminhonetes estacionadas na calçada, os populares tentaram impedir o fechamento da porta de aço que protegia a entrada.[7]

No fim, o diário e a emissora de rádio da família Marinho sobreviveram àquele agosto de 1954. E sem baixas. A situação nacional se normalizou. Roberto Marinho já transitava com destreza por entre arestas traiçoeiras e os piores terremotos institucionais. É como se tivesse a habilidade de transpor o fogo cruzado entre duas trincheiras sem desalinhar o penteado. Figura agradável nas circunstâncias mais inóspitas, era um agregador de gente interessante (e de seu interesse). Aprendera a mudar com o tempo para não perder posições.

Um ano depois, Juscelino Kubitschek seria eleito presidente da República. A política de amizades de Roberto Marinho se mostraria novamente eficaz quando, em 1957, JK, como era chamado o presidente nas manchetes de jornal, devolveu-lhe a concessão de TV que Getúlio tinha confiscado sem maiores explicações, quatro anos antes.[8] Num deslizar da caneta presidencial sobre o papel, o dono da Rádio Globo foi autorizado a voltar a sonhar com uma emissora de televisão. As coisas estavam bem diferentes no Brasil, as ideias no poder não eram mais as mesmas, mas o magnata de O Globo prosseguia com contatos amistosos azeitados com quem dava as cartas na política.

Nas disputas cariocas, sua aposta continuava sendo Carlos Lacerda. Na campanha estadual de 1960, ajudou o agora famoso orador de rádio a se eleger governador do então estado da Guanabara.[9] Marinho o considerava um amigo e não lhe poupava elogios. Os motivos de tão grande admiração ele confidenciaria mais tarde ao jornalista Armando Nogueira, criador do *Jornal Nacional* (que seria lançado em 1968, na Rede Globo de Televisão). Contou Marinho a Nogueira:

> Carlos Lacerda tinha uma capacidade de conversar sobre qualquer assunto com grande conhecimento. Você podia ir de literatura a falar sobre rosas. Ele era capaz de conversar... Mas não é isso só o que caracteriza um grande conversador. Um grande conversador se caracteriza, sobretudo, pela capacidade de ouvir. O que eu aprendi com Carlos Lacerda: Carlos Lacerda tinha uma capacidade de ouvir. E de ouvir chatos. A capacidade de ouvir chatos de Carlos Lacerda era incomparável.[10]

Suas amizades não podem ser interpretadas como gratuitas ou acidentais, ainda que pudessem ser sinceras. Entremeavam-se ao jogo político, arte na qual o jornalista vinha se especializando desde que se tornara diretor do jornal herdado do pai. A condução do jornal foi, para ele, uma escola de formação política, o que todos reconhecem.[11] A história de como ele comprou a concessão da Rádio Globo do presidente do Chile dá bem a medida de sua capacidade de conjugar o círculo das amizades com o acesso ao poder.

Um acordo assinado em 1935 permitia que governos estrangeiros da América do Sul fossem donos de emissoras no Brasil. No final da década de 1940, Roberto teve uma ideia. Procurou o presidente chileno, Gabriel Gonzáles Videla, para uma conversa. Em 1942, Gonzáles Videla tinha sido embaixador no Rio e, nesse período, entre jantares e reuniões sociais, acabou se aproximando do dono de jornal em ascensão. Durante seu mandato na presidência do Chile, que se estendeu de 1946 a 1952, recebeu o amigo brasileiro com afetuosidade e alegria. Dizia dever a ele "muitas finezas". Foi nesse contexto cordial que o amigo brasileiro apresentou ao chileno um pedido singelo: queria ficar com a frequência radiofônica que o Chile tinha no Rio de Janeiro. Afinal, uma estação de rádio no Brasil não era assim tão indispensável para os interesses chilenos. O jornalismo de O Globo daria um destino bem melhor àquelas ondas eletromagnéticas. O presidente Gonzáles Videla aquiesceu e, assim, a gratidão diplomática virou generosidade internacional, e o dono de O Globo arrematou — "comprei baratíssimo", como ele mesmo revelou — mais uma peça para o conjunto de emissoras que montaria[12] (a Rádio Globo já tinha sido inaugurada no dia 2 de dezembro de 1944, a partir da compra da Rádio Transmissora Brasileira, que era da RCA Victor).[13]

Assim como entendeu, desde os anos 1930, que o negócio da imprensa depende da sintonia com o gosto popular e com a lógica do entretenimento (principalmente quando ele começou a pensar em rádio), o outrora boxeador captou que não se vence o que é adverso pela força bruta, mas pela composição de expectativas e pela boa comunicação — o que lhe exigia traquejo e mansuetude para lidar com ambiguidades e contradições. Autodidata aplicado, tornou-se um mestre na virtude aristotélica da amizade, com todos os interesses conflitantes que essa virtude abriga. Em seu dicionário, o verbete da amizade não se opunha aos do comércio e da política. Ao contrário, as amizades serviriam para ajudar o cidadão a chegar lá. Ia se delineando, assim, a clara (e rara) visão do homem de negócios que passaria a vida inteira preferindo ser qualificado como jornalista.

16. O bon vivant no altar

A astúcia de pôr a vida pessoal a serviço de sua estratégia empresarial e pública, e a habilidade em conduzir com um coração de gelo as rupturas, em lances premeditados e milimetricamente calculados, corresponderam, de alguma forma, a uma decisão íntima de Roberto Marinho. Quando ele resolveu que havia chegado a hora de contrair matrimônio, pensou também em sua imagem pública.

Ambicioso, o solteirão sabia galantear e despertava a cobiça das moças da alta sociedade, mas a reputação de playboy, de bon vivant, não ajudava. Era sabido, por exemplo, que o jovem diretor de jornal — que vinha de um histórico um tanto libertino desde que teve de se tratar da primeira doença venérea aos dezesseis anos de idade —[1] dormia nu.[2] Então, sentiu que era chegado o momento de mudar de imagem. Para conquistar o status de empresário respeitável que ele almejava para si mesmo, tomou a resolução: teria, antes, de mudar de endereço. Em 1939, decidido a constituir família, comprou uma casa na rua Cosme

Velho, a mesma rua em que, no século XIX, vivera o escritor Machado de Assis. O novo proprietário adquiriu terrenos vizinhos e integrou um lote avantajado, de aproximadamente um hectare, cortado de alto a baixo pelo rio Carioca, cujas águas, um pouco depois, tiveram de passar por um sistema de filtragem para evitar o mau cheiro.[3] A nova casa teria uma agenda social intensa, mas com um estilo menos permissivo que os embalos da Urca.

> A aquisição do imóvel e, pouco a pouco, de todos os terrenos vizinhos já faz parte de um plano íntimo, digamos, de amadurecimento definitivo, que era o seguinte, em linhas gerais: construir família, ter presença política e atuação social intensa, morar numa casa que se prestasse a grandes eventos, jantares e banquetes, nobre o bastante para receber a elite brasileira e principalmente visitantes do exterior.[4]

Em 1940, a antiga edificação foi demolida para dar lugar a uma residência suntuosa, cuja fachada copiava uma das mais famosas casas-grandes do Nordeste (o antigo Solar de Megaípe, em Pernambuco).[5] Pronta a mansão, pronto o patrimônio, que viesse o casamento.

Stella Goulart conheceu Roberto Marinho no hipismo, em 1941. Era uma "moça de uma beleza excepcional", filha do advogado carioca Paulo Goulart, homem endinheirado na capital da República, que frequentava a hípica do Rio de Janeiro.[6] Roberto Marinho, cada vez mais aficionado da equitação, também vivia por lá. Naquele ano, 1941, ele venceu a prova que levava o nome de seu futuro sogro, Paulo Goulart.[7] Conta-se que ela teria apreciado o apoio sentimental que o dono de O Globo lhe deu quando um cavalo de que ela gostava, de nome Jujuba, teve de ser sacrificado. O noivado veio a galope, e o casamento se consumou em 1946. Foi na igreja do Outeiro da Glória, numa terça-feira, véspera de Natal. Os dois tiveram quatro filhos: Roberto Irineu Marinho, nascido em 13 de outubro de 1947; Paulo Roberto Marinho, de 25 de fevereiro de 1950 (morto em 1970 num desastre de automóvel, aos dezenove anos, quando já trabalhava em O Globo); João Roberto Marinho, que nasceu em 16 de setembro de 1953; e José Roberto Marinho, de 26 de dezembro de 1955.

Foi Stella a grande responsável por repaginar a rotina e a decoração da residência da rua Cosme Velho, um palacete que o casal chamava de "o Cosme Velho" (numa alusão metonímica ao bairro do Cosme Velho, como se a casa encarnasse o bairro todo). O endereço se converteu num centro de cultura, com uma coleção de obras de arte que, além de telas numerosas de José Pancetti — cuja obra ele apreciava com arrebatamento —, Lasar Segall, Guignard, Aldemir Martins, Portinari, Heitor dos Prazeres, entre tantos outros, englobou esculturas, gravuras, tapeçarias e até as charges de Chico Caruso, num total de 1350 peças.[8] O acervo foi a alma do Cosme Velho, que também serviu de palco para leituras dramáticas, além de se tornar sede de banquetes a que afluíam algumas das personalidades mais poderosas do mundo. Ligada às artes, culta e de hábitos finos, Stella era a parceira ideal para a fase de afirmação social do magnata. Eles se divorciariam depois de 24 anos de união próspera, porque a convivência íntima ficou insustentável. Roberto não primava pela fidelidade[9] e não era um pai presente.[10]

Quando perguntado sobre qual a primeira imagem que guarda do pai, o filho João Roberto Marinho manifesta a mesma impressão: "Ele era um pai um pouco ausente, pela carga de trabalho". Segundo João Roberto, o pai "trabalhava muito, mas se sentava com a gente à mesa e jantava conosco em casa, quase todos os dias".[11]

Quando os filhos eram adolescentes, Stella não quis mais. Pediu o divórcio. Os dois já não tinham uma vida conjugal, como recorda o filho:

Papai casou tarde, aos 43 anos, com uma menina de 24, que era a minha mãe. Minha mãe era uma pessoa forte, inteligente, mas uma pessoa de temperamento forte também. Tempos depois, ela conversou com a gente. Contou que ele sempre dizia que já tinha feito tudo antes de casar, namorou todo mundo no Rio de Janeiro e o que ele queria, aos 43 anos, era ser fiel e ter uma família. E na verdade, depois de casado, ele teve uma história, caiu numa tentação, foi uma tentação boba, minha mãe contava para nós e é verdade. Foi um caso rápido, assim, uma besteira, uma besteira. E ela soube e não perdoou. Com isso, eles ficaram vivendo muito tempo juntos, na mesma casa, mas já separados como homem e mulher. Na minha fase de adolescência, a gente sentia, eles viviam juntos, mas não eram mais marido e mulher. Eles mantinham uma aparência, mas a gente sentia isso — que era uma coisa estranha pra gente. Essa fase durou alguns anos. Depois da morte do meu irmão, o clima piorou e minha mãe decidiu que queria separar, que era melhor separar e tal. Nós saímos de casa, ele deu uma casa para a minha mãe, ali em Laranjeiras, perto do parque Guinle, e nós fomos para lá.[12]

Amigos do casal contam também que, quando já não viviam como marido e mulher, Stella avançara o sinal do flerte com um dos amigos de seu filho mais velho, Roberto Irineu.[13] Sobre isso, o banqueiro José Luiz de Magalhães Lins, que privou da intimidade dos Marinho, foi categórico na entrevista que concedeu a Leonencio Nossa: "Tem um problema ali complicadíssimo com a Stella, mulher [por quem] ele era apaixonado. A mulher, você sabe, que o traiu com o maior amigo do filho. Você imagine o que é isso, um negócio meio grego".[14]

João Roberto, com voz serena e expressão tranquila, minimiza o episódio:

A causa da separação foi essa história do meu pai. Nada a ver com flerte da minha mãe. A causa foi muito antes da separação, foi o tropeço do meu pai, que se arrependeu, lá, enfim, procurou de toda maneira que não houvesse separação, e ela ficou intransigente, o que foi uma besteira dela.[15]

Stella, então, partiu, mas sua influência nunca deixou o Cosme Velho. Foi ela quem imprimiu solenidade ao lugar. Foi ela quem deu o matiz de elegância e aconchego àquele endereço em que estadistas do mundo inteiro se sentiam acolhidos e homenageados. Foi ela quem blindou a casa contra a breguice e contra o kitsch. Nem mesmo os flamingos cor-de-rosa presenteados pelo ditador cubano Fidel Castro — já na década de 1990, quando Stella não era mais casada com Roberto Marinho — foram capazes de tornar cafona a visão do lago e do jardim que emolduravam a residência. As portas de bom gosto que Stella abriu para Roberto Marinho não se fecharam, nem mesmo depois que ela morreu, no dia 20 de outubro de 1995, ao sofrer um acidente vascular cerebral após ser assaltada na porta do hotel em que estava hospedada, na cidade de Nice, na França. As marcas dessa mulher estruturante, definitiva, ficaram na mansão.

17. Aventuras (lucrativas) imobiliárias

Em 1937, o jovem dr. Roberto lançou o suplemento "O Globo Juvenil", com tiras de quadrinhos americanos, como Mandrake e Super-Homem, cujos direitos comprava nos Estados Unidos e cujos lucros ficavam no Brasil. Com ele. Com o mesmo propósito, ganhar dinheiro, entrou no setor imobiliário.[1] Começou no ramo ainda na década de 1930, em sociedade com o jornalista Matos Pimenta, que alcançou na especulação de terrenos o brilho que jamais demonstrou na imprensa. Ex-editor do jornal A Ordem, Pimenta mudou de ramo para se tornar o farol da corretagem da capital federal. Suas ideias políticas, contrárias à Revolução de 1930, não batiam com as de Roberto Marinho, entusiasta dos revolucionários, mas, ora, isso não tinha a menor importância. Em matéria de lucrar com compra e venda de terrenos, os dois não poderiam estar mais afinados. As habilidades políticas do diretor de O Globo e a antena negocial do ex-jornalista forjaram uma dupla perfeita. A amizade entre os dois prosperou.

Para melhorar os ganhos, Marinho e Pimenta tiveram a ideia da "Lei do Fracionamento", que acabou se tornando realidade e foi estabelecida sob o pretexto de pôr ordem na bagunça especulativa. Na verdade, a nova lei modernizava o mercado, mas também era uma mão na roda para a dupla: permitia que as propriedades fossem fracionadas para comercialização, ampliando as possibilidades de venda. A partir dela, um prédio poderia ser transacionado em fatias antes interditadas, como andares ou salas.[2]

Com o senador Arnon de Mello, pai do futuro presidente Fernando Collor de Mello (que seria eleito em 1989, com o apoio de Roberto Marinho), o dr. Roberto deu asas mais vigorosas para o espírito do capitalismo. Um dos empreendimentos foi a incorporação do primeiro shopping center do Rio,[3] inaugurado em 1961. O projeto oferecia apartamentos residenciais dentro de um edifício que reservava os seus primeiros andares para um centro comercial. "Esta família vai à missa sem sair de casa", dizia o anúncio publicado em O Globo em dezembro de 1960.[4] Um desenho, à moda dos personagens que se viam nos filmes de Frank Capra nos anos 1950, trazia a imagem de uma família feliz: à esquerda, o pai, com o penteado rígido de brilhantina (um mix de James Stewart e Clark Gable), de terno riscado em linhas geométricas; à direita, a mãe, a bordo de um chapeuzinho de palha feminino; ao centro, a filhota, de costas, com os cabelos repartidos ao meio.

"Imagine que beleza!", prosseguia a peça publicitária. "Você morando num ambiente essencialmente residencial, tranquilo, numa cidade suspensa, cercada de jardins e playgrounds e com tudo à mão, sem precisar sair de casa! Não é um sonho, é uma realidade. A sua residência na cidade de Copacabana. Vá vê-la de perto. Vá escolhê-la num dos majestosos edifícios independentes, construídos sobre os terraços do primeiro Super Shopping Center do mundo!"

Na mesma época, várias reportagens que tinham como pano de fundo o tal "primeiro Super Shopping Center do mundo" ocupavam as páginas de O *Globo*, além de anúncios convocando para eventos culturais no local. Era publicidade *avant la lettre*, um merchandising jornalístico em causa própria. Num desses, no dia 17 de setembro de 1960, o jornal chamava seu leitor para uma sessão de autógrafos do filósofo francês Jean-Paul Sartre, que lançaria um livro com elogios à tomada do poder em Cuba por Fidel Castro pouco mais de um ano antes. Onde mesmo? Claro, no "primeiro Super Shopping Center do mundo", no Rio de Janeiro. A publicidade intimava o leitor: "Venha apertar a mão de Jean-Paul Sartre e receber seu autógrafo". E prosseguia:

> Esta é a sua grande oportunidade de conhecer, pessoalmente, o mundialmente famoso escritor existencialista! Hoje, das 20h30m até às 22h30m, Jean-Paul Sartre estará autografando *Furacão sobre Cuba*, sua mais recente produção literária. O ato terá lugar no Centro Cultural da Cidade de Copacabana — 1º Super Shopping Center do mundo, na rua Siqueira Campos, 143 — o mesmo local onde se realizou há pouco o 1º Festival Brasileiro de Escritores. Não falte a esse encontro excepcional — que provavelmente não se repetirá tão cedo! — E aproveite a ocasião para conhecer também o 1º Super Shopping Center do mundo na Cidade de Copacabana — o maior empreendimento imobiliário de todos os tempos no Rio de Janeiro.[5]

O filósofo francês chegou ao evento às nove da noite, um pouco atrasado, acompanhado da indefectível Simone de Beauvoir. Ambos gostavam da esquerda latino-americana e, no Super Shopping, estudantes da UNE encompridavam as filas.[6] O autor distribuiu oitocentos autógrafos. Foi um arraso.

O livro que ele autografou tinha sido preparado em prazo recorde, porque jovens de letras, à frente de uma novíssima casa editorial, a Editora do Autor, queriam aproveitar a presença dele no Brasil para lançar o primeiro livro com o devido estardalhaço. Recolheram artigos políticos do escritor, traduziram em poucos dias e montaram uma coletânea. Sim, a obra *Furacão sobre Cuba* é uma invenção brasileira. Só foi possível porque os rapazes, com a ajuda de Jorge Amado, convenceram Sartre — que, empolgadíssimo com o projeto, até abriu mão dos direitos autorais. Os criadores da Editora do Autor, Rubem Braga e Fernando Sabino, começaram assim com o pé direito — que, no caso deles, era o esquerdo. Lançariam em seguida obras de Carlos Drummond de Andrade, Vinicius de Moraes, Manuel Bandeira, Cecília Meireles, João Cabral de Melo Neto, Otto Lara Resende — além de seus próprios livros. Rubem Braga e Fernando Sabino já eram escritores consagrados.[7] Não se enquadravam no que se pode chamar de editores em causa própria.

Já o "primeiro Super Shopping Center do mundo" acabou se distanciando aos poucos da filosofia, dos furacões editoriais e do esplendor imobiliário. Foi mudando, nem sempre para melhor. Até o ano de 2019, o prédio estava lá, no mesmo endereço, na rua Siqueira Campos, 143, em Copacabana, abrigando lojinhas de antiguidade, algumas com mercadorias caras, outras com bugigangas, além de um supermercado e um teatro (o Teatro Net). A alcunha tinha mudado. Em vez de "primeiro Super Shopping Center do mundo", atendia pelo título de Galeria Cidade Copacabana.

Outro furo de reportagem que Roberto Marinho tentou emplacar no setor da corretagem viria no início da década de 1960. Ele quis transformar uma vasta propriedade no bairro do Jardim Botânico em um loteamento de luxo, agora em sociedade com o banqueiro Walther Moreira Salles,[8] dono de um banco de Poços de Caldas, o Unibanco, que viria a ser um dos maiores do Brasil, além de Arnon de Mello. O projeto não deu certo. Circulou na época a história de que, diante de um impasse, Roberto Marinho teria tentado converter a área em um cemitério exclusivo para crianças. Carlos Lacerda sustentava essa versão, mas não existem documentos que comprovem que o plano fosse real.

O enredo de mais essa aventura especulativa parece uma crônica carioca. No bairro do Jardim Botânico, a família Lage morava em um palacete construído nos anos 1920, dentro de um imenso jardim. Em 1957, a residência dos Lage foi tombada pelo Instituto do Patrimônio Histórico e Artístico Nacional (Iphan), com a justificativa de que restavam no lugar vestígios de um antigo engenho de açúcar, que deveria ser preservado. Fora isso, o palacete propriamente dito era considerado um monumento da "arquitetura eclética", que seria representativa do início do século xx.

A família, porém, precisou se desfazer do patrimônio. Endividada, teve de entregá-lo em forma de pagamento para o Banco do Brasil, que era o credor. Aí, os três sócios entraram em cena, adquirindo o terreno do Banco do Brasil. O plano de transformar a área num condomínio de gente rica só dependia de anular o tombamento, o que Roberto Marinho conseguiu com facilidade. De repente, sobreveio o revertério. Carlos Lacerda, o temerário governador da Guanabara, o mesmo que tinha sido unha e carne com Roberto Marinho, e por quem já não nutria amizade alguma, decretou a desapropriação do terreno e mandou que um novo tombamento fosse feito. Lacerda então difundiu o quanto pôde a notícia de que os três sócios tinham a intenção de instalar ali um cemitério infantil, o que ele dizia não aceitar.

Da canetada com que o governador decretou a morte do cemitério que ainda nem existia, produziu-se o nascimento de um espaço público de vida longa: o conhecido parque Lage, bem embaixo do Cristo Redentor.[9] O lugar já foi palco de shows de rock e, em pleno século XXI, desfruta da afeição dos moradores. No dia 26 de setembro de 1965, quando discursou na inauguração do parque, Carlos Lacerda contou que fez o que fez porque não se conformava com o modo como o Banco do Brasil favorecera o dono de O Globo. Para ele, o preço cobrado aos empreendedores era vergonhosamente irrisório. Ele também não tinha gostado nada da proposta que, segundo contava, Marinho apresentara a ele quando o condomínio havia se tornado inviável: um cemitério para crianças, a preços elevados. O boato plantado por Lacerda frutificou. Até funcionários de O Globo, que trabalhavam próximos ao dono, passaram a achar que a história tinha procedência.[10]

No mesmo discurso, gravado pela Rádio Roquette-Pinto, o governador contou que fora o poeta Augusto Frederico Schmidt que ajudara a dissuadir Marinho do lúgubre intento, com um argumento — sem trocadilho — matador. Schmidt teria demonstrado que "o diretor de O Globo, filho de Irineu Marinho, o responsável por um grande jornal, até aqui respeitável, não pode transformar-se num papa-defunto, loteando terrenos para cadáveres de anjinhos porque ocupa menos espaço e se vende pelo mesmo preço".[11]

O fracasso não abalou a pujança e a autoconfiança do especulador imobiliário, que prosseguiu, impassível, com sua maneira de costurar amizades, interesses políticos e ambições econômicas. Sua relação de lealdade com o então senador Arnon de Mello é mais uma prova de como ele punha as relações acima de qualquer outra contingência. Quando o senador assassinou um colega no meio do plenário do Senado, numa cena de bangue-bangue parlamentar nunca vista no Brasil, Roberto Marinho dedicou páginas de jornal para defendê-lo, com sucesso: o atirador não foi condenado.

O episódio, anterior à inauguração do fatídico parque Lage, merece ser relembrado. Na sessão do dia 4 de dezembro de 1963, Arnon de Mello, senador pelo Partido Democrata Cristão (PDC) de Alagoas, disparou sua arma contra o desafeto Silvestre Péricles, do Partido Trabalhista Brasileiro (PTB), também de Alagoas. Os dois não se toleravam. Péricles já tinha ameaçado de morte seu rival. Para se proteger, Arnon colocou no cinto um Smith Wesson.38 e arquitetou uma arapuca. Marcou um discurso para insultar Péricles com o objetivo de provocá-lo. Sua pretensão era criar um contexto em que seu desafeto, furioso, partisse para cima dele — e aí, como se fosse em autodefesa, atiraria contra o agressor. Péricles costumava andar armado, todos sabiam, e isso apenas reforçaria as justificativas do maquiavélico assassino.

Discurso marcado, lá foi o democrata cristão para a tribuna. Péricles, desavisado, caiu como um pato. Ao ouvir as ofensas, avançou contra o orador aos berros: "Crápula!". Arnon sacou a arma e disparou. Era ruim de pontaria. Péricles, que já beirava os setenta anos, conseguiu se esquivar ao se jogar no chão. Chegou a empunhar seu revólver para devolver os tiros, mas foi desarmado pelo udenista João Agripino, da Paraíba. Arnon, empolgado, seguiu atirando. O senador José Kairala, do Partido Social Democrático (PSD), do Acre, lançou-se à toda, voluntarioso, na direção de Péricles, também tentando demovê-lo dos ânimos balísticos. Acabou alvejado duas vezes por Arnon.

O representante do Acre, que não tinha nada a ver com a briga, virou alvo fácil. Morreria horas depois, deixando mulher grávida e duas crianças. Tinha 39 anos. Foi baleado na frente do filho pequeno, da esposa e da mãe, que haviam ido ver sua sessão no Senado antes que ele devolvesse o posto para o titular que reassumiria no dia seguinte — Kairala era suplente.[12] E Roberto Marinho assumiu a defesa do pistoleiro.

18. Em defesa do senador sem pontaria

Arnon de Mello seria absolvido — Silvestre Péricles também. O *Globo* contribuiu para a absolvição, fazendo as vezes de correia de transmissão do advogado de defesa. Prestigiou a cena de cangaço na primeira página da edição de 5 de dezembro de 1963, o dia seguinte à execução. Não descreveu o assassino como um jagunço vingativo que, inábil, matara um inocente, mas como um homem distinto que perdera a cabeça em razão das provocações de um inimigo cruel. Arnon foi retratado no papel de vítima. Para o jornal de Roberto Marinho, tudo não passava de uma "longa série de provocações dirigidas pelo Sr. Silvestre Péricles de Góis Monteiro ao Senador Arnon de Mello". O texto, aliás, parece ter sido redigido por um advogado:

> Desde que o ex-governador Arnon de Mello foi eleito para a Câmara Alta, pela mais expressiva votação que o povo alagoano já concedeu a um político, que o Sr. Silvestre Péricles vem dirigindo ameaças e injuriando seu colega de representações.

Todos se recordarão de que a posse do Sr. Arnon de Mello fora proibida pelo seu antigo desafeto, o qual declarou, repetidamente, que o mataria se insistisse em assumir o mandato que o povo lhe conferira. O Sr. Arnon de Mello não se intimidou, empossou-se, mas as provocações continuaram.

Recentemente, estando S. Ex.a na Europa, seu inimigo voltou à carga, o que motivou a intervenção do presidente do Senado, que fez escoimar da ata as expressões antiparlamentares então usadas.

Regressando ao país o Sr. Arnon, propalou o Sr. Silvestre Péricles que o mataria se pretendesse usar a tribuna. Assim, as deploráveis cenas que mancharam a honorabilidade do Senado, envergonhando a Nação e alegrando os inimigos do Congresso, só não causaram surpresa. Há muito tempo que por elas se esperava.[1]

O Globo prosseguia, dizendo que Silvestre Péricles era "um primário violento", enquanto Arnon de Mello, "um intelectual", pedindo então a "purificação" do Senado. "Tal purificação só se dará quando o eleitorado souber escolher melhor, não mais laborando no grave erro cometido pelos alagoanos quando colocaram no Senado o Sr. Silvestre Péricles."[2]

Comprometido com a defesa veemente de Arnon de Mello, *O Globo* ainda voltou à carga no dia 6 de dezembro.

Repercutiu dolorosamente em todos os meios a deplorável ocorrência de quarta-feira em Brasília. Ainda que esperado, o tiroteio, principalmente por ter vitimado um terceiro parlamentar, que nada tinha com o litígio entre os Srs. Arnon de Mello e Silvestre Péricles, traumatizou a opinião pública que lamenta não ter podido a Mesa da Câmara Alta impedir o incidente, que manchará os Anais de nosso Congresso. Apesar de ter partido do revólver do Sr. Arnon de Mello a bala que vitimou o Senador José Kairala, ao Senador Silvestre Péricles debitaram os cariocas a maior responsabilidade pelo acontecido, dadas as provocações que vinha dirigindo contra seu colega de representação. Todos lastimam a situação do Sr. Arnon de Mello, envolvido, contra a sua vontade, na terrível tragédia que roubou a vida ao jovem político acreano.[3]

Assim era Roberto Marinho: lealdade incondicional quando se tratava de selar acordos empresariais e alianças políticas; distanciamento medido, arquitetado e gelado quando se tratava de desfazê-los.

19. Junte-se à tecnologia

Do mesmo modo que foi um autodidata na arte de compor e de conciliar, especialmente com o poder, Roberto Marinho aprendeu rápido que não se briga com a tecnologia. Quem quer liderar não bate de frente com as inovações: tira partido delas ou, melhor ainda, torna-se agente delas. Por alguma razão de natureza mental, talvez intuitiva, o homem que se aliava com adversários se aliava também com a tecnologia e, por meio dela, com as tendências do futuro.

"Decidi fundar a rádio num momento em que o rádio ganhava importância graças aos noticiários sobre a Segunda Guerra Mundial", ele comentou. Isso nos anos 1940. Assim como seu pai conquistara leitores para seus vespertinos dando prioridade ao gosto popular, Marinho começou a angariar ouvintes fazendo sintonia fina com aquilo que agradava aos cariocas. "O microfone tem que ser entregue ao povo."[1] No final do século XX, quando O *Globo* completou setenta anos, reconheceu por escrito que o caráter multimídia de suas empresas começou mesmo com a instalação da rádio:

> Naquela época, início da década de 30, não se podia falar em Organizações Globo nem supor que viessem a existir. Essa história esperaria até 1944 para dar seu primeiro passo fora do âmbito da comunicação impressa, quando decidi fundar a Rádio Globo do Rio de Janeiro, num momento em que o rádio ganhava importância graças aos noticiários sobre a Segunda Guerra Mundial. Somente comecei a pensar em televisão em 1960 e resolvi colocar no ar a TV Globo do Rio de Janeiro, em 1965.[2]

O seu amadurecimento se confundia com a sua modernização. Ele não brigava mais por esporte. Não brigava para não prejudicar os negócios. Amoldava-se às circunstâncias. Exatamente pelos mesmos traços de caráter, não brigava com as tecnologias que já revolucionavam os padrões da indústria. Nisso foi pioneiro, como observou o jornalista Mario Sergio Conti:

> O dono de O Globo foi um dos primeiros jornalistas a se dar conta da interligação decisiva entre imprensa e tecnologia. Em 1944, fundou a Rádio Globo e obteve depois uma concessão para FM, antes mesmo que houvesse aparelhos receptores no Brasil.[3]

Quando surgiam ocasiões, seguia comprando rádios[4] e ampliando sua esfera de influência, mas sem espalhafato. Preferia ser influente sem ostentar poder, num estilo quase fleumático. Quando detinha uma hegemonia acachapante sobre a esfera pública brasileira, saía-se com esquivas que beiravam a falsa modéstia:

Não é verdade que eu exerça poder político hegemônico e menos ainda que o faça em caráter pessoal. A orientação que imprimo aos veículos que me cabe dirigir visa estritamente à defesa do que julgo serem os reais interesses do país e dos caminhos a serem trilhados para que se possa alcançar o bem--estar do povo.[5]

Sob essa batuta, a Rádio Globo se firmou e abriu caminho para a televisão do mesmo nome. Um dos seus segredos foi ter percebido que, mais do que fazer propaganda de ideias, os veículos de comunicação prosperam quando sabem ouvir e conversar com seu público. Tinha obstinação por tratar o leitor e o ouvinte — seus consumidores — com um respeito um tanto cênico, reverencial. Pode parecer uma platitude, mas essa sabedoria, quando convertida em diretriz de uma organização de mídia, muda tudo. Ele dizia que, "utilizando--se da força dos meios de comunicação, pode-se talvez vencer, mas não convencer. O convencimento exige diálogo. E este implica consulta à opinião da coletividade".[6]

Ao mesmo tempo que tirou proveito da tecnologia para expandir domínios, primeiro com o rádio e depois com a televisão, não deixou de cuidar de seu jornal impresso, que considerava o núcleo do que amealhara. O jornal era a sua moeda número um e também merecia o que havia de melhor na indústria. Na Copa do Mundo de 1938, na França, intuiu que as imagens dos jogadores tinham potencial para conquistar corações (e mais consumidores).[7] De olho na chance de ter fotografias mais nítidas em suas páginas, comprou e instalou uma rotativa, isso tudo sem contar nada para o tesoureiro, Herbert Moses. Por três anos, ao menos segundo a lenda que ficou, escondia a máquina em outro prédio.[8] "Vocês já pensaram em esconder um elefante... em casa? Pois eu consegui esconder do dr. Moses, durante três anos, no antigo edifício da rua Bethencourt da Silva, onde estava instalado *O Globo*, uma grande e ruidosa rotativa."[9]

O prédio novo de *O Globo* na rua Irineu Marinho só viria em 1954,[10] construído sob medida. Dentro dele, foram implantados novos processos gráficos, com impressoras offset.[11] Na década de 1960, *O Globo* conquistou a maior circulação paga entre os vespertinos cariocas, com a tiragem de 218 mil exemplares por dia, quase o dobro do segundo colocado, a *Última Hora*, que imprimia 117 mil cópias[12] e morreria logo depois.

20. Modalidades artísticas e esportivas

O cidadão que refinava as maneiras em jantares e nas negociações com o poder logo viu que teria de refinar também seu repertório na cultura e nas artes. Alguma coisa aprendera ainda criança, quando, por iniciativa da avó materna, dona Cristina, tomou gosto pela voz do tenor italiano Enrico Caruso. No gramofone, ouviu suas interpretações de árias de Verdi, Rossini e Pucini. A ária "Nessun dorma" [Ninguém durma], do último ato da ópera *Turandot*, que Giacomo Puccini lançou em 1926, teve mais impacto: "All'alba, vincerò! Vincerò! Vincerò!" [Ao amanhecer, vencerei! Vencerei, vencerei!]. Apreciava também as canções napolitanas, como "Cuore 'ngrato" [Coração ingrato], de Alessandro Cordiferro (pseudônimo de Alessandro Sisca) e Salvatore Cardillo, cujas letras sabia de cor. Além das lições líricas que recebeu da avó Cristina, foi atrás de outros aprendizados musicais. Adolescente, frequentou espetáculos no Teatro Lírico. Adulto, ele se envaidecia do gosto pela ópera. Namorou uma cantora lírica, a soprano Antonieta Fleury de Barros, a Nenete. As críticas de O Globo eram gentis com ela — e os dois chegaram a ficar noivos.[1] Em 1936, no campo do Fluminense Football Club, o estádio das Laranjeiras, O Globo promoveu uma montagem da ópera Aída, de Verdi, interpretada pela soprano Gabriella Besanzoni.[2]

Nas artes plásticas, chegou a se arriscar como artista e fez esculturas, algumas das quais mantinha em sua casa. Foi amigo dos pintores Candido Portinari e Lasar Segall. No campo das letras, não teve produção expressiva. Ao contrário, sua obra jornalística chama a atenção pela escassez, sobretudo quando se leva em conta que ele atravessou sete décadas na direção de O Globo. Editorialista bissexto, alcançou a glória literária em 19 de outubro de 1993, ao tomar posse de uma cadeira na Academia Brasileira de Letras. De todo modo, apreciou com sinceridade a literatura e, ainda na juventude, viu com interesse montagens de tragédias gregas.[3]

Torcedor do Fluminense, o mandachuva de O Globo que gostava de conferir a si mesmo o perfil de um amante das artes, percebeu que precisava se refinar também nos esportes que escolhera para praticar. Passou a preterir o boxe e seus ringues suarentos, dando preferência aos cavalos e à pesca submarina, atividades que manteve até idade avançada. O automobilismo foi uma paixão de juventude, quando participava das provas do Automóvel Clube do Brasil e se metia em rachas pelas ruas do Rio de Janeiro. Sofreu dois acidentes: um na praia de Botafogo e outro na antiga estrada Rio-Petrópolis, que atravessava a cidade de Duque de Caxias.[4] Em nome desse passado de alta velocidade, receberia, em 16 de abril de 1980, das mãos do príncipe Paul Von Metternich, aristocrata austríaco-alemão e nome mítico do automobilismo no século xx, a medalha de honra da Federação Internacional de Automobilismo.

Sobre quatro patas, saiu-se melhor do que sobre quatro rodas. Em 1940, montado sobre o cavalo de nome Arisco, venceu a prova Icaraí, no Clube Hípico Fluminense, sua primeira vitória no hipismo. Aos 41 anos, bateu o recorde brasileiro de salto em altura com o cavalo Joá. Conquistou o primeiro lugar quase cem vezes em disputas nacionais e internacionais. Liderou o ranking brasileiro entre militares e civis. Em 1949, ao final de uma prova, desmaiou em cima do cavalo. A cunhada, Elizabeth Marinho, relembrou a história: "Ele caiu, quebrou o braço e montou de novo. Quando acabou o circuito, ele desmaiou. Caiu do cavalo porque estava com o braço quebrado. Mas não perdeu a aposta".[5] Entre galopes, trotes e saltos, amealhou uma coleção de troféus, que guardava em casa, dentro do closet. Ocasionalmente, exibia alguns para as visitas.[6]

A única frustração foi não ter sido selecionado para representar o Brasil nas Olimpíadas. Ele mesmo conta:

> Em 1947 e 1948 eu estava em plena forma e tinha ganho a maioria das provas de tipo olímpico, aqui disputadas. Nas vésperas da escolha do *team* hípico que devia ir às Olimpíadas de Londres, a Federação Hípica resolveu que todos deviam submeter-se às eliminatórias. Achei a resolução injusta. Além do mais viria desgastar os cavalos com que contava para a Prova das Nações. Neguei-me a participar das eliminatórias e com esse gesto, que hoje julgo pouco esportivo, perdi a única oportunidade que me foi oferecida para participar das Olimpíadas.[7]

O moleque briguento e mimado que se convertera no elegante cavaleiro da alta sociedade carioca passeou com garbo pelas mais variadas modalidades esportivas, mas numa delas não teve êxito: o tiro ao alvo. Certa vez, quis acertar uma bala em seu antes dileto aliado Carlos Lacerda, mas a tentativa foi frustrada, fazendo com que sua carreira de atirador se encerrasse antes mesmo de começar.

Depois de mais de uma década de colaboração mútua,

como duas mãos que se lavavam e se agradavam, os dois começaram a se estranhar — o que ficara patente na ocasião em que, já governador da Guanabara, Lacerda fez questão de intervir pessoalmente para azedar o empreendimento imobiliário de seu velho apoiador. Um pouco antes disso, Roberto Marinho negou apoio ao plano de Lacerda em se lançar candidato à presidência nas eleições marcadas para 1965 (que seriam canceladas à força pelo golpe militar de 1964). A recusa deixou a marca de um ressentimento no governador, e as coisas se complicaram.

A certa altura, a contenda saiu de controle. Em meados de 1965, o governador chamava o jornalista de "Al Capone da imprensa". De sua parte, o dono de O *Globo*, enfurecido, arranjou um laudo psiquiátrico para assacar contra Lacerda o diagnóstico de portador de psicose maníaco-depressiva. Os ultrajes competiam em ausência de princípios. Um dia, Lacerda ligou para o inimigo e, não o encontrando, bradou desaforos a um dos irmãos dele. O secretário do dr. Roberto, Victorio Berrêdo, passou o recado ao chefe, que perdeu as estribeiras. Achou que Lacerda tinha posto a família no meio. Deu por encerrada a sua paciência. Pegou um revólver e rumou para o apartamento de Lacerda.[8]

> Cláudio Mello e Souza, um dos assessores mais próximos de Roberto Marinho, conta a reação do empresário: "Como lhe foi passado o recado por seu secretário Victorio Berrêdo, o dr. Roberto armou-se, pegou um revólver, pôs na cintura e foi à casa do Carlos para matá-lo.[9]

Como já era conhecido do porteiro do prédio em que Lacerda morava, não teve problemas para entrar. Victorio Berrêdo ficou no carro, em frente ao prédio, esperando o retorno do patrão.[10] Naquele dia, o governador da Guanabara só não foi assassinado porque tinha saído de casa uns poucos minutos antes da chegada do desafeto. O amigo Cláudio Melo e Souza conta que perguntou ao jornalista: "Mas você atiraria de verdade se ele abrisse a porta?". Roberto respondeu que sim, atiraria para matar. "E pela emoção com que ele falava nisso, passava a impressão, quase certeza, de que atiraria mesmo."[11]

Lacerda morreu no dia 21 de maio de 1977. No dia seguinte, o jornal O *Globo* publicou um artigo de Roberto Marinho. O articulista, oficialmente em tom de homenagem, marcava a diferença que os separou. Dizia que Lacerda "estava continuamente adotando rumos novos e, às vezes, completamente inesperados", e que, ademais, "não hesitava em agredir aqueles que não concordavam integralmente com os seus propósitos".

> Por todos estes motivos, foi o mais cruel adversário de si mesmo. Só um homem poderia ter evitado que Carlos Lacerda assumisse maiores responsabilidades no comando político do país, no cumprimento da missão construtiva que poderia ter realizado em benefício do Brasil: ele próprio.

Por fim, Roberto Marinho assumia sua responsabilidade em ter dado ao incendiário orador Carlos Lacerda o poder dos microfones da Rádio Globo:

> Recordamos com orgulho a sua presença na Rádio Globo, nos idos de 54, numa pregação contra os hábitos ditatoriais e a corrupção, que contribuiu para fixar na consciência nacional o compromisso de fidelidade aos ideais democráticos que nos conduziu afinal ao movimento de 1964.[12]

Em sua lógica particularíssima, o articulista enxerga um nexo de continuidade entre "ideais democráticos" e a instauração da ditadura militar, que ele chama de "movimento de 1964". Em sua retórica desabrida, assume que Lacerda fazia pregação golpista na Rádio Globo. E, finalmente, atribui ao finado a responsabilidade por fomentar um golpe de Estado que terminaria por cassá-lo.

Escrever o obituário é a melhor vingança.

PARTE 3:
UMA OPORTUNIDADE: A DITADURA

21. O jornalista no espelho

Ele olhava com prudência para o negócio da televisão. Prudência e cobiça. O mercado o atraía. Nos primeiros anos da década de 1960, quando apenas dez canais de TV funcionavam no Brasil, as imagens chuviscadas em preto e branco enchiam os olhos do patrão de O Globo com promessas de ganhos sem limites. Nas eleições estaduais de 1962, as caixas registradoras tilintavam com saúde.

> As eleições de 1962 foram uma "mina de ouro" para todas as emissoras. Numa época em que não havia qualquer controle sobre os gastos com campanhas eleitorais, o tempo disponível era leiloado entre os candidatos, e os lances chegavam a quantias astronômicas nos dias que antecediam a votação.[1]

Em meados da década, a fatia da televisão no bolo total do mercado publicitário cruzaria a barreira dos 40%. Vinte anos depois, ficaria estabilizada na casa dos 60%.

O que não animava os investidores era o quadro político. Após a renúncia de Jânio Quadros em 1961, o vice, João Goulart, o Jango, assumira a cadeira, mas tinha sido forçado a abrir mão de parte de suas competências e de suas prerrogativas pelo Congresso, que decretou, meio às pressas, o regime parlamentarista. Jango não escondia suas tendências de esquerda, e isso abespinhou a maioria do Legislativo. Com o advento do parlamentarismo, o presidente Jango seguia como chefe de Estado, mas deixava de chefiar o governo, função delegada ao primeiro-ministro, cargo que cairia no colo do mineiro Tancredo Neves, o mesmo que ocupara a pasta da Justiça no tempo de Getúlio Vargas.

O quadro era instável, mas Roberto Marinho se empolgava. Se quisesse conquistar de vez a liderança das comunicações no Brasil e derrotar o rival Assis Chateaubriand — chefão dos Diários Associados que já era dono da TV Tupi, forte em São Paulo —, teria de dominar também a televisão.

Na idade em que estava, à beira dos sessenta anos, pressentia riscos. A TV trazia um mundo novo, cheio de potenciais, mas também de labirintos desconhecidos. Os investimentos necessários suplantavam com folga a escala financeira dos jornais impressos. O dinheiro que ele ganhava em O Globo não pagaria a conta. Como ele se sairia nesse mundo? Como bancaria as apostas? Como conduziria um negócio tão diferente, com o qual não tinha a menor intimidade? Não queria dar um passo vacilante, mas, se quisesse arriscar, não podia esperar para entrar no jogo. E não poderia errar.

Quando se olhava no espelho, com a calva mal disfarçada pelos fios de cabelo que puxava do repartido do lado direito, sentia intacta a autoconfiança que sempre o impelira para a frente. Ali estava o mesmo jovem impetuoso, com mais domínio sobre si mesmo. Não tinha medo. Não se enxergava como um velho, decididamente. Só não ficava à vontade em vestir a fantasia de dono de uma emissora de televisão. Aquele não era seu habitat. Preferia outro cartão de visitas. Não se definiria como um... "homem de empresas". O qualificativo não lhe descia bem.

Mas não recuava, não gostava de recuar. Lá estava o homem, às vésperas de jogar tudo na roleta da televisão. Lá estava ele, na hora da virada. Queria construir um império, queria ser um magnata. Não obstante, quando olhava para a imagem de si mesmo, não via um negociante. Via apenas um jornalista. "Apenas", não, "apenas" não era uma boa palavra. No fundo, a designação de jornalista o enchia de orgulho. Ele se identificava assim desde que, com o pai ainda vivo, começou a frequentar a redação do vespertino *A Noite*.

Para ele, o título de "jornalista" guardava um sentido peculiar, meio romântico, meio moderno, meio independente. Ser "jornalista" era mais do que exercer a profissão de jornalista. Não era o mesmo que ser médico, engenheiro ou advogado. Era mais do que ser um expert em técnicas de reportagem ou de entrevista, ou um literato, um beletrista, um publicista especializado em artigos de fundo. Essa palavra, "jornalista", evocava uma cosmogonia maior e identificava um tipo raro, singularmente carismático de ser humano.

Em seu vocabulário, o jornalista era um habitante de redação de jornal, alguém que se formara entre redatores lendários, do tipo que punha o lápis atrás da orelha e sabia ler no escuro enquanto fumava noite adentro. Que tinha lembranças de ter visto a composição das páginas ser feita com os tipos móveis, quando as letras maiúsculas ficavam guardadas nas gavetas superiores (as "caixas altas"), e as minúsculas, de uso mais frequente, nas inferiores (as "caixas baixas"). Um jornalista de verdade tinha convivido com os gráficos, seus colegas de jornada e de sindicato, com os guardas-noturnos e com os sambistas que não gostavam de trabalhar. Uma das muitas faces da palavra "jornalista" cintilava na boemia.

Na mente do homem que se olhava no espelho, o jornalista tinha uma espécie de licença profissional para permissividades nos costumes que não era concedida a outros profissionais da mesma classe média, como dentistas, contadores ou pediatras. Longe disso. O jornalista, livre em seu modo de vida, um pouco aventureiro, nada celibatário, nada certinho (antes, o oposto), não tinha parte com a obediência aos hábitos da classe média, mas recebia o seu salário para pensar como classe média — e *antes* da classe média. Ninguém, como o jornalista, encerrava a mentalidade da classe média. Antena da classe média.

Quanto mais soubesse dialogar de perto com os pavores morais e com as ambições mesquinhas da classe média, quanto mais as entendesse e as antecipasse, mais teria sucesso em seus artigos, em suas edições, em suas manchetes transbordantes de mau gosto. Jornalista bom era o que guardava em si as neuroses da classe média, a mesma classe que fazia volume no leitorado. Mesmo que tivesse um pouco mais de dinheiro para gastar em futilidades, mesmo quando rico, jornalista bem-sucedido era um porta-voz da classe média. Era assim que aquele homem se sentia, na fronteira de seus sessenta anos, na fronteira da televisão.

Ele não tinha para si o conceito profissional que já se instalava na cultura jornalística de outros países, como os Estados Unidos, em que os profissionais de imprensa já se viam como fiscais do poder, como repórteres investigativos obsessivos, como guardiães da normalidade institucional. Nada disso. Para ele, o jornalista era um tipo à parte, um posto avançado da classe média, um fornecedor de ideários para a classe média e, de preferência, com ganhos de burguês.

Por outro lado, entendia que o jornalista tinha salvo-conduto para mergulhar em circuitos de excessos. Jornalistas consagrados frequentavam restaurantes noite adentro, possuíam almas notívagas, jogavam sinuca no meio da tarde e, nas horas vagas, apuravam e escreviam notícias ou editoriais moralistas. Dessa ambivalência, brotava o charme único desse profissional, cínico e sincero ao mesmo tempo, um ser que possuía o encanto de *flâneur*: frequentador de vários ambientes, ou mesmo de ambientes opostos, sem pertencer a nenhum deles. Quando tinha dinheiro para o alfaiate, desfilava como um dândi: podia se vestir tão bem como um príncipe, ainda que compartilhasse da cumplicidade de malandros que fugiam da polícia.

Em qualquer roda, qualquer uma, o jornalista, segundo o homem que se olhava no espelho, era um ímã para os olhos e os ouvidos dos presentes. Exuberante contador de histórias, entretinha os circunstantes e *as* circunstantes (jornalista, naqueles tempos, era, quase sempre, homem — um homem um tanto misterioso e, quando mais aprumado, galante). Do mesmo jeito que narrava sagas ou anedotas com desenvoltura, era um virtuose em ouvir e extrair segredos do interlocutor distraído — ou carente. Radiografava em minutos o ponto vulnerável de qualquer um que se postasse à sua frente. E conhecia gente à beça, muita gente.

"Bem informado" por definição, o jornalista circulava, envolvia os outros, escutava e armazenava confidências — que usaria depois em seu proveito, do modo mais conveniente, nem sempre nas páginas do jornal. Era assim que Roberto Marinho entendia a profissão que gostava de dizer que era a sua. Os craques do ofício sabiam em detalhes o que se comentava nos corredores do Palácio do Catete, assim como sabiam o nome da amante do delegado de polícia. Os melhores eram unha e carne com o delegado. Os geniais eram confidentes dos barões do crime e dos pés-rapados da bandidagem pequena.

Jornalistas, nem todos, costumavam trazer um pequeno pente no bolso. Com apenas um retoque no topete, ou nos fios repuxados das têmporas para sobrevoar a calva, transitavam dos inferninhos sórdidos para os salões frequentados por damas empertigadas. Tudo isso sem perder a fleuma, a pose, o sex appeal. Nas altas rodas, também cevavam suas fontes. Socialmente autorizados a se abastecerem das fofocas e extraírem dividendos do leva e traz nos bastidores, jornalistas circulavam o tempo todo, envaidecidos da fama de ser "muito bem relacionados". A vaidade não poderia faltar ao seu biótipo: a vaidade com a própria figura, uma vaidade que dava a volta sobre si mesma e se fechava, como um nó de gravata, como a autoconsciência de vaidade polida, depurada, sem nada de inocente. Era uma vaidade que não se escondia, mas não se denunciava, jamais se traía.

Com sorte, determinação, disciplina e malícia, além de jogo de cintura, o jornalista bem informado e bem relacionado logo subia na vida. Não graças a bons salários, mas ao bom trânsito. Quando alcançava o olimpo dos abonados, convidava os poderosos para jantar em sua residência e, nessas ocasiões, era o melhor amigo de infância dos governantes. Quando chegava a esse ponto, um jornalista de sucesso estava com a vida ganha.

Embora escrevesse pouco, pouco mesmo, Roberto Marinho adorava se apresentar como jornalista. Estava rico, em lua de mel (interminável) com sua imagem e sua vaidade. Mas não saciado. Se quisesse ficar realmente poderoso, teria de agir também como um homem de empresas, por mais que o título o incomodasse.

Ele era — já fazia tempo — um criador de bons negócios, talhado para competir e vencer no traiçoeiro capitalismo brasileiro, que combinava, de forma heterodoxa e carnavalesca, os ganhos de capital, os favores do Estado e os golpes de esperteza, com pitadas homeopáticas de competência. Ele sabia fazer acontecer negócios dos quais não entendia patavinas. Sabia recrutar gente e motivar gente. Sabia levantar dinheiro.

Sabia partir na frente e resistir na frente, com sua fibra de lutador forjado na surra que levara na infância. Sabia não insultar o óbvio. Sabia que não precisava reinventar roda nenhuma, mas tinha sagacidade para, quando necessário, inventar metodologias originalíssimas e adivinhar o gosto do freguês. Sabia ganhar com as tecnologias e, acima de tudo, sabia que essa história de ideologia política era conversa fiada. Para ele, a ideologia era uma questão de ocasião. Mais jornalista, impossível.

22. Estreia estabanada

Para um rato de redação como Roberto Marinho, a televisão se assemelhava a uma espaçonave alienígena. Os equipamentos eletrônicos não tinham nada a ver com "caixa alta" ou "caixa baixa". A operação daquelas câmeras pesadas, do tamanho de um botijão de gás, deslizando sobre rodas rústicas no chão dos estúdios, demandava dos técnicos habilidades mágicas. E tudo ao vivo.

Fora as dificuldades tecnológicas, havia também o estranhamento que ele sentia diante da vocação daquela nova mídia. Ninguém pensava em televisão como um veículo jornalístico. Nem mesmo para isso a sua experiência na redação de *O Globo* teria utilidade. Televisão era um eletrodoméstico desenhado para vender outros eletrodomésticos para donas de casa que, por não trabalharem fora, dispunham de tempo para gastar na frente dos monitores. Roberto Marinho conhecia jornais que publicavam artigos, reportagens, crônicas e alguns passatempos. A televisão que ele precisava empreender, contudo, teria de levar ao ar atrações divertidas e anúncios publicitários arrebatadores. Era realmente outro mundo.

Habituado a leitores do sexo masculino, que compravam seu vespertino nas ruas enquanto voltavam do trabalho, ele se via agora diante do desafio de conquistar as donas de casa entediadas. E não só elas. Ao cair da tarde, teria de se dirigir a famílias inteiras reunidas na sala de visitas e lhes vender sabonetes, cobertores, cigarros, pílulas de entretenimento. Sua experiência com o rádio ajudava, é claro, mas não o suficiente.

A televisão era uma máquina de entreter e vender — não de informar. Era um eletrodoméstico, e esse eletrodoméstico não era para o bico dos jornalistas cariocas. Quem entendia de televisão eram os publicitários das novíssimas gerações e os magnatas americanos do show business.

Então, quando decidiu que pularia nisso de cabeça, o jornalista diante do espelho entendeu que precisava de ambos os profissionais: publicitários prodigiosos e magnatas americanos. Dos publicitários, cuidaria mais tarde. Antes, correu para costurar uma aliança com uma das grandes corporações americanas que entendiam do riscado. Percebeu que tinha de ir atrás de quem dominava aquela tecnologia e, last but not least, tivesse folga de caixa para investir dinheiro em um negócio na terra paradisíaca de Zé Carioca. Em dólar.

Em 1962, vem para a Globo uma segunda concessão, esta em São Paulo, num ato do presidente João Goulart.[1] Nesse mesmo ano, no dia 24 de junho, depois de prospectar potenciais parcerias, Roberto Marinho firmou o pacto com o grupo americano Time-Life. Não poderia haver parceiro melhor. A empresa, formada a partir das revistas *Time*, criada por Henry Luce e Briton Hadden em 1923, e *Life*, criada por Luce em 1936, tinha se transformado num grupo de mídia de enorme poder, com negócios em música e televisão. Hadden morreu cedo, aos 31 anos, em 1929, mas Henry Luce, que só morreria em 1967, aos 69 anos, foi chamado de "o cidadão privado mais influente da América" por seu biógrafo Edwin Herzstein. A *Time* se transformou em uma das revistas mais respeitadas do mundo. Quanto à *Life*, que se tornou forte pelas fotografias que estampava, vendia cerca de 4,5 milhões de exemplares por semana, já no final dos anos 1940, e tinha 13,5 milhões de leitores — ou seja, 10% dos cidadãos americanos na época liam a revista. Luce, que criou também a revista *Fortune*, em 1930, uma referência em jornalismo econômico no mundo todo, tinha mais do que dinheiro. O homem era um *mogul* incomparável, dono de um carisma e de um séquito de admiradores que faziam inveja a qualquer empresário de comunicações em qualquer país. No Brasil, inclusive.

Por tudo isso, aquela associação veio como um grande impulso para a Globo. Os americanos assumiram o compromisso de construir um prédio com um amplo estúdio, no Jardim Botânico, e providenciariam também um estúdio menor e uma área especial para o jornalismo.[2] Ajudariam ainda na vinda do maquinário, na capitalização da companhia e na gestão. A Time-Life investiu, nessa fase, algo em torno de 4 milhões de dólares.[3]

Contudo, o planejamento não era o forte na cultura empresarial brasileira daqueles primórdios. A estreia, marcada para o dia 5 de abril de 1965, teve problemas técnicos e precisou ser abortada. Na hora H, os responsáveis pelo pequeno vexame — que, pelo menos, ninguém viu, pois nada foi ao ar — remarcaram o grande dia para três semanas depois: 26 de abril.

Tudo certo, então? De jeito nenhum. No ensaio geral da véspera, dia 25 de abril, com os equipamentos ligados em circuito fechado, ficou notório que o que vinha pela frente seria outra hecatombe. E tome mais improviso. Alguém teve a ideia, claro, de cancelar a operação novamente, mas a persistência dos otimistas falou mais alto e, às onze da manhã do dia 26 de abril, com muita tensão, os funcionários da área técnica lograram a proeza de... transmitir. Antes de o programa infantil *Uni-Duni-Tê* começar, a canção "Moon River", numa orquestração adocicada, tomou conta das ondas eletromagnéticas do Canal 4 no Rio de Janeiro. A TV Globo estreou assim.[4]

Então, quando a rotina parecia prestes a entrar nos eixos, veio a reviravolta.

23. Um cubano em hora imprópria

Um episódio de pastelão político precipitou a emissora recém-nascida no abismo. Ou, pelo menos, numa montanha-russa. Semanas após a inauguração do Canal 4 (canal da TV Globo do Rio), o Departamento de Ordem Política e Social (Dops, órgão policial de repressão política a serviço da ditadura militar) do Rio de Janeiro prendeu o cubano Alberto Hernandez Catá, filho de um diplomata do tempo de Fulgêncio Batista que tinha servido no Brasil. Naquele período, as forças de repressão nutriam uma paranoia acentuada com qualquer coisa ou pessoa que tivesse relações com a ilha de Fidel Castro. Catá não era acusado de coisa alguma, mas, como era um cubano confortavelmente instalado nos domínios do Cristo Redentor, intrigou as autoridades. Foi levado à polícia com uma finalidade burocrática, de mero esclarecimento, e acabou detonando um abalo sísmico.

Alberto Hernandez Catá até que se saiu bem no interrogatório a que foi submetido. Tentou se descontrair e conseguiu, tanto que falou mais do que precisava. Diante dos policiais que o ouviam, foi convincente ao dizer que nunca tivera simpatias pela ditadura comunista. Aí, revelou uma história que se tornaria mais explosiva que uma revolução castrista aos pés do Corcovado. O filho do diplomata, em vez de primar pela discrição, esmerou-se em detalhes e contou que estava no Brasil para representar os interesses do grupo americano Time-Life em terras cariocas, para acompanhar de perto os investimentos ianques na TV Globo. Foi "o estopim de uma crise".[1]

O acordo com o grupo Time-Life virou um quiproquó que quase pôs a pique o projeto que culminaria na reluzente Vênus Platinada, o apelido carinhoso que a Rede Globo de Televisão receberia no futuro. Cerca de dois meses depois da estreia, o contrato com a Time-Life foi denunciado, com toques de escândalo, pelo então governador da Guanabara, claro, ele mesmo, o famigerado Carlos Lacerda. A parceria, que tinha tudo para ser a solução, se metamorfoseou no pior dos problemas. Um pesadelo. Na sequência, veio a Comissão Parlamentar de Inquérito.

Assis Chateaubriand, o capo dos Diários Associados, que via em Roberto Marinho uma ameaça potencial ao seu império — no que estava certíssimo —, enlouqueceu. Chatô vivia o auge de seu papel de "rei do Brasil", na expressão de seu biógrafo, Fernando Morais, e virou uma besta-fera. Escreveu mais de cinquenta artigos para ofender de todas as maneiras o rival, doze anos mais jovem do que ele. Os insultos, inclusive — e particularmente —, eram carregados de racismo: "Roberto Africano", "crioulo alugado", "cafuzo", "africano de trezentos anos de senzala".

Se não há desculpas para o preconceito racial, Chateaubriand tinha, porém, um ponto a seu favor. Ele e os outros inconformados com a Time-Life martelavam na tecla de que os termos do contrato violavam o artigo 160 da Constituição de 1946, que estava em vigor. Nisso, aliás, os críticos tinham razão. O artigo não poderia ser mais categórico: "É vedada a propriedade de empresas jornalísticas, sejam políticas ou simplesmente noticiosas, assim como as de radiodifusão, a sociedades anônimas por ações ao portador e a estrangeiros".

O mesmo artigo vedava explicitamente a participação de estrangeiros na sociedade:

> Nem esses [estrangeiros], nem pessoas Jurídicas, excetuados os Partidos Políticos nacionais, poderão ser acionistas de sociedades anônimas proprietárias dessas empresas. A brasileiros caberá, exclusivamente, a responsabilidade principal delas e a sua orientação intelectual e administrativa.

O dono da TV Globo tentou mostrar que os americanos não eram sócios na emissora, mas os termos contratuais não lhe davam razão, ao menos à primeira vista. Pelo que tinha sido acertado entre a Globo e o grupo Time-Life, e pelo que constava nos acordos, os americanos deteriam 49% de participação na empresa brasileira. Por isso, os adversários do jornalista sexagenário diziam que a sociedade fora costurada de forma maliciosa, sob o disfarce de um contrato de assistência técnica.[2] Os críticos talvez tivessem razão, mas Roberto Marinho encontrou um caminho para se defender.

Argumentou insistentemente que não estava interessado em desobedecer à Constituição ou em acabar com a soberania nacional; pretendia tão somente trazer para dentro de casa o know-how, o conhecimento técnico e também o financiamento para deslanchar seu novo empreendimento. Foi nessa linha que estruturou sua defesa. Mesmo assim, não dirimiu a dúvida essencial: teria ele forjado um contrato de sociedade disfarçado de cooperação técnica?

A travessia que teve de encarar para escapar das acusações foi tormentosa. No segundo semestre de 1965, preparou seus trunfos para convencer os deputados. No ano seguinte, em 20 de abril de 1966,³ tomou assento no plenário da Câmara para prestar o seu depoimento à CPI. Foi uma pedreira, mas, no final, venceu. Sua tese foi aceita. O acordo acabou sendo considerado "regular" pela CPI.⁴

De acordo com a linha de defesa do depoente, não havia exatamente uma sociedade formal entre a Globo e a Time-Life, mas uma joint venture, uma modalidade de contrato pela qual duas empresas se associam para um fim específico. A joint venture não teria firmado uma sociedade definitiva, mas uma junção temporária com a finalidade de exploração de um negócio bem delimitado. Era aí, e só aí, nesse projeto específico, que os americanos teriam participação. Portanto, sempre de acordo com a defesa, eles não teriam participação acionária na Rede Globo e não havia como se falar em sociedade comercial, pois tudo se resumia a um único projeto que, uma vez concluído, encerraria automaticamente a associação.

No final, Roberto Marinho levou a melhor na CPI dizendo que as duas empresas celebraram dois contratos: um de assistência técnica, que foi cumprido, e outro, no formato de uma joint venture, que nunca gerou efeitos práticos, nunca saiu do papel. Nas palavras dele, os dois contratos eram:

> Um de assistência técnica, nos moldes de numerosos, de centenas, de milhares de contratos de assistência técnica que são estabelecidos com empresas brasileiras, até mesmo com empresas vedadas, como a Petrobras, a qualquer capital estrangeiro. O outro contrato que achamos poder estabelecer foi uma conta de participação "joint venture", que, como Vossas Excelências sabem, é um contrato de financiamento aleatório, uma vez que não dá nenhum direito de direção ou de propriedade a uma empresa, apenas participando o financiador dessa empresa dos seus lucros e prejuízos.⁵

O depoente teve ainda o cuidado de contar que informara o presidente da República de turno, o marechal Castelo Branco, sobre a existência desses dois contratos. E enfatizou: o contrato que previa a associação (no formato de joint venture) nunca fora efetivado, apenas o contrato de assistência técnica teria se traduzido em ações práticas.

O esforço compensou. Em 1967, Adroaldo Mesquita da Costa, o consultor-geral da República, emitiu um parecer afirmando que nada havia que caracterizasse uma sociedade, de fato ou de direito, entre as duas empresas.[6]

O dono do controverso empreendimento pressentia a iminência de tempos melhores. Suas relações com a ditadura militar prenunciavam um período de bonança — que viria, de fato. Um dos benefícios apareceu logo em 28 de fevereiro de 1969, quando o presidente Costa e Silva assinou um decreto-lei para isentar as emissoras de TV do pagamento de impostos na importação de equipamentos. A franquia foi um presente de irmão, como observa Gaspari:

> O benefício estava ao alcance de todas as emissoras, mas para a TV Globo, inaugurada em 1965, foi um duplo incentivo. Tecnicamente, significou um pulo do gato, pois permitiu que ela se modernizasse, transformando-se na primeira rede nacional de televisão. Financeiramente, além de reequipá-la ao dólar oficial, permitiu que a diferença cambial atenuasse o custo da liquidação de um contrato com o grupo americano Time-Life.[7]

Logo se cristalizaria, nas palavras de Gaspari, "a alvorada do que viria a ser o maior império de comunicações da história do Brasil: o Sistema Globo de Comunicação". Tudo graças ao traquejo de Roberto Marinho nas relações com o poder — qualquer que fosse o poder.

Com maneiras gentis e um senso de lealdade fora do comum na política brasileira, Roberto Marinho era um adversário feroz pela astúcia, um aliado insuperável pelo sentido de oportunidade. A ditadura transformava-se num milagre, e a televisão em cores, em seu ícone. Em 1969, a Rede Globo era formada por três emissoras (Rio, São Paulo e Belo Horizonte). Em 1973 seriam onze.[8]

Ciente de contar com as amizades certas, o dono da Globo, enquanto se conduzia nos estreitos desfiladeiros da CPI que quase o derrubou, não perdia a confiança. O destino, porém, ainda lhe guardava outros dissabores.

24. Entre um Fusca e um iate

As relações entre a Globo e a Time-Life azedaram. Desestimulados pelos impactos negativos na opinião pública, os americanos perceberam que nunca seriam sócios da emissora e não queriam mais saber dela. Já em 1966, o fluxo de dólares da Time-Life começou a secar.

No ano de 1969, o acordo tinha virado letra morta, deixando a Globo sem caixa. A oficialização da ruptura com os americanos só viria mais tarde, em 1971, mas, já em 1969, o casamento estava arruinado. Aos 65 anos, Roberto Marinho não tinha para onde ir. Ou arranjava dinheiro novo, ou saía do jogo. Conseguiu renegociar a dívida com a Time-Life para baixá-la de quase 6 milhões de dólares para um pouco menos de 4 milhões. Com a outra mão, providenciou um empréstimo no então First National City Bank, de Nova York, que depois se converteria no Citibank. Nesse lance, levantou uma bolada de quase 4 milhões de dólares — o que bastava para a Globo amainar os gringos e ganhar fôlego.[1]

Não foi uma operação simples. Para viabilizá-la, Roberto Marinho precisou ser avalizado pelo BEG, o Banco do Estado da Guanabara, e, como garantia, teve de hipotecar 100% dos seus bens, inclusive a mansão da rua Cosme Velho. Para assinar esse contrato, o dono da Globo foi forçado a pôr na mesa de negociação a assinatura de seu filho mais velho, Roberto Irineu. Em 2015, Roberto Irineu contou que essa foi sua primeira experiência em matéria de contratos vultosos:

> Assinei como avalista, porque, como ele tinha 65 anos, na época, pela lei brasileira, os filhos poderiam dizer que ele estava fora de juízo por ter assinado esse contrato. Assinei como dizendo "os filhos avalizam essa coisa". Foi o primeiro grande contrato que assinei na vida! [Risos] Pouco menos de US$ 5 milhões.[2]

O empréstimo empurrou o problema um pouco mais para a frente, mas tinha validade de apenas dois anos. Em 1971, quando venceria seu prazo, Roberto Marinho se viu mais uma vez à beira do fracasso total. Não conseguia pagar o Citibank, e este, por sua vez, não queria renovar o crédito. Então, dois meses antes de ser executado, o devedor da rua Cosme Velho obteve um novo empréstimo, com outro banco, mas, na véspera de o dinheiro sair, o banqueiro com o qual Roberto Marinho havia fechado a operação recuou.

A família Marinho interpretou o recuo como "traição", termo que foi usado pelo filho mais velho, Roberto Irineu Marinho, numa entrevista em 2015.[3] A identidade do banqueiro traidor só seria revelada mais tarde. Os filhos nunca se esqueceram do fato de, no momento mais crítico, Roberto Marinho não ter esmorecido. Poucas horas antes de o prazo fatal expirar, antes de tudo ir para o bueiro, pediu socorro a outro amigo, José Luiz de Magalhães Lins, que, na época, era um dos mais altos executivos do Banco Nacional. Magalhães Lins o atendeu de pronto e liquidou a dívida no City.[4] Fez mais: não impôs nenhum prazo draconiano, o que deixou Roberto Marinho mais aliviado. Ele que pagasse quando pudesse. Com o novo empréstimo — que, de fato, demoraria anos para ser quitado —, o jornalista que não gostava de se declarar empresário manteve seu patrimônio e continuou à frente de seu império.[5]

Em 2016, o próprio José Luiz de Magalhães Lins contou, em seu site pessoal, como procedera. Com a grande autonomia de que gozava no Banco Nacional, juntou o montante a toque de caixa e, em questão de horas, o débito no City virou coisa do passado. Magalhães Lins também confirmou a existência de um banqueiro traidor, cuja identidade não abriu, mas deu pistas: "O 'banqueiro traidor' não foi nem o Amador Aguiar [que era o dono do Bradesco], nem o Jorge Paulo Lemann [que se tornou dono da Corretora de Valores Garantia exatamente em 1971]".[6]

As duas negativas deixaram no ar uma constatação velada de que o "traidor" misterioso seria, por exclusão, Walther Moreira Salles, do Unibanco. A hipótese tem plausibilidade, uma vez que os dois já haviam sido sócios em negócios imobiliários nos anos 1960 e, depois disso, mantiveram algum relacionamento social, ora pontuado por traços de cordialidade, ora distante. Segundo notas guardadas no Acervo Roberto Marinho, mantido na Globo, há registros que denotavam uma "relação de amizade" entre eles:

> Roberto Marinho e Moreira Salles mantiveram uma relação de amizade durante toda a vida. Em 1969, por exemplo, Roberto e Stella Marinho estavam no jantar oferecido por Moreira Salles a Tom Ford. Da mesma forma, o banqueiro frequentava a casa do Cosme Velho. Em 1972, Roberto Marinho emprestou seu barco para os filhos de Moreira Salles receberem amigos. Em 1979, Roberto Marinho recebeu o

filho de Moreira Salles, o futuro cineasta Walter Salles, para um estágio na TV Globo. Em 1986, Roberto Marinho e Ruth [sua segunda esposa] convidaram o banqueiro para um jantar oferecido à Princesa Anne, da Inglaterra. Em 1993, Roberto Marinho visitou Moreira Salles quando o banqueiro esteve internado no hospital em Nova York.[7]

Ora, mas se havia "amizade" entre ambos, o que teria motivado a "traição"? E como explicar que Roberto Irineu tenha se valido dessa palavra, forte, para qualificar um banqueiro que ele não nomeou? Teria ocorrido algum estremecimento da "amizade" em função das sociedades que tiveram? Teriam os dois amigos desenvolvido alguma rivalidade íntima? São perguntas sem respostas. Mas ao menos dois conhecedores da intimidade da família Marinho asseguram que o "traidor" seria mesmo o dono do Unibanco.

Em entrevista a Leonencio Nossa, Magalhães Lins contou que Walther Moreira Salles pretendia quitar a dívida do amigo Roberto com o City e, por essa manobra, se converter em nada menos que o dono da Globo. Na contramão, João Roberto Marinho, outro filho de Roberto, diz não acreditar nessa hipótese.

> O papai jamais falou que o Walther puxou o tapete dele. Jamais falou isso em casa, nunca vi uma restrição dele ao Walther, jamais. Mesmo depois desse episódio. Papai e mamãe eram muito amigos do Walther e da Elisinha. Eles se visitavam. Ambos gostavam da Elisinha, que era uma pessoa mais difícil, de temperamento difícil, era uma mulher interessante, inteligentérrima e tudo. O Walther era um cidadão do mundo, era embaixador, mas a Elisinha tinha uns rompantes, umas coisas assim, mas papai e mamãe gostavam muito deles, dos dois. Então o que eu posso dizer é que, na relação conosco, o papai nunca falou, e os dois casais continuaram

se frequentando. Seria estranho se tivesse sido o Walther que tivesse feito essa puxada de tapete nele. Eu sei que ele viveu a aflição e que o José Luiz [de Magalhães Lins] o salvou. Isso ele sempre falou para a gente.[8]

João Roberto mantém essa leitura dos acontecimentos mesmo quando toma conhecimento de depoimentos de pessoas que afirmam que o traidor foi mesmo o banqueiro Walther Moreira Salles.

> Eu acho difícil ter sido o Walther, mas tem várias pessoas que dizem que isso houve. Então eu não posso descartar essa hipótese. A minha impressão pessoal é que eu estranho muito que pudesse ter sido o Walther, que o Walther pudesse ter feito alguma coisa ali de traição.[9]

Traído ou não por um amigo, fato é que Roberto Marinho foi socorrido por outro e não tombou em 1971. Encerrou formalmente o acordo com a Time-Life.[10] No dia 8 de julho daquele ano, em um artigo para *O Globo*, comemorou a retomada do controle de seus negócios.[11]

> Depois de longos entendimentos, o negócio ficou efetivamente concluído e hoje posso anunciar com satisfação que a TV GLOBO e eu assumimos a totalidade da posição financeira que "Time-Life" tinha no empreendimento, havendo adquirido todos os direitos patrimoniais e creditórios que cabiam à empresa americana. Isso significa para mim novo e vultoso sacrifício financeiro, pois tive de dar garantias reais pessoais às novas dívidas assumidas. Fi-lo, entretanto, fiel à minha orientação invariável de empresário, que é pensar antes no interesse dos empreendimentos do que no meu próprio.[12]

Pondo o ponto-final em seu artigo, deu por encerrado outro período traumático de sua biografia, do qual ficaram também lembranças pitorescas, mas rigorosamente verdadeiras. Em seus tempos de penúria iminente, temeroso de lhe executarem a hipoteca, o jornalista devedor transitava de Fusca pelo Rio de Janeiro, não se sabe bem se por necessidade ou para sensibilizar os credores.

Em 1969, depois de um almoço no restaurante do Museu de Arte Moderna, ofereceu uma carona a Paulo Cabral de Araújo, dos Diários Associados, que levou um susto: "Sabe como ele me levou aos Diários Associados? Num Fusca dirigido por ele. Num Fusca! Sem segurança, sem nada".[13]

Em matéria de transportes náuticos, não se impôs um regime tão espartano e preservou confortos luxuosos. Ele, que já era adepto da caça submarina, passou no mar o dia 31 de dezembro daquele mesmo ano, 1969, entre mergulhos. Ainda estava casado com Stella (de quem só se divorciaria em 1971), mas levou uma namorada ao seu novo iate, o *Tamarind*, que, segundo a lenda do mercado náutico, teria pertencido à atriz Elizabeth Taylor.[14] Não consta que o *Tamarind* tenha sido arrolado entre os bens que serviram de garantia para a dívida no City, que quase o levou à bancarrota.

O que acontecia no barco ficava no barco. Somente o capitão do pequeno navio, o espanhol Manuel Abelleira Carman, o Manolo, sabia dos segredos. Manolo era um túmulo, leal e impassível como um cão que não ladra. Seguiu com o patrão até o fim. Certa vez, nos anos 1990, um jornalista a bordo do *Tamarind* viu de perto como ambos se entendiam bem, mesmo quando a conversa beirava o absurdo. Depois de um passeio pelas águas de Angra dos Reis, começou a cair um toró no momento em que os passageiros se preparavam para voltar ao cais. Em meio às manobras de aproximação, Roberto Marinho se virou para Manolo. Com um ar de almirante inconformado, ordenou:

— Manolo, dá um jeito nesta chuva!

O capitão olhou para o céu e, depois de analisar o entorno, respondeu num desalento:

— Isso eu não vou conseguir fazer, doutor.

Do resto, ele cuidava. Não que Manolo tenha equacionado o tormento das dívidas de 1969 e 1971. Mas contribuía para aliviar a tensão. Foi providencial e ajudou o dr. Roberto a suportar as tempestades financeiras até que sua TV Globo pudesse entrar em velocidade de cruzeiro.

Para não dizer que não sobrou nada do "casamento" com a Time-Life, houve uma herança boa. Seu nome era Joe Wallach. Americano, executivo brilhante, entrava na casa dos quarenta anos de idade quando veio ao Brasil como representante do conglomerado dos Estados Unidos. Wallach gostou da terra. Conseguiu cidadania brasileira e colaborou com a Globo até os anos 1980. Aprendeu o português e fez carreira na emissora.

Outra coisa que ficou daquele tempo foi a dúvida sobre a legalidade do acordo com a Time-Life. A polêmica nunca se encerrou. Até mesmo entre os colaboradores mais próximos do jornalista, havia quem considerasse ilícitos os termos do contrato com os americanos. José Bonifácio de Oliveira Sobrinho, o Boni, foi um desses:

> O acordo era totalmente ilegal, no meu ponto de vista. O pessoal do Time-Life era muito responsável e eles tinham ordem de não passar perto da redação para não contaminar o conteúdo, mas de acordo com a legislação brasileira, era ilegal.[15]

25. Boni and Clark

Boni, que lança dúvidas sobre a legalidade do acordo da Globo com a Time-Life, não é qualquer um. Além de Joe Wallach, o talento administrativo *made in USA*, Roberto Marinho precisava de outros profissionais para a missão que tinha chamado para si. Precisava de publicitários (pois a televisão se resumia a isto, um veículo publicitário) que tivessem intimidade com aquele novíssimo meio de comunicação. Priorizara fechar uma aliança com um conglomerado forte do show business americano, mas precisava também de aliados do mundo publicitário. E, logo que pôde, começou a tratar disso. É aí que Boni entra na história.

 O dr. Roberto carecia de cabeças mais jovens, com a metade de sua idade, para a tarefa grandiosa de liderar a criação da TV. Já passando dos sessenta, tinha desenvolvido essa virtude: não só ouvia, como acatava de bom grado os pareceres de quem sabia mais que ele e pensava diferente. A nascente TV Globo seria a maior prova dessa virtude rara. No começo, nem tinha sala nas instalações da emissora. Entregou a batuta para os jovens — especialmente para Boni, que, mais adiante, faria o que bem entendesse.

Com a mesma astúcia que o levou a buscar a Time-Life, de quem queria know-how e dólares, correu atrás dos publicitários preparados para gerar audiência e vender mercadorias que dessem alegrias e lucros aos anunciantes. Vasculhou o que havia de bom no mercado e concluiu que recrutaria para a Globo os mais espevitados do eixo Rio-São Paulo. Acabou levando uma dupla. Um deles seria José Bonifácio de Oliveira Sobrinho, o Boni, que entrou na Globo em 1967, mas o primeiro a ser contratado foi Walter Clark, em 1965.

Quando se mudou para a Globo, em dezembro de 1965, Clark brilhava como o garoto prodígio da publicidade brasileira. Tinha 29 anos. Nascido em São Paulo, no dia 14 de julho de 1936, mudou-se para o Rio, com os pais, aos seis. Entendia tudo da cultura carioca. Começou a trabalhar aos dezesseis anos como auxiliar e secretário do radialista Luís Quirino, na Rádio Tamoio, de Assis Chateaubriand. Uma de suas primeiras tarefas na Tamoio era escrever chamadas promocionais para uma fábrica de tecidos, Organdi Paramount.[1] Emplacou.

Daí em diante foi um passeio. Clark migrou para o ramo da publicidade, trabalhando em agências e também em televisão. Começou como assessor comercial na TV Rio e escalou velozmente o organograma até se tornar o principal executivo da emissora. Quando Roberto Marinho o recrutou, ele assumiu o posto de primeiro diretor-executivo da Globo, com a missão de reestruturar o setor comercial — e também rearranjar a grade de programação. Saiu-se espetacularmente bem e acabou promovido a diretor-geral.

No início de sua ascensão fulminante, Clark operou um pequeno milagre. No começo, a TV Globo ocupava a lanterninha da audiência, atrás da TV Rio, da TV Excelsior e da TV Tupi.

A virada começou em fevereiro de 1966, quando ele suspendeu a programação por três dias para dar cobertura completa às enchentes que castigavam a cidade — mais ou menos como o vespertino O Globo, no final da década de 1920, fizera com a tragédia do deslizamento de uma encosta na cidade paulista de Santos. Clark inventou um selo, o "SOS Globo", que carimbava as cenas das enchentes e que também servia para promover a assistência aos desabrigados. A Globo cresceu em audiência e simpatia. Tornou-se a queridinha do telespectador carioca.[2]

No final dos anos 1960, embora trabalhasse atrás das câmeras, o jovem executivo começou a assumir uma aura irresistível de celebridade. Mandava como um príncipe renascentista — por delegação do rei, naturalmente. Brilhava como um *pop star*. Deixava crescer os cabelos — como era moda — e as costeletas, perfiladas e espessas. Tomou gosto por adornar o queixo com uma barbicha de pirata perfumado, encimada por um sorriso fácil, luminoso, como nas propagandas de dentifrício. Adepto de roupas caras e ligeiramente extravagantes, envergava ternos roxos de fazenda aveludada e se refestelava na imagem do geninho mais bem pago do mercado. Acertou um regime de participação nos resultados da Globo e ganhou tanto dinheiro que endoidou. Além de carros importados (Mercedes-Benz e Ferrari), uma cobertura duplex na lagoa Rodrigo de Freitas com 1200 metros quadrados, uma lancha de 37 pés de nome *Cinderela*, uma casa em Angra dos Reis com praia privativa e obras de arte para todo tipo de gosto, passou a colecionar vexames em lugares públicos. Bebia de cair no chão nos coquetéis da Globo.

Com direito a 1% do faturamento e 2% do lucro da rede, Clark ficou multimilionário em menos de cinco anos. Entrou numa roda-viva de badalação e excessos. Em festas da empresa, os amigos arrastavam-no pela porta dos fundos para que o patrão não o visse trôpego, enrolando a língua. Mas Roberto Marinho sabia. Sabia até que a xícara de porcelana que Clark tomava no final da tarde não continha chá, e sim uísque. Esperava o melhor momento para degolá-lo.[3]

A vida boa, desregrada e abonada durou até 1977, quando Marinho finalmente o degolou. Quem viu, conta que a cena da defenestração foi memorável. Num coquetel em Brasília, que celebrava a inauguração da sucursal do jornal *O Globo* na capital federal, Clark destrambelhou e, embalado por doses suplementares de vodca, pôs-se a dizer impropriedades aos militares presentes. Não se conformava com a censura da novela *Despedida de Casado*. Estava certo em protestar. A tesoura censória do regime impedira a estreia da novela e, em função desse veto, a Globo precisou jogar fora os trinta capítulos já gravados e editados. Ele só não tinha razão em dar baixaria.

No dia seguinte, decolou para Nova York, a trabalho. Estava lá quando recebeu um telefonema de Joe Wallach, que o avisou da resolução patronal de não aceitá-lo mais na empresa. O escritor Otto Lara Resende, que trabalhava na Globo, cuidou das formalidades: redigiu o pedido de demissão de Walter Clark e a resposta de Marinho, aceitando o pedido.[4]

"A minha demissão já estava decidida há tempos e o episódio de Brasília foi apenas o pretexto", comentaria Clark um bom tempo depois. "Não havia mais nada a fazer."[5] Segundo avaliou, seu grande amigo José Bonifácio de Oliveira Sobrinho, o Boni, ajudou a derrubá-lo. "Ele preferiu abrir mão da nossa amizade e investir num projeto próprio de poder, que me excluía. Ele passou a trabalhar contra mim, sorrateiramente na maioria das vezes, explicitamente em outras. A amizade virou rancor."[6]

Boni tem outra versão. Diz que tentou salvar o amigo, mas não havia mais o que fazer. Era um caso perdido.

Francisca e Irineu Marinho, pais de Roberto, na década de 1910.
[ARQUIVO/ ACERVO ROBERTO MARINHO]

O pequeno Roberto (em pé, no centro da foto), com cerca de doze anos, em almoço na casa da rua Haddock Lobo, 369, na Tijuca.
[ARQUIVO/ ACERVO ROBERTO MARINHO]

Os irmãos Hilda, Heloísa, Helena, Roberto e Ricardo em 1917.
[ARQUIVO/ ACERVO ROBERTO MARINHO]

O jovem Roberto na década de 1920
[ARQUIVO/ ACERVO ROBERTO MARINHO]

[Primeira página do jornal *A Noite* de 9 de maio de 1925, estampando a manchete "Tocaia sinistra", sobre a briga de Roberto e Moacyr Marinho com Vasco Lima.
ACERVO FUNDAÇÃO BIBLIOTECA NACIONAL — BRASIL]

Fac-símile da declaração assinada por Irineu Marinho, em 14 de dezembro de 1923, atestando a transferência de suas ações do jornal A *Noite* para o sócio Geraldo Rocha. Publicado na coluna "Meus negócios com Irineu Marinho", A *Noite*, Rio de Janeiro, 23 abr. 1929, p. 2.
[ACERVO FUNDAÇÃO BIBLIOTECA NACIONAL — BRASIL]

Primeira sede de O *Globo*, um sobrado de três andares na rua Bethencourt da Silva, 15, no largo da Carioca, centro do Rio de Janeiro. O endereço abrigou o jornal entre 1925 e 1954.
[ARQUIVO/ AGÊNCIA O GLOBO]

Ricardo, Rogério e Roberto na sede de O *Globo*, nos anos 1950. Os três irmãos passaram a trabalh juntos no jornal em 1933.
[ARQUIVO/ AGÊNCIA O GLOBO]

EDIÇÃO DAS 16 HORAS
O GLOBO
FUNDAÇÃO DE IRINEU MARINHO

Director-thesoureiro — HERBERT MOSES   Director-Redactor chefe — ROBERTO MARINHO   Director-gerente — A. LEAL DA COSTA

ima de todos os caprichos, de todas as críticas, de todos os esforços erguem as poderosas exigencias dos phenomenos economicos e financeiros!

COMO O REGIMEN DICTATORIAL vá despertando as reacções dos partidos

Roberto Marinho no cargo de nosso director-redactor-chefe

O TITAN COM CORPO DE MENINO
Como Mauricio de Lacerda dá um adeus a Eurycles de Mattos

PREPARAVAM nova revolta em Portugal!

Gravemente enfermo o Sr. Washington Luis?

ESTUDANTES CONTRA BRIAND!

O desmemoriado de Viçosa

Isolado do resto do mundo!

Em 8 de maio de 1931, *O Globo* noticiava que Roberto assumira o cargo de diretor do jornal.
[ARQUIVO/ AGÊNCIA O GLOBO]

Stella Goulart e Roberto Marinho no dia de seu casamento em 24 de dezembro de 1946. Juntos por 24 anos, o casal teve quatro filhos: Paulo Roberto, José Roberto, Roberto Irineu e João Roberto. Stella faleceu em 20 de outubro de 1995, na França.
[ARQUIVO/ ACERVO ROBERTO MARINHO]

Ao lado de Ruth, sua segunda esposa, em 1982. Amigos do empresário contam que Ruth, uma intelectual de inclinações anticomunistas, contribuiu para uma "direitização" na linha editorial dos veículos Globo. O divórcio se deu em 1989, dez anos após o casal trocar alianças.
[ARQUIVO/ ACERVO ROBERTO MARINHO]

[...]amília Marinho nos jardins do Cosme Velho, em 26 de dezembro de 1955.
[Da] esquerda para a direita: Paulo Roberto; Stella com José Roberto no colo;
[Ro]berto Irineu (de gravata); e Roberto, abraçado a João Roberto.
[ARQUIVO/ ACERVO ROBERTO MARINHO]

Juscelino Kubitschek em recepção na casa de Roberto e Stella, em 1958. Presidente da República entre 1956 e 1961, foi ele o responsável por devolver à família Marinho a concessão de TV que Getúlio Vargas havia confiscado em 1953.
[ARQUIVO/ ACERVO ROBERTO MARINHO]

Político e principal antagonista do governo Vargas, Carlos Lacerda (à esquerda) assumiu, em 1953, *Conversa em Família*, um programa na Rádio Globo em que o então deputado disparava suas preleções contra Getúlio.
[ARQUIVO/ AGÊNCIA O GLOBO]

De braço dado com o ditador militar João Baptista Figueiredo, no Rio de Janeiro, em 5 de janeiro de 1980.
[MANUEL PIRES/ FOLHAPRESS]

Com o então presidente Fernando Collor de Mello, depois de almoço no Itamaraty. Segundo o próprio empresário explicitou em entrevista ao *Jornal da Tarde* em 1993, o Grupo Globo apoiou e promoveu a eleição de Collor em 1989.
[ROBERTO JAYME/ FOLHAPRESS]

Na inauguração do novo parque gráfico de *O Globo*, no Rio de Janeiro, em 1999, ao lado do então presidente Fernando Henrique Cardoso.
[PATRÍCIA SANTOS/ FOLHAPRESS]

Com Luiz Inácio Lula da Silva e Aloizio Mercadante, respectivamente presidente e vice-presidente do Partido dos Trabalhadores (PT) à época, em 12 de setembro de 1992. Durante as eleições de 1989, Lula sugeriu que o proprietário do Grupo Globo havia feito campanha contra sua candidatura.
[JULIO CESAR GUIMARÃES/ AGÊNCIA O GLOBO]

Leonel Brizola em visita à Rede Globo em 1982, mesmo ano em que fora eleito governador do Rio de Janeiro pela primeira vez. Assim como Lula faria mais tarde, o líder do PDT acusou Roberto Marinho e o Grupo Globo, na década de 1990, de tentar sabotar sua candidatura à reeleição.
[ALCYR CAVALCANTE/ AGÊNCIA O GLOBO]

Com Fidel Castro na sede da Rede Globo. Em 1990, o ditador cubano presenteou a família Marinho com os flamingos cor-de-rosa que se tornaram ícones do jardim da casa no Cosme Velho.
[CUSTÓDIO COIMBRA/ AGÊNCIA O GLOBO]

Contratados em 1967 e 1965, José Bonifácio de Oliveira Sobrinho, o Boni, e Walter Clark logo se tornaram os imediatos de Roberto Marinho na TV Globo. Rio de Janeiro, década de 1970.
[ACERVO/ GLOBO]

Edgar Peixoto acompanhou o empresário até o fim da vida, trabalhando como mordomo na casa da família.
[DARIO ZALIS/ ACERVO ROBERTO MARINHO]

companhado dos filhos João Roberto, Roberto Irineu e José Roberto no gabinete a presidência da TV Globo. Os três irmãos seguiram a carreira do pai e estão à frente o Grupo Globo desde seu falecimento.
[RQUIVO/ ACERVO ROBERTO MARINHO]

Com a terceira esposa, Lily, em 1994. O casal se conhecia desde a década de 1930, quando tiveram um breve relacionamento. O reencontro aconteceu na década de 1980, e o casamento, em 1991. Lily faleceu em novembro de 2011, no Rio de Janeiro.
[MARCOS RAMOS/ AGÊNCIA O GLOBO]

Primeira edição da revista *Caras*, de 12 de novembro de 1993, com Roberto e Lily na capa.
[REVISTA CARAS/ PERFIL BRASIL COMUNICAÇÕES EIRELI]

A pesca e o hipismo eram duas de suas grandes paixões. Ao lado, Roberto em roupa de mergulho em 1º de fevereiro de 1973; abaixo, a cavalo na Sociedade Hípica Brasileira, em 1980.
[ARQUIVO/ACERVO ROBERTO MARINHO]

O velório de "dr. Roberto", em 7 de agosto de 2003, contou com cerimônia restrita a familiares e amigos. Da esquerda para a direita: João Roberto Marinho, Lily Marinho, Antonio Palocci (então ministro da Fazenda), João Paulo Cunha (presidente da Câmara), Luiz Inácio Lula da Silva (presidente da República) e José Sarney (presidente do Senado).
[RICARDO STUCKERT/ AGÊNCIA BRASIL]

Na saída do Walter Clark da empresa, o dr. Roberto estava transtornado. Recebeu a mim e ao Joe Wallach, no Cosme Velho. Pedi uma chance para o Walter, mas ele foi duro e objetivo:
— Estou fazendo justiça com vocês que trabalham comigo. Se não entenderem isso, podem sair. Entre ter que ficar com o Walter e perder a Globo, eu prefiro perder a Globo.

O Joe interferiu, dizendo que ninguém queria sair, estávamos apenas tentando salvar o Walter e o dr. Roberto disse:
— Vamos é nos salvar. O Walter não tem mais salvação.[7]

A Globo que demitiu Walter Clark era melhor, mais rica, mais lucrativa e mais dominante do que a Globo que o contratara. Ele ganhou um bom dinheiro lá — e mereceu cada centavo. Foi ele, ao lado de Boni, o grande artífice da organização da chamada "grade horizontal", que dispôs as faixas de horário de forma regular, nos dias da semana, e, com uma boa programação, transformou a Globo num hábito nacional. A sacada dos dois foi "ensanduichar" o *Jornal Nacional* entre duas novelas, sempre na mesma hora, garantindo audiência alta em todo o horário nobre e projetando às alturas o impacto que o jornalismo da casa produzia. Graças a ele, a Globo passou a funcionar como um reloginho — um reloginho que, aos olhos das multidões, era imperdível. A assinatura de Walter Clark figura na criação de programas que virariam minas de ouro, como o *Fantástico* e o *Globo Repórter*, ambos lançados em 1973.[8] Ele é reconhecido por ter liderado o processo de profissionalização da publicidade e de modernização do modelo de negócios da TV aberta.[9]

Demitido, entrou numa itinerância errática. Foi produtor de cinema (ocupando essa função nos filmes *Bye Bye, Brasil*, de Cacá Diegues, de 1979, e *Eu te amo*, de Arnaldo Jabor, de 1980, entre outros), além de diretor-geral da Rede Bandeirantes e da Fundação Roquette Pinto. Morreu em

1997, aos sessenta anos, em seu apartamento, na Lagoa, no Rio de Janeiro. A morte o encontrou durante o sono. O atestado de óbito registrou "insuficiência cardíaca e respiratória".

José Bonifácio de Oliveira Sobrinho, depois da saída de seu velho chapa, continuou na casa, onde mandaria ainda mais. Chegou a centralizar tudo, até mesmo o jornalismo. Quando Armando Nogueira ainda era o responsável pelo *Jornal Nacional*, Boni não dava sossego. Tinha um comportamento ciclotímico, enervante, embora fosse amigo de Nogueira, e mandava refazer tudo.[10] Era temido como o diabo reencarnado. Ninguém construiu uma carreira como a dele na Globo. Entre a parcela da humanidade que não tem o sobrenome Marinho, ninguém subiu tanto na Globo.

26. Boni: Casamento de 31 anos

Boni chegou à emissora em 1967, ano em que completou 32 anos de idade. Nascido na cidade paulista de Osasco, em 30 de novembro de 1935, foi morar no Rio aos quinze anos e, aos dezesseis, mudou-se para a cidade de São Paulo, onde arranjou um bico na Rádio Nacional como redator de esquetes humorísticos do programa do Manoel de Nóbrega. Isso o ocupava no turno da manhã — à tarde, fazia um extra vendendo caixões na funerária em que sua mãe trabalhava.

Pulando de um lugar para outro, subiu aos saltos. Em 1953, aos dezessete anos, foi para a Rádio Tupi. Pediu para participar também da televisão da mesma empresa, a TV Tupi. Ambas pertenciam ao grupo comandado por Assis Chateaubriand. A Tupi, que estreara três anos antes, foi o primeiro canal de TV a entrar em operação no Brasil. Lá, Boni exerceu as funções de produtor, redator e até diretor do programa *Grêmio Juvenil Tupi*. No ano seguinte, transferiu-se para a TV Paulista como assistente do diretor artístico da emissora, Roberto Corte Real. Foi diretor de propaganda da gravadora RGE.[1] Depois de fazer estágios internacionais, em 1957, um na agência J. W. Thompson, no Reino Unido, e outro na rede NBC, em Nova York, voltou ao Brasil para dirigir a Linx Filmes, a primeira produtora de comerciais para a TV. Em seguida, trabalhou nas agências Multi Propaganda e Alcântara Machado, em São Paulo. Em 1963, foi convidado por um amigo para integrar a equipe da TV Rio. O amigo, que dava as cartas na TV Rio, era Walter Clark, o mesmo que o levaria, em 1967, para a chefia da direção de programação e produção da Globo.

Antes de se transferir para a Globo, recusara um convite do dr. Roberto, que se preparava para comprar uma emissora em São Paulo, a TV Paulista (que, depois de arrematada, passaria a se chamar TV Globo de São Paulo), e tinha planos para ele. Boni achava o clima na Globo "muito amador".[2] A partir de 1967, instalado dentro daquele clima "amador", mudou a Globo — e mudou de opinião a respeito.

Naqueles tempos primevos, Boni não tinha laços de amizade com Roberto Marinho, mas se dava bem com Walter Clark e Joe Wallach. Uma vez, tempos antes de sua ida para a Globo, viajou com os dois para Porto Alegre. O objetivo da viagem era convencer a direção da TV Gaúcha a se afiliar à Globo. Embora não tivesse nada a ver com a emissora de Roberto Marinho, ele topou participar da excursão por dois motivos. Em primeiro lugar, a ideia de formar uma rede nacional de televisão o entusiasmava. A rede era o futuro, ele pensava. Em segundo, achava Walter Clark um tipo divertido. Com ele por perto, a monotonia não tinha vez. E, de fato, naquela viagem para Porto Alegre, não houve pasmaceira. Clark acabou preso.

> De repente, percebemos um tumulto e vimos a polícia levando presos o Walter Clark e o Zé Octavio [José Octavio de Castro Neves, diretor da TV Globo]. Os dois haviam pegado

a chave do carro com o motorista. Zé no carro dele e Walter, no carro cedido pela TV Gaúcha, começaram a fazer um racha na pracinha de Novo Hamburgo. O delegado, em pessoa, os levou para a cadeia. O Walter pedia ao Joe [Wallach] que usasse o seu peso de cidadão americano para soltá-lo. Mas o delegado, um alemão durão, estava se lixando para isso. [...] O delegado era amigo do Maurício [Sirotsky Sobrinho, criador da TV Gaúcha] e soltou o Walter e o Zé Octavio.[3]

Quando se mudou em definitivo para a TV Globo, o badalado Boni já era um dos profissionais que mais entendiam de televisão no país. Estava no ponto. Gostava de contar que tinha aprendido sua primeira lição sobre a natureza da "telinha" — como a TV era chamada — em 1952, aos dezessete anos. A história é boa. Escalado para escrever o projeto e os roteiros do que viria a ser o programa *Família Sears*, uma atração que misturava comédia com publicidade de artigos à venda nas lojas Sears, a ser exibido na TV Tupi, entendeu de uma vez por todas o mistério do veículo. Percebeu de um estalo que, na televisão e no rádio, o entretenimento e a diversão estão sempre a serviço do comércio. Estão ali para vender alguma coisa para o telespectador e para o ouvinte.

É o próprio Boni quem conta:

> O *Família Sears* teve o mérito de me fazer despertar para uma outra visão do rádio e da televisão, pois, apesar de saber que os patrocinadores e os anúncios eram as fontes de receita das emissoras, eu até então pensava somente em entretenimento. A partir desse programa, aprendi que rádio e televisão eram veículos de publicidade e que o entretenimento era importante apenas para conquistar maior público para ver e ouvir as mensagens publicitárias.[4]

Em 1967, catorze anos depois de ter aprendido o ensinamento capital, Boni, aos 32 anos, era doutor e pós-doutor em matéria do que funcionava e do que não funcionava numa tela em preto e branco. Era um leão — e um trintão bem chique. Adepto das madeixas ao estilo Walter Clark, ele se diferenciava do amigo por não usar barbicha. De rosto lisinho, lustroso, trajava camisas desabotoadas, juvenis, praieiras. Com o tempo, tomaria gosto por vinhos caros e outras alegrias de milionário, como os barcos de luxo e férias compridas. Enquanto reinou na Rede Globo, o seu palácio de praia, em Angra, com garagem para as lanchas, fez as vezes de centro do poder no Brasil. Não tinha mais de se preocupar com o próprio sustento e só pensava na Globo, como ele mesmo admite: "Com meus problemas financeiros equacionados, mergulhei fundo nos problemas da Globo".[5]

Esse mergulho, ele sempre soube, era um casamento vocacionado a durar. Além de publicitário, Boni se saía bem como cenógrafo, letrista e diretor de cena. Formou com Walter Clark uma dupla imbatível, como um cérebro unificado. Não eram jornalistas. Não eram dramaturgos. Não eram gente de teatro. Não tinham feito carreira no rádio. Eram publicitários inquietos e alegres — e era de publicitários assim que Roberto Marinho precisava.

Boni se animou, em particular, com a oportunidade de finalmente criar uma rede nacional de televisão digna desse nome, e foi se preparando para a ocasião. A chance só se abriu de verdade em 1969, quando a Embratel (a Empresa Brasileira de Telecomunicações, criada pela ditadura militar para prover a infraestrutura das telecomunicações no país) lançou o seu sistema de micro-ondas, que cobria áreas extensas do território nacional. Aí, tudo aconteceu de uma vez.

Em setembro de 1969, estreou o *Jornal Nacional*, o primeiro programa da televisão brasileira a ser transmitido regularmente, ao vivo, para o país inteiro. Antes disso, as novelas eram exibidas em várias praças, mas os capítulos iam ao ar em dias diferentes — a fita de vídeo viajava de avião de uma cidade para outra. Com o *Jornal Nacional*, ao vivo, em rede nacional, para todos os lares com televisão no Brasil, a operação mudou efetivamente de escala.

Outra inovação tremenda da dupla foi a uniformização da grade de programação no horário nobre, com os horários fixos nos dias da semana. Com essa manobra — um verdadeiro ovo de Colombo —, a partir do finalzinho da tarde, começo da noite, passaram a ser exibidas, em sequência, três novelas, com um toque mágico: entre a segunda e a terceira, entrava em cena o tonitruante *Jornal Nacional*. O truque foi "ensanduichar" o noticiário entre duas telenovelas. Acertaram na mosca.

Esse alinhamento do horário em faixas fixas para todos os dias da semana — também chamado de "grade horizontal" — trouxe duas vantagens decisivas: a primeira foi criar o hábito no telespectador, adestrando-o com horários precisos e regulares; a segunda, acertar o cronômetro das programações locais que podiam entrar com os seus comerciais nos intervalos exatos liberados pelos intervalos abertos pela programação nacional. A "grade horizontal" pôs ordem na casa — e nas casas das emissoras afiliadas. O crescimento não parou mais. Na mesma época, Boni conseguiu o o.k. de Walter Clark para investir numa dramaturgia mais realista que retratasse com maior fidelidade o cotidiano do telespectador e começou a contratar autores brilhantes, como Daniel Filho, Dias Gomes e Janete Clair.[6]

Boni saiu da Globo quase vinte anos depois de Walter Clark, em 1998. O casamento de 31 anos acabava, enquanto o poder dos filhos do patrão crescia. Boni captava sinais de desprestígio no ambiente. Estava pelas tampas. Ainda prestou serviços à família Marinho como consultor e criou uma rede regional de televisão para tomar conta, a Rede Vanguarda, com sede em São José dos Campos, no interior de São Paulo. Afiliada da Rede Globo, a Vanguarda virou um celeiro de talentos jovens e se tornou, rapidamente, uma vitrine de qualidade admirada dentro e fora do Brasil.

27. A cumplicidade dos quartéis

Não exageram os que dizem que a dupla Boni & Clark fez a Globo. Mas isso é metade da verdade. A outra é um pouco menos vistosa: dando suporte a essa dupla, Roberto Marinho agiu com a elegância de um maestro que não gosta de aparecer, não é dado a gestos espalhafatosos e não quer roubar a cena de seus regidos. Ele deu autonomia aos seus dois publicitários, mas não perdeu o controle em momento nenhum. Não ligava para a rotina, para a gerência cotidiana, mas as linhas gerais, os rumos de longo prazo, as decisões políticas mais complexas, isso era com ele. No começo da televisão, passava mais tempo na redação de O *Globo* e só visitava a TV duas vezes por semana. Lá, costumava conversar mais com o diretor comercial, Joseph Wallach.[1] Cuidava de perto das relações com o governo, mas não padecia da vaidade menor de necessitar que dissessem que as boas ideias da televisão eram dele.

Sábio em conferir autonomia artística à sua dupla de publicitários, o dono da Globo viu de perto a decolagem de seu império televisivo. Ao mesmo tempo, estava antenado no poder — sabia que precisava do apoio da ditadura e, especialmente, do acesso à infraestrutura tecnológica fornecida pela Embratel.

Nada havia de casual nessa interdependência entre a empresa privada e a malha de infraestrutura fornecida pelo Estado. Bem ao contrário, tratava-se de uma conexão necessária, indispensável. A Globo só poderia crescer se pegasse carona nas modernizações tecnológicas promovidas pela Embratel. Roberto Marinho não ignorava os limites nem as oportunidades. Era lógico para ele, óbvio, que quebraria a cara se pleiteasse um uso privilegiado das instalações da Embratel. A infraestrutura deveria abastecer todas as redes, inclusive a concorrência. Mas era igualmente lógico e óbvio que, se os militares se convencessem de que ele e sua televisão eram o que havia de melhor na praça, conquistaria uma posição privilegiada em relação aos demais. O negócio dele passava por usar a Embratel, sem a menor dúvida, mas, antes disso, passava por mostrar que ninguém no mercado poderia oferecer tantos préstimos ao regime. Para alcançar esse lugar, ele precisaria de sucesso de público, excelência artística e um bom relacionamento com Brasília. Se Brasília gostasse dele, a Globo voaria alto.

O Estado era o terceiro ponto de apoio em seu tripé estratégico. O primeiro foi a aliança com o conglomerado americano Time-Life, que conhecia a fundo o negócio da televisão. O segundo ponto de apoio veio com o auxílio mais do que luxuoso de publicitários joviais e antenados: a dupla Boni & Clark, que assumiu o timão da Globo para transformá-la em transatlântico. O terceiro foi o Estado brasileiro. Para trazer para dentro da Globo os préstimos estatais, cabia ao seu proprietário tornar-se amigo dos chefes da República — arte na qual já era catedrático. Seu truque foi oferecer aos militares de alta patente aquilo que o regime ansiava por arranjar, fosse do jeito que fosse.

A ditadura dependia da televisão porque precisava dos olhos dos brasileiros a seu favor. Precisava promover a gente brasileira ao posto de plateia continental. Se não unificasse o público em massa compacta, em apoio ao governo, a longevidade da ditadura teria sido abreviada. Num país dividido, com os humores da opinião pública regionalizados, fragmentados em universos separados uns dos outros, seria impossível dar coesão à sociedade e, sem a coesão social, a autoridade do Estado não se firmaria, não teria como centralizar o comando do país.

Para a ditadura, que ainda estava em formação nos anos 1960, a comunicação com o povo passava por criar uma identidade nacional unificada, que valesse tanto para os gaúchos como para os manauaras. Índios, caboclos, pobres, ricos, mulatos, umbandistas, carolas, crianças, idosos, caipiras, playboys urbanos — todos deveriam se sentir pertencentes a um todo uno e indivisível.

Se ficassem só na base da leitura de ordens do dia para tropas perfiladas aos pés de bandeiras hasteadas, os militares no poder não teriam ido longe. Não lhes bastavam telegramas. A circulação dos jornais, irrisória, não preenchia os requisitos de uma tarefa continental tão ambiciosa. O rádio era um bom veículo, mas era velho, não deslumbrava ninguém. Para dotar o país de um imaginário denso e único, os militares dependiam — e sabiam que dependiam — de uma indústria de entretenimento pujante, luminescente, barulhenta, animada, fogueteira, malemolente, inzoneira, sensual — e patriótica. Sabiam que textos impressos em papel e discursos lidos no programa radiofônico A *Voz do Brasil* não dariam conta do recado. A identidade que eles precisavam forjar só poderia ser estabelecida com imagens ágeis, nervosas, chamativas. Logo, eles precisavam da televisão. A ditadura dependia da existência de uma televisão forte, bonita e ubíqua. Dependia desesperadamente.

Roberto Marinho se deu conta disso antes dos concorrentes. Foi por aí que ele começou a escalar a montanha. Viu, por antecipação, que somente a TV reunia os requisitos para alcançar a totalidade do território com imagens inebriantes, dadivosas e, ao mesmo tempo, disciplinadoras. A missão era alegrar o povo, sem dúvida. Mas, além de animá-lo, a missão passava por infundir motivação em toda a gente, deixando claro que quem mandava no país era a caserna. A televisão teria o dom de fisgar o coração dos ricos letrados e dos miseráveis analfabetos, dando a todos um lugar no altar da nacionalidade.

O regime, de sua parte, não cochilou e correu para aprontar a Embratel. Espetou antenas parabólicas pelo país afora. Atento às movimentações favoráveis da infraestrutura, Roberto Marinho também não perdeu tempo. Deu logo um jeito de se apresentar como o cara certo. Sua TV Globo foi ficando cada vez mais competente. A cada dia, mais e mais cabeças talentosas se instalavam sob o seu teto: o público aumentava, os "campeões de audiência" se sucediam, o "padrão Globo de qualidade" virava sinônimo de excelência e perfeição.

Bingo. O pessoal fardado que mandava no Brasil se encantou e os canais se abriam ainda mais. Roberto Marinho já sabia o que queria. Não precisava de novas concessões de canais. Já dispunha daquelas que desejava. Sempre disse — e com razão — que nunca obteve outorgas de novas frequências dos militares. Havia algo, porém, que ele precisava conseguir dos governantes: cumplicidade. Precisava que o regime não atrapalhasse seus planos de expansão e que não erguesse limitações à concentração de mercado que a Globo já vinha acumulando.

Nisso, os quartéis não o atrapalharam: nunca patrocinaram nenhuma legislação antitruste no setor de televisão e rádio, nunca barraram a propriedade cruzada de meios de comunicação. Roberto Marinho podia ser o dono, numa praça tão crucial como a do Rio de Janeiro, do maior jornal impresso, do maior grupo de rádios e do maior canal de televisão aberta, sem que a ditadura o amolasse por concentração horizontal ou vertical de mercado. As fardas jamais combateram o monopólio virtual que a Globo forjaria no mercado de televisão aberta no Brasil ao final do regime. Roberto Marinho conquistara tudo o que sonhara. O resto viria como consequência.

28. Identidades oportunas

Nos anos 1970, a Doutrina de Segurança Nacional ganhou corpo. Em 1976, o Plano Nacional de Cultura oficializou o vínculo direto entre a política cultural, que já estava em marcha, as cartilhas da Segurança Nacional e o mantra do desenvolvimento.[1] A cúpula do regime viu na Globo a rede mais capacitada para prover a integração patriótica de que a ditadura tanto precisava. Ali estava a parceira ideal para ajudar a concluir o modelo de poder autoritário no Brasil.

    O dono da Globo já tinha entendido tudo. O caminho estava livre para que a sua rede assumisse a liderança do mercado da comunicação social no momento certo: o período em que a televisão decolou. Em 1964, havia 1,8 milhão de aparelhos receptores. Em 1987, seriam 31 milhões e, destes, 12,5 milhões já eram em cores.[2] Nessas duas décadas, a Globo firmou o seu império definitivo e entregou a mercadoria mais valiosa: a integração nacional, nada menos do que isso, a uma ditadura dependente de altos índices de popularidade.

Na Copa do Mundo de 1970, quando a tortura grassava e as tropas da repressão política assassinavam gente indefesa e sumiam com os corpos, a televisão ajudou o ditador de turno, Emilio Garrastazu Médici, a ficar bem no vídeo enquanto o escrete canarinho conquistava a taça Jules Rimet, no México. Brasil tricampeão, Brasil unido, graças à Embratel, à televisão comercial e, principalmente, à promissora Globo.

Isso significa que Roberto Marinho fez política? Em termos, sim. Era um político de rara habilidade. Significa que ele militou em prol da tirania? Na prática, sim. Mas, dada a natureza de seu negócio, a política não era sua finalidade. O que ele queria, mesmo, era alavancar seus empreendimentos para, através deles, fortalecer sua influência, que não se resumia à esfera política. No caso dele, a política era um dos atalhos necessários. Por meio dela, e de outros instrumentos, levantou seus interesses comerciais e seu poder a níveis cada vez mais estratosféricos.

Sua astúcia consistiu em ter consciência de seus limites pessoais, virtude rara em empresários vaidosos. Ele sabia bem do que não sabia bem. Sabia que não sabia tudo. Mas sua astúcia não se resumiu a isso. Além dessa taxa de humildade estrutural, ele também foi astuto em saber encontrar quem sabia o que ele não sabia — e em saber como recompensá-los. Nesse ponto, sobressaiu-se outra de suas finas habilidades: a percepção do que queriam aqueles que ele queria cooptar.

Ele sabia que não dispunha do know-how necessário para criar um canal de TV e se aliou aos americanos da Time-Life. Em troca, ofereceu-lhes participação nos resultados. O pacto só não se efetivou porque, bombardeada na Câmara dos Deputados, a aliança malogrou pelo desinteresse dos americanos. Da mesma forma, o dr. Roberto sabia que não dominava as táticas modernas da publicidade que fariam tilintar o caixa das estações de TV. Para suprir sua lacuna, contratou os melhores profissionais da praça, aos quais ofereceu rendimentos em patamares siderais.

Essa mesma sensibilidade levou o dono da Globo a constatar rapidamente que não tinha nem capital nem competência para sair plantando antenas parabólicas em pesadas estruturas de aço pelo Brasil afora. Dependeria da infraestrutura do governo para montar uma rede de alcance nacional. Mais ainda, precisaria do apoio do governo para assumir a liderança do mercado de TV. Para transformar o governo em seu aliado, ofereceu a eles a habilidade de integrar, pela tela da Globo, os corações e as mentes dos brasileiros. A necessidade do Palácio do Planalto militarizado era construir um repertório imagético de patriotismo ufanista ao qual cada brasileiro se sentisse pertencente — e essa mercadoria, precisamente essa, teria seu melhor fornecedor em Roberto Marinho. Essa foi sua moeda para selar a aliança com a ditadura.

Ele conseguiu conter a egolatria. Não tinha a pretensão de saber mais que seus subordinados ou seus aliados. Em vez disso, prestigiava-os de todas as maneiras. Afagava-lhes suas vaidades volúveis. Remunerava-os muito bem. Apenas deixava claro, claríssimo, para dentro e para fora, quem é que mandava na Globo. Nisso, seguia o exemplo do regime militar, que alegrava o povo com o circo luminoso e, depois, multicolorido da televisão, mas também deixava claro quem é que dava as ordens.

Outra semelhança entre o estilo de Roberto Marinho e o estilo dos militares é que nenhum dos dois lidava bem com defecções. Quanto ao jornalista, é verdade que foi traído algumas vezes, mas nunca deixou barato: os que faltaram com ele pagaram. Walter Clark que o diga. Carlos Lacerda que o diga. Roberto só descartava a vingança quando seu traidor já estivesse na lona, fora de combate, derrotado pela própria vida. Nesses casos, vingava-se ao esnobar a própria vingança.

29. "Permanente apoio ao governo"

Em meio a tantas identidades, a Globo não precisou de tempo para se tornar a rede preferencial da ditadura — esbanjava competência, talento, agilidade, escala. Era uma opção bem melhor que a concorrência. Além disso, tinha uma solicitude única. As manifestações de apreço dos militares pela figura do empresário Roberto Marinho foram muitas, e delas ficaram registros nas comunicações internas da ditadura, mesmo quando surgiam divergências entre as partes aliadas.

Alguns desses episódios aparecem em detalhes num levantamento inédito realizado por José Elias Romão em sua tese de doutorado na Universidade de Brasília (UnB). Romão compilou memorandos e despachos até então não divulgados, que traçam uma radiografia hiper-realista da cumplicidade entre a Globo e o regime. Um desses documentos traz à cena o ex-ministro das Comunicações Euclides Quandt de Oliveira, no ano de 1978.

Naqueles dias, o apetite expansionista de Roberto Marinho começava a incomodar até mesmo a cúpula do regime, que dependera exatamente do crescimento da Globo para fazer chegar suas mensagens aos rincões mais remotos do país. De um lado, o dono da Globo apresentava pleitos aos quais julgava ter direito como contrapartida do serviço de comunicação social que realizava em prol do poder. De outro, Quandt reconhecia os êxitos da Globo, assim como reconhecia que eles favoreciam as ambições do regime, mas queria evitar a consolidação de um oligopólio e impunha resistência.

No despacho de 14 de março de 1978 (os despachos costumavam ser mensais), dirigido ao presidente da República, Euclides Quandt de Oliveira faz ponderações:

> Reconheço que o Sr. Roberto Marinho tem dado permanente apoio ao Governo. No entanto, creio que não se deve permitir a ampliação de sua rede devido ao perigo de vê-la atingir mais de 80% de índice nacional de audiência, o que representa virtual controle da opinião pública.[1]

Três meses mais tarde, em julho de 1978, a tensão com o ministro se agrava. No despacho do dia 4 de julho, Quandt informa ao presidente que

> um emissário do Senhor ROBERTO MARINHO procurou o Chefe de Gabinete do MINISTÉRIO DAS COMUNICAÇÕES, muito agitado, que o Senhor Roberto Marinho estava muito desgostoso e que iria "exigir do Governo que definisse se o considerava amigo ou não".[2]

Pouco mais de uma semana depois, no dia 13 de julho, Roberto Marinho e mais "dois auxiliares" reúnem-se com o ministro Golbery do Couto e Silva, chefe da Casa Civil, em seu gabinete, e com os ministros Armando Falcão, da Justiça, e Euclides Quandt de Oliveira. É o próprio Quandt quem, no dia 18, num novo despacho com o presidente, observa:

> O Senhor ROBERTO MARINHO, em longa exposição, mencionou todas as atividades que realizara [...]. Mencionou, também, o constante apoio que vem dando ao Governo. Declarou, finalmente, que não tem tido apoio do MINISTÉRIO DAS COMUNICAÇÕES, que, ao contrário, tem procurado cercear o crescimento da REDE GLOBO, em especial em televisão.[3]

Romão conseguiu ainda coletar outro despacho, este de 18 de julho de 1978, em que o ministro Quandt de Oliveira reproduz criteriosamente os argumentos apresentados por Roberto Marinho para refutar os fundamentos do Ministério das Comunicações contrários à expansão sem limites da Rede Globo. Quandt registra que Roberto Marinho teria dito que "o comportamento da Rede Globo fá-la merecedora de atenção e favores especiais do Governo".[4]

Quandt tinha toda a razão. Embora a Globo fosse aliada de primeira hora do golpe de 1964, não era apenas isso que fazia dela tão "merecedora" assim. Não fora a única a apoiar os militares. Praticamente todas as empresas de comunicação se amarraram ao cordão que sustentou a quartelada e incensaram com volúpia a derrubada do presidente João Goulart. Nesse quesito, portanto, Roberto Marinho não passava de mais um em meio a uma porção. O que o distinguia de seus pares não era o apoio ao governo, mas o modo como ele, e só ele, capitalizou o seu apoio ao golpe militar de 1964 e ganhou com isso.

30. Cinquenta anos depois

Outro traço que distinguiu o dono da Globo de seus pares foi que ele seguiu com a ditadura até o final. Os demais, por indignação, oportunismo ou fraqueza, não importa, iam pouco a pouco abandonando o barco. O jornal *O Estado de S. Paulo*, por exemplo, saiu batendo a porta. Desembarcou do regime em 1968, com o editorial histórico "Instituições em frangalhos", escrito pessoalmente por Júlio de Mesquita Filho para a edição de 13 de dezembro daquele ano. O *Estadão* pagou um alto preço por aquele editorial. A ditadura apreendeu as edições daquele dia dos dois jornais da família Mesquita — *O Estado de S. Paulo* e *Jornal da Tarde*. De quebra, aproveitou para instalar a censura oficial dentro do prédio do clã.

Na mesma data do editorial "Instituições em frangalhos", 13 de dezembro de 1968, em cadeia nacional de rádio e televisão, foi promulgado o Ato Institucional número 5, o AI-5, que aprofundou o caráter autoritário do governo militar. O AI-5 autorizou a cassação de mandatos de parlamentares de oposição, suspendeu direitos políticos (inclusive o de votar e ser votado em eleições sindicais) e impôs intervenção em estados e municípios. Foi o golpe dentro do golpe: dava ao presidente da República poderes para decretar o recesso do Congresso Nacional, de Assembleias Legislativas e de Câmaras de Vereadores, além de proibir a concessão de habeas corpus e de várias garantias individuais de direitos fundamentais, como a liberdade de expressão. Os crimes políticos passaram a ser julgados por tribunais militares, que não davam direito a recursos.

O tempo fechava para a imprensa e para o país inteiro. Nuvens carregadas tomavam conta do céu da capital federal, como ironizava, numa nota supostamente meteorológica na primeira página, o *Jornal do Brasil*, na edição do dia seguinte à decretação do AI-5, 14 de dezembro: "Tempo negro. Temperatura sufocante. O ar está irrespirável. O país está sendo varrido por fortes ventos". O jornalista Alberto Dines, editor-chefe do *JB*, responsável pela publicação da nota provocativa, também pagou caro. Ainda naquele mês de dezembro, horas depois de discursar como paraninfo na formatura de uma turma de jornalismo da PUC do Rio de Janeiro, seria preso. Mais adiante, já na década de 1970, teve de se afastar do Brasil.

O AI-5 durou quase dez anos — só foi extinto no dia 13 de outubro de 1978. Durante a sua vigência, a repressão se intensificou e adotou métodos criminosos, engendrando um submundo de atrocidades dentro do próprio regime autoritário. Mais tarde, estimou-se que, durante todo o período ditatorial (especialmente durante a vigência do AI-5), cerca de 20 mil pessoas sofreram alguma forma de tortura infligida por agentes do regime. A contagem oficial das vítimas só seria consolidada em 2014, com Relatório da Comissão Nacional da Verdade:[1] 224 pessoas foram comprovadamente assassinadas pelas forças de repressão e outras 210 ainda eram consideradas "desaparecidas". O relatório indicou que o número poderia ser maior, mas faltavam provas conclusivas sobre outros casos.[2]

Foi aí que Roberto Marinho marcou sua diferença em relação aos concorrentes. Nos tempos mais duros, enquanto outros órgãos de imprensa se afastaram da submissão à tirania, O Globo e a Globo se mantiveram leais e solícitos. A fidelidade se estendeu até depois do fim do regime. As emissoras e as publicações subordinadas ao dr. Roberto se referiam ao golpe militar pelo título heroico de "Revolução", com maiúscula. Em 1984, ano que marcou os vinte anos do golpe, ele assinou um editorial na capa de O Globo, em 23 de setembro, em que, sob o título de "Julgamento da Revolução",[3] reafirmava a adesão voluntariosa.

> Participamos da Revolução de 1964 identificados com os anseios nacionais de preservação das instituições democráticas, ameaçadas pela radicalização ideológica, greves, desordem social e corrupção generalizada. Quando a nossa redação foi invadida por tropas antirrevolucionárias, mantivemo-nos firmes em nossa posição. Prosseguimos apoiando o movimento vitorioso desde os primeiros momentos de correção de rumos até o atual processo de abertura que deverá consolidar-se com a posse do futuro presidente. [Roberto Marinho se refere aqui à reunião do Colégio Eleitoral, que ocorreria em 15 de janeiro do ano seguinte, 1985, elegendo, pela via indireta, a chapa Tancredo Neves-José Sarney.][4]

Até morrer, o jornalista e empresário manteria inalterado esse fervor devocional. A postura só seria corrigida dez anos depois de sua morte, em 2013, quando as Organizações Globo redigiram o recuo póstumo, qualificando como "erro" os aplausos do grupo aos tanques que atropelaram o estado de direito. O editorial "Apoio ao golpe militar foi um erro", publicado em

31 de agosto de 2013, ainda sob os tremores das gigantescas manifestações de junho daquele ano, oficializou o mea-culpa.

Não se pode menosprezar o contexto em que o editorial revisionista veio à luz. As multidões estavam nas ruas desde junho de 2013, primeiro para protestar contra o aumento das passagens do transporte público nas capitais, depois para expressar seu repúdio contra tudo e contra todos na política. O ápice tinha sido o dia 20 de junho. No Rio de Janeiro e em São Paulo, as autoridades já tinham desistido do projeto de aumentar as passagens de ônibus, mas isso não bastou para arrefecer a revolta que tomava conta das ruas. As passeatas não paravam — e começaram a ser chamadas de "as jornadas de junho". Então, no dia 20 de junho, nada menos que 1,25 milhão de cidadãos abarrotaram logradouros públicos em 388 cidades (300 mil só na capital fluminense; outros 100 mil na capital paulista).[5]

No meio da convulsão, havia agressões contra repórteres e carros das emissoras de televisão. A Globo tinha virado um dos alvos da fúria dos manifestantes. "O povo não é bobo, abaixo a Rede Globo", gritavam em coro, palavras de ordem que reviviam o clima dos protestos de 1979 e 1980. Outro bordão de 2013 era: "A verdade é dura, a Globo apoiou a ditadura".

Foi nesse contexto que o editorial das Organizações Globo — "Apoio ao golpe militar foi um erro" — apresentou, finalmente, a sua autocrítica:

> Desde as manifestações de junho, um coro voltou às ruas: "A verdade é dura, a Globo apoiou a ditadura". De fato, trata-se de uma verdade, e, também de fato, de uma verdade dura. Já há muitos anos, em discussões internas, as Organizações Globo reconhecem que, à luz da História, esse apoio foi um erro.[6]

O reconhecimento do "erro" veio com atraso de 49 anos e cinco meses do atentado militar contra a democracia, desfechado em fins de março de 1964. Durante toda a vigência da ditadura, e mesmo depois dela, as empresas de Roberto Marinho chegaram até o ano de 2013 sem nunca questionar a ordem militar que governou ilegitimamente o Brasil entre 1964 e 1985.

31. A transição inóspita

À medida que a ditadura caducava, a Globo virava alvo em protestos de rua. Com os militares apeados do poder, a partir de 1985, a pressão aumentou. Era natural, inevitável que assim fosse. Era também necessário. Roberto Marinho, que detestava ser chamado a prestar contas a presidentes da República, teve de se resignar a dar satisfações à sociedade. Essa adaptação foi lenta. Sofrida. Do mesmo modo que demorou para se retratar pelo apoio à ditadura, a Globo, enquanto seu dono viveu, primou pela morosidade em dar explicações em inúmeras outras frentes. Tivesse mais celeridade nesse campo, a rede de emissoras de Roberto Marinho não teria se desgastado tanto.

Um evento que marcou a transição arrastada entre a etiqueta que serviu à ditadura e a etiqueta democrática foi o lançamento do documentário inglês *Muito além do Cidadão Kane*,[1] de 1993. Oito anos já haviam decorrido desde o encerramento oficial do jugo militar. Mesmo assim, muitas explicações ainda eram devidas pelo império de Roberto Marinho.

Por isso, *Muito além do Cidadão Kane* serviu de marco para o balanço que a Globo teimava em não fazer, como se resistisse em abraçar de vez os hábitos da democracia, como se não abrisse mão, de modo algum, da blindagem que dera a si mesma durante o regime autoritário.

O tom da narrativa, mais do que adverso, era beligerante: intimava a Globo a prestar contas. De uma hora para outra, a emissora se via acusada de manipular sem escrúpulos a opinião pública brasileira. Talvez por esse atrevimento, por essa atitude inquisitória que ninguém no Brasil conseguia ou ousava adotar, o documentário inglês virou mania nacional entre as plateias de esquerda — que eram gigantescas. Uma série de exibições foi marcada no Museu da Imagem e do Som, o MIS, em São Paulo, que arranjara em Londres uma cópia pirata. Imediatamente, porém, a programação foi cancelada sem maiores esclarecimentos. Houve apenas uma sessão. Surgiram boatos de que o governo de São Paulo, responsável pelo MIS, queria agradar a Roberto Marinho. Na contramão, outras cópias piratas logo pipocaram, lotando sessões em universidades e sindicatos.

A cinerreportagem de Simon Hartog tocava em temas considerados tabus na cúpula da Globo. As suspeitas de compadrio entre a rede de Roberto Marinho e os militares e políticos da direita conservadora eram um assunto proibido. A Globo optava por não se manifestar a respeito e, nisso, agiu contra si mesma. O silêncio constrangido, e constrangedor, só fez turbinar o sucesso de *Muito além do Cidadão Kane*. A Globo, sem expediente de prestar contas, sem traquejo, sem savoir-faire de transparência pública, dava a impressão de ter culpa no cartório da história.

As acusações mais complicadas trazidas pelo documentário eram três. A primeira, o caso da Proconsult, que aconteceu ao final das eleições para o governo do estado do Rio de Janeiro, em 1992. O candidato vitorioso, Leonel Brizola, do PDT, apontou o dedo contra a Globo, lançando-lhe uma denúncia demolidora. Segundo Brizola, as Organizações Globo teriam tentado sabotar sua vitória por meio de uma fraude em conluio com a empresa Proconsult & Racimec Associados, contratada oficialmente pelo Tribunal Regional Eleitoral (TRE) para a totalização dos votos (não havia urnas eletrônicas em 1982). Brizola deitou e rolou. Do outro lado, as respostas que vinham da emissora eram evasivas, inconsistentes ou apenas inexistentes.

Para fortalecer o lado dos acusadores, tinha havido, de fato, uma discrepância grosseira entre os números que a Globo fornecia das apurações, números que seguiam os boletins do TRE e da Proconsult, e os resultados parciais divulgados por outros veículos. Essa discrepância, desastrosa em todos os sentidos, seria decorrente de uma diferença de metodologias, mas, como ninguém falava coisa com coisa, o efeito disso foi um pequeno constrangimento para as empresas de Roberto Marinho. Ficou no ar, enfim, que havia algo de podre na Vênus Platinada.

No final, nenhuma tentativa real de adulterar as cédulas ficou provada. Provou-se, isto sim, que a Proconsult cometeu erros de planejamento e organização nas totalizações, mas não se provou nada que pudesse indicar a intenção de golpear a vontade dos eleitores. Em julgamento no TRE, encerrado no dia 5 de dezembro de 1982, a Proconsult foi autorizada a continuar prestando serviços ao TRE. Tudo certo. Mesmo assim, a bagunça na proclamação de resultados parciais fez com que a Globo vestisse — à revelia — o papel de assecla dos interesses reacionários abrigados na ditadura para impedir a vitória de um candidato de oposição ao regime. O desgaste foi retumbante, e, para piorar, a Globo fugia do debate.

Somente em 2004, mais de dez anos depois do documentário, 22 anos depois do pleito de 1982 e um ano depois da morte de Roberto Marinho, o projeto Memória Globo publicou um relato oficial, objetivo e claro, sobre o que se passou. Armando Nogueira, então diretor da Central Globo de Jornalismo, admitiu um "erro estratégico da própria Rede Globo" ao haver se fiado estritamente na Proconsult. Isso consta no livro *Jornal Nacional: a notícia faz história*, que, tardiamente, reconstitui a sequência dos fatos para demonstrar que não teria havido intenção de fraude também por parte da Globo.[2] Mas como, nos anos 1990, o esclarecimento faltou ao encontro, *Muito além do Cidadão Kane* fez sucesso redobrado e estrago ainda maior.

A rixa entre a Globo e o governador Leonel Brizola, eleito e empossado, prosseguiria. No dia 15 de março de 1994, o governador do Rio de Janeiro conseguiu um tento histórico: obrigar o locutor do *Jornal Nacional*, Cid Moreira, a ler, no ar, uma nota assinada por ele, Brizola, achincalhando a Rede Globo e Roberto Marinho. O opositor conseguira na justiça o direito de resposta para contestar uma reportagem que julgou ofensiva. O Poder Judiciário concordou com ele, e a Globo não encontrou outro caminho que não fosse abaixar a cabeça e veicular o texto de Brizola contra ela mesma. Foram três minutos e vinte segundos de humilhação para o *Jornal Nacional*.

Disciplinadamente, Cid Moreira, com cara de nada, leu o que lhe cabia ler:

> Em cumprimento à sentença do juiz de Direito da 18ª Vara Criminal da Cidade do Rio de Janeiro, em ação de direito de resposta, movida contra a TV Globo, passamos a transmitir a nota de resposta do senhor Leonel de Moura Brizola:
>
> Todos sabem que eu, Leonel Brizola, só posso ocupar espaço na Globo quando amparado pela Justiça. Aqui citam meu nome para ser intrigado, desmerecido e achincalhado perante o povo brasileiro. Quinta-feira, neste mesmo *Jornal*

Nacional, a pretexto de citar editorial de *O Globo*, fui acusado na minha honra e, pior, apontado como alguém de mente senil. Ora, tenho setenta anos, dezesseis a menos que meu difamador Roberto Marinho, que tem 86 anos. Se é esse o conceito que tem sobre os homens de cabelos brancos, que os use para si. Não reconheço à Globo autoridade em matéria de liberdade de imprensa, e basta para isso olhar a sua longa e cordial convivência com os regimes autoritários e com a ditadura de vinte anos, que dominou o nosso país.

Todos sabem que critico há muito tempo a TV Globo, seu poder imperial e suas manipulações. Mas a ira da Globo, que se manifestou na quinta-feira, não tem nenhuma relação com posições éticas ou de princípio. É apenas o temor de perder o negócio bilionário, que para ela representa a transmissão do Carnaval. Dinheiro, acima de tudo.

Em 83, quando construí a passarela, a Globo sabotou, boicotou, não quis transmitir e tentou inviabilizar de todas as formas o ponto alto do Carnaval carioca. Também aí não tem autoridade moral para questionar-me. E mais, reagi contra a Globo em defesa do estado do Rio de Janeiro que por duas vezes, contra a vontade da Globo, elegeu-me como seu representante maior.

E isso é que não perdoarão nunca. Até mesmo a pesquisa mostrada na quinta-feira revela como tudo na Globo é tendencioso e manipulado. Ninguém questiona o direito da Globo mostrar os problemas da cidade. Seria antes um dever para qualquer órgão de imprensa, dever que a Globo jamais cumpriu quando se encontravam no Palácio Guanabara governantes de sua predileção.

Quando ela diz que denuncia os maus administradores deveria dizer, sim, que ataca e tenta desmoralizar os homens públicos que não se vergam diante do seu poder.

Se eu tivesse as pretensões eleitoreiras, de que tentam

me acusar, não estaria aqui lutando contra um gigante como a Rede Globo.

Faço-o porque não cheguei aos setenta anos de idade para ser um acomodado. Quando me insulta por nossas relações de cooperação administrativa com o governo federal, a Globo remorde-se de inveja e rancor e só vê nisso bajulação e servilismo. É compreensível. Quem sempre viveu de concessões e favores do Poder Público não é capaz de ver nos outros senão os vícios que carrega em si mesmo.

Que o povo brasileiro faça o seu julgamento e na sua consciência lúcida e honrada separe os que são dignos e coerentes daqueles que sempre foram servis, gananciosos e interesseiros.

Assina Leonel Brizola.

A humilhação imposta à Globo pela raposa gaúcha que governava o Rio amplificou em tons dramáticos o desgaste gerado pelo documentário *Muito além do Cidadão Kane*. O filme inglês, entretanto, não se limitava a remexer na ferida do caso Proconsult, que acendera a fúria inclemente de Brizola. Trazia outras duas denúncias de alta octanagem.

A segunda acusação recuperava o modo infeliz pelo qual o *Jornal Nacional* escondera, em 1984, que o comício realizado em São Paulo, no dia 25 de janeiro daquele ano, uma quarta-feira, havia sido um ato público para exigir eleições diretas para presidente. Cerca de 300 mil pessoas tinham comparecido à manifestação daquele dia. A ditadura estabelecera um veto feroz contra a campanha por Diretas Já, que estava nascendo. Nenhuma emissora de TV se atreveu a contrariar o veto ditatorial. A imprensa, no geral, também não quis comprar a briga. A única exceção, entre os diários de projeção nacional, foi o jornal *Folha de S.Paulo*, que apoiou declaradamente os comícios e deu a todos eles uma cobertura extensa. A Globo preferiu não se arriscar em demasia. Tratava a campanha com frieza protocolar, embora não deixasse de fazer registros. No dia 25 de janeiro de 1984, mencionou a reivindicação por Diretas Já, mas, exageradamente fleumática, informou mal o seu telespectador.

Na escalada (nome técnico para se referir à abertura de um telejornal, em que o apresentador lê as chamadas do dia) do *Jornal Nacional* daquela noite, o âncora Marcos Hummel leu a chamada sobre o comício da praça da Sé numa entonação ufanista: "Festa em São Paulo. A cidade comemora seus 430 anos em mais de quinhentas solenidades. A maior foi um comício na praça da Sé". E as Diretas Já? Por que o *Jornal Nacional* não falou que a manifestação de rua era parte da campanha nacional por eleições diretas? O documentário *Muito além do Cidadão Kane* explorava essa falha jornalística de modo sarcástico e cruel. O que aumentava sua força de convencimento era que, de novo, a Globo não se posicionava. Também nesse assunto, aliás, as explicações vieram a público tardiamente, quando a Globo admitiu que a chamada dava margem a dúvidas, mas com uma ressalva:

> Se a chamada da matéria parecia não levar em consideração a dimensão política do comício [aqui está a admissão de possível erro], em seguida, a reportagem de Ernesto Paglia relatou com todas as letras o seu objetivo: pedir eleições diretas para presidente da República [aqui, a ressalva].[3]

Como mostrou o vídeo divulgado pela própria Globo — tardiamente —, Ernesto Paglia falou de fato, ao fim da reportagem, que "milhares de pessoas pediam eleições diretas para presidente" na praça da Sé. Mas ele fez isso meio de passagem. Logo depois dessa frase, o repórter enfatizou um suposto caráter festivo e musical do ato, deixando no telespectador a sensação de que a cantoria apenas comemorava o aniversário da capital paulista, em linha com o que Marcos Hummel anunciara na escalada. O passo infeliz do *Jornal Nacional* induziu o telespectador a um erro de interpretação. Também por isso, em 1993, o documentário inglês chegou ao Brasil arrasando.

A terceira acusação comprometedora de *Muito além do Cidadão Kane* foi a famigerada edição do debate final entre Fernando Collor e Luiz Inácio Lula da Silva, às vésperas do segundo turno das eleições presidenciais de 1989. Vale a pena relembrarmos.

O debate entre os dois candidatos foi ao ar, ao vivo, na noite de 14 de dezembro de 1989, uma quinta-feira, nos estúdios da Bandeirantes (as quatro redes de TV — Manchete, SBT, Bandeirantes e Globo — compartilhavam as mesmas imagens, em regime de pool, cada uma com seus representantes na bancada). Durante aquela noite, Collor e Lula usaram a palavra por cerca de setenta minutos cada um, de forma bem equilibrada.

Até aí, tudo normal. A encrenca só aconteceu no dia seguinte, sexta-feira, quando a Rede Globo exibiu dois compactos do debate. No primeiro, veiculado no *Jornal Hoje*, no início da tarde, com um total de seis minutos, Fernando Collor teve 22 segundos a mais do que Lula. Embora Collor tivesse tido mais tempo nessa edição, não houve tanta revolta entre os eleitores. Uma franja de 22 segundos a mais ou a menos, num total de seis minutos, não parecia uma diferença tão aviltante, embora incomodasse.

Quem não se conformou de jeito nenhum com a edição exibida no *Jornal Hoje* foi a direção da Rede Globo. Aí, o problema começou a piorar. Roberto Marinho achou que a edição vespertina não refletia a superioridade que Collor demonstrara durante o debate da véspera. Mandou que refizessem a edição, para que um novo compacto fosse exibido no *Jornal Nacional*, à noite. O objetivo era passar com total clareza ao telespectador a ideia de que Collor ganhara o debate, sem margem para quaisquer dúvidas. Na segunda edição, Lula ficou com dois minutos e 22 segundos, enquanto Collor teve três minutos e 34 segundos, isto é, Collor teve 50% a mais de tempo do que Lula. Claro, aí sim, Collor apareceu como o vencedor inconteste,[4] mas o eleitorado de Lula se enfureceu.

Dois dias depois, no domingo, 17 de dezembro, os brasileiros foram às urnas para o segundo turno. Fernando Collor teve 35 milhões de votos contra 31 milhões de Lula. A grita contra a Globo virou assunto nacional. Embora os próprios petistas admitissem o fato de Lula não ter se saído bem no duelo do dia 14, ninguém que não fosse um fanático por Fernando Collor via qualquer justiça ou equilíbrio no compacto exibido no *Jornal Nacional*. Uma rede de TV, diziam os indignados, sendo concessionária do Estado, não poderia jamais editar conteúdos para influenciar a vontade dos eleitores. Não deixavam de ter razão.

Também sobre o debate de 1989, a resposta da Globo tardou. Somente 21 anos depois do lançamento de *Muito além do Cidadão Kane*, surgiu uma explicação satisfatória. Nessa resposta, de caráter institucional, admite-se que "a edição do debate provocou um inequívoco dano à imagem da TV Globo".[5]

Se a Globo tivesse ouvido os questionamentos e tentado dialogar, o dano de imagem causado pelo documentário do Channel 4 talvez não tivesse sido tão grande. Mas, na época, só o que ela oferecia era o silêncio. Por isso, ainda em 1993, a Vênus Platinada pagava um preço alto, em reputação, por sua docilidade em relação à ditadura militar. Por isso tudo, a transição para a democracia deixou feridas na Globo. Houve intercorrências.

Para machucar ainda mais o brio da então emudecida Rede Globo, o filme *Muito além do Cidadão Kane* trazia um requinte. De súbito, desavisadamente, o próprio dr. Roberto surgia na tela para uma declaração rápida e desastrosa. Ele discorria sobre como pôr uma emissora de TV no ar: "Faça como eu, tome um videocassete vulgar, um amplificador de sinal WCT10 e antena de TV canal 3. Ligue o videocassete no amplificador, e o amplificador na antena. Pronto, sua emissora já pode funcionar".

O que ele dizia, em sua aparição canhestra, não serviria para quem quisesse montar um canal pirata, mas para expor a figura do personagem ao escracho das plateias. Com um riso maroto, como quem conta uma anedota, Roberto Marinho aparentava displicência. Uma lástima.

Com o documentário, cujo título fazia alusão ao personagem Cidadão Kane, interpretado de forma genial por Orson Welles em sua obra-prima de 1941,[6] os produtores ingleses pretendiam mostrar que o dono da Globo era pior do que o vilão levado às telas por Welles.

Embora escancaradamente inspirado no magnata da imprensa americana William Randolph Hearst (1863-1951), Charles Foster Kane era um personagem fictício. Usava seus tentáculos monopolistas na mídia para alcançar objetivos privados, como disputar eleições em Nova York ou impulsionar a carreira de sua namorada, uma cantora lírica sem talento. No filme, Kane perde tanto as eleições quanto o amor da mulher. Morre na miséria afetiva. Roberto Marinho, independentemente de ter sido bom ou mau, não teve nada a ver com Kane — ou, se teve, teve pouco. Não se candidatou a nada, não sofreu o desprezo das mulheres, não morreu feito uma ilha. Apenas *caiu* no script dos documentaristas, que o ridicularizaram.

Em poucos anos, o documentário *Muito além do Cidadão Kane* envelheceu precocemente, enquanto o *Cidadão Kane* original manteve seu frescor. A produção do Channel 4 se reduziu a um "filme de época", com seus monólogos opinativos, seu pastiche moralizante, sua retórica datada. Passou. Roberto

Marinho se feriu, mas sobreviveu com sua galhardia proverbial. Mais uma vez, tomou pancada para prosseguir mais forte e mais liso: em vida, não deu sequer os esclarecimentos que lhe cobravam (os esclarecimentos foram póstumos). Na transição, aclimatou-se, pronto para lucrar com a ordem democrática. Aliás, em 1993, já estava lucrando bastante, tanto na economia como na política. Na vida particular, então, não poderia estar mais feliz.

PARTE 4:
OUTRA OPORTUNIDADE: A DEMOCRACIA

32. Sem "tempo perdido"

Na folgazã condição de septuagenário, Roberto Marinho ainda se divertia com práticas esportivas radicais, como saltos equestres e mergulhos em apneia. Em 1978, aos 73 anos, disputou em Brasília a prova "Cinco em Tríplices", com o cavalo Laborioso. O animal sobreviveu. O jornalista, também — mas por pouco.

O competidor já tinha atingido a altura de 1,70 metro, mas não se saíra bem com a barra a 1,90 metro. Resolveu insistir. Numa das tentativas, caiu e foi pisoteado pelo cavalo, o que lhe rendeu fraturas em oito costelas e uma perfuração no pulmão direito. Um ano depois, ganhou um prêmio na Sociedade Hípica Brasileira pela vitória na prova "Cinco Tríplices-General Mário Vital Guadalupe Montezuma", disputada no Centro Hípico do Exército. Na sequência, por imposição da família, anunciou a decisão de parar de saltar. Tinha 75 anos.

Dos passeios submarinos, demorou mais para se despedir. Aos oitenta, ainda ia fundo. Quem conta é o ex-presidente da República José Sarney, que o acompanhou em recreações à beira-mar:

> Nós estávamos em Fernando de Noronha. Eu vi Dr. Roberto, já com 80 e poucos anos, com pés de pato, e achei que ele estivesse se vestindo para passear de barco. Quando vejo, ele se senta na beira do barco e... opa! Eu não era acostumado com esse tipo de mergulho. Ele se sentou na beira do barco e se jogou. Eu gritei: "Dr. Roberto caiu dentro d'água!".[1]

O ancião com nadadeiras não se recusava a esbanjar dinheiro em passatempos de requinte. Além do vil metal, gostava de esbanjar saúde, da qual contava vantagem. Quando perguntado, creditava sua forma à opção por uma rotina regrada, sem excessos, sem cigarros, sem bebida (salvo para simular brindes, eventualmente). Em entrevista a correspondentes estrangeiros no Brasil, em janeiro de 1990, contou que ainda praticava caça submarina e fazia questão de frisar que mergulhava sem tubos de oxigênio. Além de vangloriar-se, explicou: "Decidi não fazer nada que pudesse prejudicar minha vida. Passei a não beber mais e a me exercitar muito. Não fumo, não passo noites sem dormir e tenho uma vida muito ativa".[2]

Octogenário, manteve-se lépido. Nessa fase, o esporte radical que mais o encantou foi namorar. Ele que sempre fora um namorador discreto, embora praticante, desinibiu-se. Em 1989, separou-se de sua segunda esposa, Ruth Albuquerque, com quem se casara em 1979. Nascida em janeiro de 1919, Ruth tinha sido casada com o tenente da Marinha Luís Fernando Burlamaqui, entre 1942 e 1950. Seu romance com Roberto Marinho começou em 1971. Era catorze anos mais nova do que ele. Os amigos do casal a tinham na conta de "mulher forte", possuidora de "vontade própria". Ela gostava de ler *O Globo* todas as manhãs e, na sequência, apresentava ao marido suas reclamações. A redação não gostava muito. Os dois só oficializaram o casamento em 16 de maio de 1979.³

Ruth Albuquerque era uma intelectual de inclinações anticomunistas e imprimiu uma inflexão de direita nas convicções do marido, numa década em que ele trabalhava o tempo todo para solidificar sua Rede Globo. Segundo contam amigos dele, teria havido, também nesse período, uma "direitização" na linha editorial dos veículos de sua empresa. Quando veio a separação, em 1989, ele já se declarava cansado. Ficou impaciente até com os trinta gatos que a mulher tinha dentro de casa. "Eu abria a gaveta e um gato saía lá de dentro", confidenciou certa vez a um amigo paulista. Depois da ruptura conjugal, já distante do ex-marido, Ruth se dedicou a criar mais gatos. Manteve um gatil que chegou a registrar uma população de 1352 animais, o SOS Animal Felino, em Guaratiba, no Rio de Janeiro.

Recém-separado, já beirando os noventa, Roberto se casou com a socialite Lily Monique de Carvalho em 1991. Depois das núpcias, ela mudou o nome para Lily Monique de Carvalho Marinho ou, resumidamente, Lily Marinho, como se institucionalizou citá-la em colunas sociais.

Os dois se conheciam de longa data. Em 1939, segundo registrou o longo obituário de Roberto, publicado num caderno especial de *O Globo*, em 2003, tiveram "um breve relacionamento". O jornal relata que o "breve relacionamento" foi "interrompido porque Roberto Marinho dizia estar 'casado com o trabalho'".⁴ Logo, o "breve relacionamento" não há de ter sido um aperto de mão.

O que se sabe é que, no dia 11 de junho de 1938, com o nome de Lyle Lamb, ela tinha dezessete anos e estreou como a nova atração no Cassino da Urca, no Rio de Janeiro, onde "aparecia nua", como ela mesma confidenciou a Danuza Leão.⁵ Não era uma estrela de primeira grandeza, mas, no Brasil, foi promovida pelos órgãos de imprensa de Assis Chateaubriand, associado ao dono do Cassino da Urca, Joaquim Rolla, como a Miss Paris que era cobiçada e cortejada por Hollywood, mas que havia preferido brilhar no Rio de Janeiro.[6] O "breve relacionamento", portanto, teria acontecido nessa fase vedete da biografia daquela que, décadas mais tarde, se tornaria a terceira esposa de Roberto Marinho.

Acontece que a própria, já com o nome de Lily Marinho, contava uma história um pouco diferente. No relato autobiográfico que lançou em 2005, *Lily & Roberto*, ela não dedica uma vírgula a essa fase inaugural de sua carioquice, quando "aparecia nua" na Urca. Na obra outonal, diz que conheceu Roberto em 1941, quando já trajava uma aliança de casada — com Horácio Gomes Leite de Carvalho Filho, fazendeiro milionário e dono do *Diário Carioca*. Era uma mulher deslumbrante. Filha única de mãe francesa e pai inglês, nasceu na Alemanha no dia 10 de maio de 1921 e foi criada na França. Segundo suas memórias oficiais, foi efetivamente sagrada Miss Paris aos dezessete anos. Corpo delgado — "eu sempre pesei 58 quilos",[7] ela gostava de dizer —, cabelos castanhos (que se tornariam aloirados depois), o rosto de linhas finas, olhos misteriosos contrastados por lábios de Vivien Leigh, só um pouco mais contidos, poderia ter sido estrela de filmes *noir*. Aliás, chegou a fazer pontas no cinema; contracenou com Jean-Pierre Aumond e Louis Jouvet, que uma vez lhe disse: "Se você não tem paixão pelo que faz, é melhor que se case".[8]

Pelo que ela conta, foi em Paris, e não nos agitos do cassino, que ela conheceu Horácio Gomes Leite de Carvalho Filho, um dos maiores playboys de seu tempo. Ele teria sido a razão de sua vinda ao Brasil, em 1939.[9] Em 1941, quando o casal Carvalho compareceu a um jantar de gala na casa do patrão de *O Globo*, ela já gozava da reputação — justa e, nesse caso, livre de qualquer controvérsia — de ser uma das mais lindas mulheres do Rio de Janeiro. Lily diz na autobiografia que não houve novos encontros, que nunca mais foi convidada para a casa do jornalista porque ele tinha se apaixonado por ela e, para evitar encrenca, quis manter distância.[10] Roberto não confirmou nem negou essa tese. Quando o livro dela foi publicado, já estava morto.

Lily ficou viúva de Horácio em 1983. Herdou 21 fazendas, quinze automóveis e outros bens — uma fortuna avaliada em 150 milhões de dólares.[11] Só depois disso é que, sempre segundo ela, surgiu a oportunidade do reencontro com o jornalista "apaixonado". Em maio de 1988, o casal Ruth Albuquerque e Roberto Marinho recebeu um convite para a festa de aniversário de Lily. Parece que ele adorou, embora, na ocasião, o comprometido fosse ele.

Cerca de seis meses depois, uma amiga em comum, Helô Guinle, montou um jantar para homenagear a mesma Lily e, de novo, convidou o casal Marinho.[12] Roberto foi acomodado ao lado da homenageada, enquanto Ruth foi providencialmente exilada pela anfitriã numa mesa distante. No dia seguinte, Roberto mandou flores para Lily, acompanhadas de um cartão que citava, em francês, o título da obra-prima de Marcel Proust: "À la recherche du temps perdu" [Em busca do tempo perdido].[13]

Aquele bilhete dado a literatices, que parece confirmar a existência de um "breve relacionamento" antigo, tocou fundo a imaginação da dama. Ela declamava de cor versos de Verlaine, Rimbaud e Racine. Gostava do assunto. Ficou caidinha — ou recaidinha.

Lily e Roberto passaram juntos o réveillon daquele ano, no apartamento de uma amiga em comum, na avenida Atlântica. Na festa de gala, superpovoada de convidados, os dois começaram a dançar antes da meia-noite e, segundo se diz desde então, não se desgrudaram até às cinco da manhã. O filho Roberto Irineu Marinho deu detalhes ao biógrafo Pedro Bial.

> Todos os convidados foram embora, e eles continuavam dançando. A Ruth foi embora, e eles continuavam dançando. Isso ele me contou com detalhes, e me contou o seguinte: "Eu estava convencido de que estava morto nessa área. Eu vou dançar e descubro que estou vivo, não quero mais parar".[14]

Em 1989, Roberto, ainda casado com Ruth, convidou Lily para o Carnaval em sua casa de praia, em Angra dos Reis. Bastava Ruth se afastar para que ele arriscasse intimidades com a hóspede. Lily narrou as investidas:

> Um dia, quando sua mulher estava na praia, ele entra no meu quarto e me desperta com um beijo no pescoço. Eu o repreendo e ele se desculpa dizendo que não iria demorar mais do que dois minutos. Tentei fazê-lo compreender que o amor e mesmo a paixão não deviam ultrapassar os limites do razoável, os limites das conveniências sociais.[15]

Lily assegurou a vida toda que nunca houve, por assim dizer, cenas de adultério em seu romance com o magnata da mídia.

> Quando tomou a decisão de se divorciar, Roberto passou a jantar em minha casa na Avenida Atlântica. Essas primeiras noites — ah, bem-comportadas por sinal, pois, apesar do seu desejo, eu não queria, pensando em nós e nos outros, transpor etapas queimando outras — foram para nós dois um aprendizado da vida em comum.[16]

Mas logo ele cansou de esperar. Quando seu divórcio saiu, convocou a dama para morar no casarão da rua Cosme

Velho. Ela se derreteu com o que interpretou como impetuosidade máscula do pretendente:

> Roberto acabou por perder a paciência, pois lhe parecia que a situação se estendia por um tempo longo demais. Inventou, então, uma espécie de estratagema que, mais uma vez, prova sua determinação e talvez seu espírito de proprietário ou — quem sabe? — de macho.[17]

Nesse campo, ela não economizou elogios: "Roberto tinha um ardor e um desejo de fazer inveja a muitas esposas".[18] Casaram-se em 1991. Para ela, um sonho de princesa.

> Quando Roberto me pediu a mão, estava no apogeu de sua glória. Quando um dos homens mais poderosos da América Latina se declara, estando você só há bastante tempo e tendo sempre preferido os seres apaixonantes, como não se impressionar com a demonstração de tantos sentimentos de admiração? Como permanecer insensível?[19]

Como, de vez em quando, a vida dos magnatas da indústria de melodramas segue roteiros melodramáticos, pode-se dizer que Roberto e Lily foram felizes para sempre. Ela ia às alturas quando o via falando francês em público.[20] Ele se deliciava em dar uns passos contornando a mesa para beijá-la depois do jantar.[21]

Em novembro de 1993, os dois estamparam a capa da primeira edição da revista *Caras* no Brasil. Roberto Marinho, embevecido, chafurdava no jet set das celebridades. A capa da edição, de 12 de novembro de 1993, mostrava o *tycoon* brasileiro de terno escuro, sorridente, ladeado por uma Lily toda de branco. Estavam em viagem pelo Japão e posavam à frente de um buda. Na chamada, o estado da graça: "A segunda lua de mel de Roberto Marinho no Japão". Do ponto de vista dos donos de *Caras*, foi uma tacada genial. Ao carimbar a face do imperador da Globo na capa de seu primeiro número, a publicação criou o precedente para ter, na sequência, todos os astros globais no mesmo espaço. Seguindo o exemplo do patrão, astros e estrelas da Globo venderiam revista à beça. Depois de Roberto Marinho, aparecer em *Caras* não era brega, era chique. O Japão era uma festa. O mundo inteiro era uma festa. A revista *Caras* era uma festa. A vida era pura badalação.

O estilo esfuziante de Lily sofreu um baque em 2003, com a morte do marido. Depois, a agenda mais festiva se impôs novamente. Num início de noite de junho de 2005, ela tomava um champanhe no tradicionalíssimo Café de Flore, no boulevard Saint-Germain, 172, em Paris. Tradicionalíssimo de verdade: fundado em 1887, o lugar tem sido ponto de encontro de celebridades e intelectuais por mais de um século. Nessa tarde, ela estava na companhia de um jornalista de São Paulo e de um diplomata brasileiro, seus convidados. Não descuidava de sua exigência básica. "Se servimos champanhe, que seja Don Perignon", costumava dizer, com os erres aspirados do sotaque francês do qual nunca descuidou.[22]

Lily transbordava alegria. Poucos dias antes, na noite de 13 de junho, como presidente do Comitê de Honra da Associação dos Amigos do Ano do Brasil na França,[23] organizara um banquete no Palácio de Versailles, o maior castelo da Europa.[24] Traje: black tie. O suntuoso evento, para o qual cada um dos mais de duzentos convidados pagou seiscentos euros, teve até um concerto de câmera na Ópera Real do palácio. A festa foi um sucesso, animadíssima. Só não foi um acontecimento mais retumbante porque os dois casais mais aguardados da noite não apareceram: Jacques Chirac, da França, e sua mulher Bernadette, e Luiz Inácio Lula da Silva, do Brasil, ao lado de Marisa. A defecção dos chefes de Estado, porém, não arranhou o bom humor de Lily Marinho. Poucos dias depois, no Flore, ela brindava a noite parisiense, em cristais borbulhantes.

Depois do champanhe, bateu uma fominha e a presidente do Comitê de Honra da Associação dos Amigos do Ano do Brasil na França resolveu jantar na não menos incensada Brasserie Lipp, bem em frente ao secular Café de Fleure. As duas casas ficam a poucos metros uma da outra. Bastaria atravessar o boulevard Saint-Germain a pé, e, alguns passos depois, ela e seus dois amigos estariam no restaurante. Foi o que propôs, aliás, o jornalista presente. Lily discordou. Mandou chamar o carro que alugara, um Bentley. Com os três a bordo, o Bentley deu a volta no quarteirão, cruzou o Saint-Germain e, fazendo a conversão, desembarcou-os na porta da Lipp. *Bon appetit.*

33. Desejo teimoso

Em seus relatos sentimentais, Lily Marinho tornou mais visíveis as linhas mestras da personalidade do marido. O galanteador que gostava de boxe na juventude aprendeu a domar a agressividade mais impulsiva e transformar os ímpetos de violência em arrojo erótico e, especialmente, empresarial. Qualquer que fosse a arena, jogava com lances incisivos. No mundo dos negócios, nos bastidores do poder e no *chiaroscuro* de uma corte amorosa, ele, nos termos de Lily, simplesmente não aceitava "não".

> Comecei a entender como esse homem havia constituído um império inacreditavelmente grande e importante pela maneira como foi eliminando todos os obstáculos, todas as resistências, uma após outra, imbuído de uma vontade rija como o aço. Jamais em minha vida fora testemunha ou objeto de uma tal conquista. Nada devia nem podia resistir a seu desejo.[1]

O marido de Lily canalizou seu dom de sedutor e seu *punch* de *boxeur* para os negócios. Seus empreendimentos passavam pelos corredores da política e se traduziam em comunicação, em show, em espetáculo. Em sua alquimia de sucesso, a imagem mais narcisista e o jornalismo mais cerimonioso se davam as mãos. Ramo difícil, o dele. Lily bem o sabia.

Há, por certo, o "espírito animal" na impetuosidade de todo capitalista, mas, tratando-se de Roberto Marinho, o "espírito animal", o "desejo" a que nada poderia resistir, segundo Lily, sublimou-se em modos diplomáticos, embora não menos vorazes. O jornalista-empresário domesticou a brutalidade em boas maneiras, sem ceder à passividade. Ele se via como alguém tenaz, um construtor de projetos, conforme declarou numa entrevista publicada em seu próprio jornal, *O Globo*, em 1992:

> O senhor tem consciência de que é um homem de poder?
>
>   Se for possível conceituar como homem de poder aquele cuja motivação maior e obsessão permanente é o desejo de construir, intervindo civicamente nos acontecimentos, e que nesse intuito não se afasta um milímetro sequer dos seus princípios, então posso ser considerado um homem de poder.
>
> Dr. Roberto, qual o segredo do seu sucesso?
>
>   Trabalho e persistência em levar a termo os meus projetos, e o senso e a intuição dos meus limites. Mas, principalmente, respeito aos valores e ao talento, onde quer que eles estejam.[2]

Nada mais natural, portanto, que o homem que gostava de namorar quisesse ganhar mais dinheiro e ampliar o próprio poder. Nas palavras do jornalista Mario Sergio Conti, que conviveu com Roberto Marinho, o adjetivo que mais o traduzia era "fazedor":

A frase "o que quero é fazer" lhe é definidora. Define todo grande empresário. Construir, plantar, frutificar e colher, ver a matéria e a engrenagem humana substituírem o nada era a mola que lançou Roberto Marinho num extraordinário número de empreitadas.[3]

A impressão do banqueiro, amigão e mecenas do Cinema Novo José Luiz de Magalhães Lins, que conheceu de perto o temperamento e o estilo de Roberto Marinho e o salvou da bancarrota nos estertores do acordo com a Time-Life em 1971, vai na mesma linha: "Ele não era um homem de negócios. Era homem de empresas. É a grande distinção".[4]

Esse homem prosseguiu aumentando sua fortuna e sua influência, quando a democracia chegou.

34. "Só não brigo com o dr. Roberto"

Na década de 1980, enquanto a ditadura militar declinava, o império de Roberto Marinho crescia em direções múltiplas, como se seu dono quisesse liderar em todas as áreas para as quais pudesse voltar os olhos. Embora seletivo em suas apostas — ele não era um franco-atirador —, não se recusava a atuar em caminhos diferentes, desde que as oportunidades fossem promissoras. Apostou em tecnologias inovadoras e em formatos convencionais. Apostou na mídia, o tempo todo, mas não perdeu o apego pelo mercado imobiliário (pouco conhecido, o patrimônio da família Marinho em nacos de terra nunca se acomodou na mera figuração).

Em 1987, estava no auge. Naquele ano, a revista *Forbes* publicou sua primeira lista mundial de bilionários. Três brasileiros figuravam no rol dos que eram donos, cada um, de mais de 1 bilhão de dólares. O empreiteiro Sebastião Camargo, que morreu em 1994, fundador da construtora Camargo Corrêa, que esteve na construção de Brasília e da ponte Rio-Niterói, era um deles. Outro era o engenheiro Antônio Ermírio de Moraes, morto em 2014, da família controladora do Grupo Votorantim. O terceiro nome na lista, com um patrimônio estimado entre 1 e 2 bilhões de dólares,[1] o jornalista Roberto Marinho não fazia má figura. Depois de herdar do pai um jornal, O Globo, nos anos 1920, chegou à década de 1980 como o proprietário do maior império de comunicação brasileiro, o Grupo Globo.[2] De acordo com a Forbes, Marinho era o homem mais poderoso do país, "tendo desempenhado um papel dominante na comunicação", dono da rede de TV que "comandava 80% dos telespectadores do Brasil", a "quarta maior do mundo", ficando atrás apenas das "três grandes dos EUA" (a NBC, a CBS e a ABC).[3]

Aos oitenta anos, ainda tinha o apetite de um jogador nos primeiros duelos, gostava de sentir a tensão do cavaleiro no instante da largada, esbanjava uma "inimitável vitalidade na senectude", na definição do economista e diplomata Roberto Campos.[4] Comandou diretamente boa parte da expansão de suas empresas. Intuía que, se parasse, a Globo ficaria para trás, como ficaram seus concorrentes, como ficou o grupo de Assis Chateaubriand, como ficou até sua estimada ditadura militar.

Enquanto viveu — e deu ordens —, não se acomodou. Na esfera política, já com a ditadura se desmilinguindo, a sua influência seguia ascendente. Em 1985, quando o mineiro Tancredo Neves se elegeu presidente por via indireta, numa chapa de oposição ao candidato apoiado pelo governo militar, que era Paulo Maluf, veio à tona mais uma prova dessa enorme influência.

Eleito, Tancredo selou o fim da era dos governos militares (tanto que os historiadores marcariam 1985 como o ano derradeiro da ditadura) e resolveu nomear o baiano Antônio Carlos Magalhães para o posto de ministro das Comunicações. A escolha chamava a atenção pela excentricidade, pois os dois políticos militavam em alas opostas e suas trajetórias eram antagônicas. Tancredo tinha sido primeiro-ministro quando Jango era o presidente. Depois da deposição de Jango, em 1964, atravessou toda a ditadura militar opondo-se a esta, como um dos líderes do partido designado, pela própria ditadura, para ser "o partido de oposição": o MDB (Movimento Democrático Brasileiro). Antônio Carlos Magalhães era uma espécie de Tancredo às avessas. Fizera toda a sua carreira bajulando os militares. Por que, então, Tancredo o chamaria para o seu ministério? Por que convidar o político baiano que militava na banda oposta e pertencia à Arena (Aliança Renovadora Nacional), o partido encarregado de apoiar os militares?

Antônio Carlos Magalhães tinha cacife e muita fama, tanto que era chamado pelas iniciais, ACM, na imprensa do Brasil inteiro, bem ao estilo dos políticos mais populares dos Estados Unidos, como John Fitzgerald Kennedy, que todos conheciam como JFK. No Brasil, Juscelino Kubitscheck mereceu o mesmo tratamento, mas JK tinha sido presidente da República. Conservador, governista e direitista, ACM já desfilava como um ícone civil da ditadura, uma celebridade, sem nunca ter sido presidente. Governara a Bahia por duas vezes, sempre por indicação do governo fardado (as eleições diretas para governadores de estado também tinham sido suprimidas). Na primeira vez que governou a Bahia, indicado pelo presidente militar Emilio Garrastazu Médici, em 1970, ficou pouco tempo no posto; os militares lhe entregaram novas missões. Na segunda vez, indicado por outro presidente militar, Ernesto Geisel, em 1978, tomou posse em 15 de março de 1979 e cumpriu todo o mandato. A partir de então, ACM despontou como um dos nomes civis mais aguerridos da ordem autoritária e desfrutava do ódio da oposição. Daí a perplexidade geral: por que, raios, Tancredo o escolhera?

O espanto era tamanho que o deputado federal Ulysses

Guimarães, presidente do MDB, líder inconteste da oposição na Câmara, foi tomar satisfações com o correligionário. Temia que ACM produzisse um racha entre o MDB e o presidente recém-eleito. Nenhum aliado aceitaria esse nome, inquietava-se Ulysses. Seria uma afronta.

Tancredo não perdeu a calma — ele nunca perdia a calma — e, segundo se conta, deu um tapinha na perna de Ulysses, que tinha se sentado ao seu lado. Explicou, pausadamente, que ACM era amigo do peito de Roberto Marinho e completou: "Olha, Ulysses, eu brigo com o Papa, eu brigo com a Igreja católica, eu brigo com o PMDB, eu brigo com todo mundo, eu só não brigo com o Doutor Roberto".[5]

35. Conflito de interesses?

ACM, amigo, seria determinante para a Globo após o final da ditadura. Imprescindível. Roberto Marinho tinha interesses óbvios no Ministério das Comunicações, e ACM reunia as credenciais para zelar por eles. Ciente de tudo isso, Tancredo Neves, determinado a não perder uma única oportunidade para fazer Roberto Marinho sorrir tranquilo, transbordou-se em gentilezas. Chegou a delegar ao empresário a tarefa de formalizar pessoalmente o convite para Antônio Carlos Magalhães. O dono da Globo se envaideceu com tamanha deferência, mas recusou o papel de emissário do presidente eleito — que ainda não tomara posse. Considerou que, se fosse ele o encarregado de oferecer um ministério a ACM, ficaria no ar a impressão de que o ministro era da Globo, não de Tancredo. Assim, na falta de opção melhor, o presidente eleito cumpriu ele mesmo a missão. ACM aceitou.[1]

Os preparativos para a posse evoluíam a mil por hora. Tudo certo. Então, sobreveio uma intercorrência: a morte de

Tancredo Neves. Ele deveria assumir o Palácio do Alvorada no dia 15 de março de 1985, mas, na véspera, acometido de dores abdominais, internou-se no Hospital de Base do Distrito Federal. Operaram-no. A escala no centro cirúrgico não estava no programa.

Com Tancredo na UTI, o que fazer? Improvisar. O vice, José Sarney, que, como ACM, era da Arena até poucos dias antes da conformação da chapa, tomou posse sozinho. A emenda canhestra que o instalou no poder não primava exatamente pela legalidade, mas obedecia a um pacto mais político do que jurídico, pacto sem o qual o caldo entornaria. Se Sarney não fosse empossado, toda a transição da ditadura para a democracia perderia o rumo e o prumo. Portanto, era preciso dar posse a Sarney, que virou presidente sem nunca ter tomado posse como vice. Virou presidente interino, no bojo de um arranjo provisório, apenas para guardar o lugar de Tancredo. O Brasil ficou em compasso de espera até que o mineiro se recuperasse. Todos acreditavam que seria só uma questão de poucos dias. Nada para se preocupar. Os médicos diziam que Tancredo passava bem, maravilhosamente bem.

Tancredo, contudo, não se recuperava. Nunca se recuperou. Transferido para o Hospital das Clínicas, em São Paulo, morreu no dia 21 de abril, aos 75 anos de idade. Sarney, o provisório, tornou-se o definitivo. Antônio Carlos Magalhães, por sua vez, que tinha tomado posse, desde o primeiro dia do governo Sarney, como ministro das Comunicações, ministro das Comunicações ficou. José Sarney, o vice que virou interino para depois virar definitivo, tinha um traço em comum com o finado: também não queria brigar com o dr. Roberto. De jeito nenhum.

A Globo saiu no lucro. Ministro, ACM tomou uma decisão que a beneficiou enormemente: rompeu o contrato que sua pasta tinha com a sucursal brasileira da NEC (Nippon

Electric Company), uma empresa de tecnologia japonesa que era, no Brasil, controlada pelo empresário Mario Garnero. A interrupção desse vínculo deixou a NEC no limiar da ruína — ou na ruína propriamente. Se não podia fornecer seus serviços para o Ministério das Comunicações, ficava praticamente na rua da amargura. Não teria outros clientes. Mario Garnero se estrepou. Não teve saída a não ser vender a NEC do Brasil. Pior: sua única saída era vendê-la para o comprador que fosse do agrado de Antônio Carlos Magalhães, ao preço que fosse do agrado de Antônio Carlos Magalhães. E assim se fez.

Passados vinte dias da medida tomada pelo ministro das Comunicações, a GloboPar, a holding de todo o grupo controlado por Roberto Marinho, assumiu o controle acionário da NEC, por um preço módico. Segundo um publicitário que conviveu com Garnero anos mais tarde, o velho empresário se lamentava, dizendo que o preço foi um décimo do que poderia ter sido. ACM ajudou? Consta que sim. Ao menos foi isso o que ele mesmo deu a entender numa explicação pública sobre a operação:

> O problema da NEC foi o seguinte: os japoneses queriam tirar de qualquer maneira o Garnero, e vieram procurar empresas. Foram a mim perguntar que empresas. Eu citei quatro, entre as quais a Globo. Depois eles me pediram mais quatro. Dei oito. Aí, veja como foi, eles disseram assim: "Essa daqui, o que o senhor acha?". "Não acho nada. Quem vai escolher é o senhor." Quando eles chegaram na Globo, eu disse: "Roberto Marinho é um grande amigo meu".[2]

E ACM também saiu ganhando. Na sequência dessas negociações, no ano de 1987, a emissora de televisão de sua família — a TV Bahia, depois RDB (Rede Bahia de Televisão) —, que tinha sido inaugurada em 1985 como integrante da Rede

Manchete, foi aquinhoada com o prestigioso e rico posto de afiliada da Rede Globo em seu estado.³ Terá havido aí um discreto tráfico de influência?

Sobre isso, Antônio Carlos afirmava que o projeto de transferir a programação da Globo para a TV Bahia era uma ideia anterior, um antigo desejo de Roberto Marinho. E dava de ombros. "Isso vinha de muito antes... O Roberto já tinha me prometido. Os meninos até não queriam muito, porque achavam que ia dar fato político. Como deu."⁴

Imprescindível, vital, indispensável, ACM exerceu intenso protagonismo no comando do Ministério das Comunicações. Nisso, foi leal a Tancredo Neves: não brigou com Roberto Marinho. Nem com o papa ele brigou.

36. Da expansão ao desastre

Em 2011, quando já eram passados treze anos de sua saída da Globo, Boni contou mais sobre sua impaciência com aqueles tempos. No ano da ruptura, 1998, os filhos do dr. Roberto se integravam mais ao comando da empresa. Executivos recém-chegados, como Marluce Dias, que assumiria o cargo de diretora-geral do Grupo Globo exatamente em 1998, distribuíam ordens para cima e para baixo, mas, na avaliação de Boni, não entendiam de televisão. "A minha saída, em 1998, se deu porque novas pessoas entraram na Globo e o baixo grau de conhecimento delas em relação à televisão era assustador. […] Não dava para conviver com elas. Seria infarto, na certa."[1]

No depoimento, Boni ainda comenta: "Se não tivéssemos montado uma máquina eficiente e superpreparada, o desastre da Globo teria sido inevitável". Ele tem razão em invocar essa palavra, "desastre". Em função de dívidas contraídas para entrar no negócio de televisão por assinatura, a empresa, que ainda estava bem das pernas, logo adiante despencaria numa enrascada sufocante, que só seria resolvida em 2003.[2] Foi uma crise horrenda, que por pouco não pôs tudo, tudo mesmo, a perder.

O quadro apocalíptico se desenhou a partir das expansões que vinham desde os anos 1980. Expandir era um verbo caro a Roberto Marinho. Ele gostava de crescer, ganhar espaço, tomar conta de territórios novos, sem abrir mão dos velhos. Com o mercado de revistas foi assim. Fazia tempo que ele esperava uma brecha para avançar nesse território.

A brecha apareceu quando, em 1986, a Editora Globo, de Porto Alegre, fundada pela família Bertaso, quis ouvir propostas de compra. A Rio Gráfica Editora, do Grupo Globo, foi lá, fez sua proposta e levou. Obteve o direito de adotar em definitivo o nome de Editora Globo S.A., o que abriu as portas para a entrada do logotipo nas bancas. Em 1989, a Globo comprou da Editora Pró-Sucesso a revista *Pequenas Empresas & Grandes Negócios*, a primeira sobre empreendedorismo no mercado brasileiro. Dois anos depois, em 1991, lançou a versão brasileira da francesa *Marie Claire*, voltada para o público feminino. Em 1998, foi a vez da semanal de informações *Época* para concorrer diretamente com a líder *Veja*, da Editora Abril. Viriam na sequência a revista *Quem Acontece*, no segmento de celebridades, e, em 2007, a revista *Época Negócios*.[3]

Enquanto isso, Roberto Marinho não tirava o olho do fluxo de caixa. Mandava buscar dinheiro onde houvesse — outra característica de sua personalidade. No início de 1990, o Plano Collor confiscou a poupança de todos os brasileiros e impediu saques nos bancos acima de um valor insignificante para empresas de maior porte. Sem liquidez, o mercado travou. Negócios combinados dias antes não podiam ser fechados porque os correntistas não tinham como movimentar dinheiro da conta. As transferências estavam bloqueadas. Um dia, o patrão da Vênus Platinada soube que Silvio Santos, do

SBT, conseguira um contrato de publicidade de 10 milhões de dólares com o Bradesco. Na hora, telefonou para o diretor da sucursal de O Globo em São Paulo, Walter Fontoura, que estava descansando uns dias em sua casa em Petrópolis:

— Acho que vai ser necessário que você interrompa suas férias, Walter, para cumprir uma missão.
— Pois não, Doutor Roberto.
— O Bradesco assinou um contrato de publicidade de 10 milhões de dólares com a emissora do Silvio Santos. Como a Globo tem cinco vezes mais audiência que o SBT, quero que você diga ao Bradesco que gostaríamos de assinar com ele um contrato de 50 milhões de dólares.[4]

Fontoura amargou um chá de cadeira de mais de uma semana para conseguir falar com Lázaro Brandão, presidente do Bradesco. Descobriu que os 10 milhões de dólares, na verdade, constituíam um empréstimo — nada a ver com contrato de publicidade. Consta que Roberto Marinho se deu por satisfeito com a explicação, mas manteve a marcação cerrada. Estava se aproximando dos noventa anos e era assim que administrava.

Ele também sonhava com internacionalização. Queria crescer no exterior. Em 1985, em sociedade com a rede estatal italiana RAI, as Organizações Globo adquiriram a TV Internazionale, dona dos direitos de transmissão em italiano da Telemontecarlo, que era um posto avançado da Globo no Principado de Mônaco. Não deu certo. Em 1994, o grupo brasileiro vendeu as suas ações da Telemontecarlo para a italiana Ferruzzi, que passou a ter o controle total da empresa.[5]

O insucesso não demoveu a Globo de seguir tentando. Na Europa mesmo, em 1992, em Portugal, a Globo integraria, com 15% das ações, o lançamento da SIC (Sociedade Independente de Comunicação). O negócio brotou de uma aliança com o Grupo Imprensa, do empresário português Francisco Pinto Balsemão, entre outros acionistas. Nasceu ali o primeiro canal privado em Portugal, que se tornaria líder de audiência.

Em outubro de 1996, foi lançada a IPCTV Globo, no Japão, transmitindo programas em português. Foi a primeira afiliada da Rede Globo no exterior, que também começou a produzir versões em japonês de programas como *Globo Esporte JP, Bom Dia Japão* e *Radar JP*. Em 2007, a IPCTV passou a se chamar IPC World Inc.[6] Em agosto de 1999, entrou no ar a Globo Internacional, o primeiro canal brasileiro para o exterior com programação diária de 24 horas. A operação internacional da Globo envolveu seis canais de televisão paga, além de uma divisão de produção própria e uma outra operação específica: a distribuição de conteúdo de esportes brasileiros e entretenimento para os outros continentes (em 2018, a Globo Internacional alcançaria telespectadores em 118 países).[7]

O mesmo espírito de expansão se manifestou nas emissoras de rádio. Em 1991, a Globo criou a rádio CBN, no modelo *all news*: uma programação de notícias e jornalismo durante as 24 horas do dia. A ideia se tornou uma rede nacional com dezenas de afiliadas e quatro emissoras próprias. E a televisão, claro, entrou numa fase de agigantamento. Em 1995, Roberto Marinho foi pessoalmente inaugurar, em Jacarepaguá, no Rio de Janeiro, o Projac, um complexo de 1,6 milhão de metros quadrados com estúdios, locações para cenários externos e equipamentos para gravação e edição. Eram dez estúdios, além de cidades cenográficas, uma fábrica de cenários, acervos de figurinos e diversos departamentos.

O dono do Projac, feliz da vida, não pensava em sucessão. Parecia acreditar que viveria por 120 anos.[8] Roberto Campos, cujo senso de humor feria até a vaidade dos amigos, brincava com a mania de imortalidade do magnata brasileiro. "Diz-se que ele [Roberto Marinho] às vezes reúne seus colaboradores para dar-lhes instruções na 'eventualidade de eu vir algum dia a faltar'. Hipótese que ele e Deng Xiao Ping, seu êmulo chinês, consideram certamente improvável."[9]

Foi somente em 1998, aos 94 anos, que ele se afastou mais da gestão dos negócios — mas não completamente, isso nunca.[10] Afastou-se, digamos, um pouco. E, mesmo depois disso, não considerou a hipótese de "vir a faltar". "Ele nunca falou em sucessão, jamais, nunca combinou a sucessão", conta João Roberto Marinho. "Nunca tratou desse assunto organizadamente. Era um não assunto."[11]

Apesar de não tocar no "não assunto", de algum modo "ele foi abrindo espaço e deixando a coisa acontecer".[12] Os três filhos, Roberto Irineu, João Roberto e José Roberto, assumiram o timão.

> Marluce [Dias da Silva, diretora-geral da Globo de 1998 a 2002] nos ajudou muito. Depois veio o Jorge Nóbrega [que entrou na Globo em 1997, foi vice-presidente executivo e assumiu a presidência do Grupo Globo em 2017], e nós montamos uma dinâmica, primeiro descobrir como cada um de nós era, quais as vocações de cada um, para definir como nós seríamos no futuro.[13]

Com os filhos à frente, as inovações na Globo seguiram. Em 2001, a Infoglobo — empresa do Grupo Globo que controla os jornais do grupo, como O Globo e outros, e a Editora Globo — entrou em sociedade com o jornal paulistano O Estado de S. Paulo para comprar a operação do portal de imóveis Planeta Imóvel, investida consumada ainda quando Roberto Marinho era vivo. Nesse caso, o empreendimento não tinha nada a ver com jornalismo ou com novelas de TV, mas se filiava a uma outra predileção do velho jornalista: o mercado imobiliário. Em 2012, a Infoglobo compraria a fatia de 50% de participação que estava com o Grupo Estado e se tornaria a única proprietária do portal.[14]

No ano de 2000, Roberto Marinho figurava na lista da *Forbes* como 49º mais rico do mundo, com fortuna de 6,4 bilhões de dólares.[15] Tudo parecia bem, ou quase bem. Foi quando o desastre se instalou. Contraída para pagar a conta da implantação do seu sistema de TV por assinatura, com cabos e satélites (o Grupo Globo se associou à Sky para mandar sinais de satélites para os assinantes), a dívida crescia sem parar. Em dólar.

A Globosat, a primeira programadora de TV por assinatura do Brasil, fora criada em 1991. No começo, eram quatro canais: GNT, Top Sports, que logo passam a se chamar SporTV, Multishow e Telecine. O negócio daria certo. Tanto que, em 2018, a Globosat estaria consagrada como a maior programadora de TV por assinatura da América Latina, com pouco mais de trinta canais pagos com 24 horas de programação diária. Mas, naquele início dos anos 2000, quase tudo foi por água abaixo. Sem nenhum exagero.

Quando os empréstimos começaram a ser feitos, nada parecia prenunciar contratempos. Na década de 1990, a cotação do dólar era, às vezes, "um-pra-um", e houve mesmo períodos, no Plano Real, em que o dólar valia menos que um real. "A gente estava saudável, muito bem, tinha caixa e tudo isso", lembra João Roberto. "O crédito estava fácil e barato." Isso encorajou a empresa a contrair empréstimos. Foram dois tipos de dívida. Uma parte era financiamento bancário e outra, bonds da companhia, que foram oferecidos no mercado internacional. "Foi um sucesso enorme, problema nenhum. Graças a isso, passamos a segunda metade da década de 1990 investindo fortemente em cabo e assinatura. A opção estratégica foi corretíssima."[16]

O abismo veio mesmo a partir dos anos 2000, quando Roberto Marinho já estava mais afastado das operações.

"A decisão [dos investimentos no cabo e da obtenção dos empréstimos] já não foi uma determinação do Roberto [Marinho]", conta João Roberto Marinho. "Ele gostava mais dos canais, dos programas, mas sempre foi muito desenvolvimentista, com muita paixão pelo que é novo. Mas ele já não entendia como o negócio de cabo funcionava."[17]

O primeiro sinal preocupante veio em 1999, com uma variação mais forte do câmbio, logo que Armínio Fraga assumiu a presidência do Banco Central. Mas os três irmãos não se assustaram. Na verdade, até já esperavam por essa alta do dólar. Em 2002, com o crescimento da candidatura de Lula na campanha eleitoral, o câmbio sofreu um impacto e subiu rapidamente a um patamar de 3,80, até 4 reais. O total da dívida alcançou a marca de 1,7 bilhão de dólares. "Aí nós vimos que não ia dar", admite João Roberto, tentando conter qualquer carga de emoção na voz.

Roberto Irineu falou desse sufoco numa entrevista ao jornal *Valor Econômico* (pertencente ao Grupo Globo, é bom lembrar) em 2015: "Ficou impossível pagar a dívida sem renegociá-la". Ele contou que os negócios eram lucrativos, mas a escalada do valor em dólar pegou a Globo de mau jeito. Esse foi o problema. Foi aí que a Globo inteira quase foi pelo ralo. "A nossa crise financeira foi causada por um descasamento entre os investimentos na Globocabo e Sky [da qual a Globo ficou sócia], que demoravam a dar retorno, a alta do dólar e a recessão econômica de 2002."[18]

Era um xeque-mate. Os três irmãos foram levados a declarar a moratória em outubro de 2002, imediatamente após a eleição de Lula no segundo turno. Por que só após a eleição? João Roberto responde: "Nós tomamos a decisão de adiar um pouquinho, esperar passar a eleição para que o fato de a gente entrar em default [declarar moratória] não tivesse nenhum tipo de interpretação ligada à eleição, ou viesse a afetar a eleição".

Declarada a moratória, a empresa montou um comitê de negociação para tratar com os credores, que estavam divididos em dois grupos: os detentores de bonds — um grupo bem pulverizado, com credores estrangeiros — e os bancos nacionais e internacionais. Veio então, como costuma acontecer nesses casos, uma enorme pressão contra a Globo. Os fundos abutres, que pressionam os títulos da dívida para baixo a fim de comprá-los na bacia das almas, começaram a sobrevoar o Jardim Botânico. Parte dos credores tentou contratar um especialista em mídia para cuidar da Globo, mas os três irmãos conseguiram resistir. Sabiam que se entregassem a gestão a alguém de fora poriam em risco a credibilidade — e, sem ela, as dificuldades seriam bem maiores.

Nesse ponto, os filhos se diferenciavam do pai. O velho Roberto Marinho não tinha uma compreensão elaborada desse conceito abstrato que leva o nome de credibilidade. Para o pai, o segredo do sucesso da Globo passava por um bom trânsito com o poder político e uma dose superior de arte e engenho para agradar à classe média. Para ele, a credibilidade era desejável, mas estava longe de ser considerada o fundamento de tudo o mais. Ele não pensava em credibilidade como o lastro real do valor econômico de uma organização de mídia. Seu raciocínio não ia por aí. Com os filhos no comando das empresas, o atributo ético dessa palavra, credibilidade, alcançou uma centralidade que jamais teve no tempo do pai, convertendo-se num pilar da gestão.

O que os ajudou nessa fase foram duas auditorias, contratadas pelos credores. A primeira, dos dados contábeis, fiscais e jurídicos, foi feita pela Deloitte. A segunda, uma auditoria operacional na televisão, teve à frente a Price Waterhouse Media. Na entrevista ao *Valor*, Roberto Irineu contou que "o resultado foi extremamente positivo para a imagem da Globo, que foi classificada como um negócio bem gerido e altamente rentável". Com isso, a empresa conseguiu força para se recusar a entregar ações e dar assento aos credores na direção da Globo e manteve o controle sobre a gestão.[19]

Outro fator que veio a calhar foi que a Rede Globo, como declarou Roberto Irineu ao *Valor*, "registrou os melhores índices de audiência em toda a sua história justamente durante o processo de renegociação". A empresa se comprometeu a efetuar o pagamento integral da dívida em troca de não ser acionada na justiça, o que, ainda de acordo com Roberto Irineu, "contribuiu para consolidar o clima amigável nas negociações".[20]

A crise só aliviaria em 2006, "sem uso de recursos do BNDES ou de bancos estatais",[21] três anos depois da morte de Roberto Marinho. O início do governo Lula também contribuiu, com decisões de política econômica que fizeram o dólar cair já no início de 2003. O cenário, então, desanuviou. Nesse mesmo ano, as empresas faturaram 5,7 bilhões de dólares.[22] Tudo entrou nos eixos. Como avalia João Roberto, "o nosso fluxo de caixa era muito bom e deu certo".

> Mas foi duro porque [os credores] sempre querem entrar na administração da empresa, cortar custo, e a gente resistia. Se fizer alguma coisa nesse sentido, a aura da coisa desmancha, porque a gente aqui é... nosso negócio é qualidade, os melhores diretores, os melhores roteiristas, não dá para entrar nisso porque aí nós vamos perder o nosso fluxo de caixa e aí é que nós não vamos pagar mesmo. Aí nós jogamos muito duro com eles.[23]

Jogaram duro e venceram, no meio de pressões de todo lado, das quais Roberto Marinho nunca teve a menor ideia. Em 2003, ano em que ele morreu, o Grupo Globo venderia suas ações no negócio de televisão em Portugal para o Banco Português do Investimento (BPI).[24] Alguns dos seus sonhos de internacionalização se desfaziam, sem que ele se desse conta.

PARTE 5:
GRATIDÃO E MEDO

37. Protetor de comunistas

No início dos anos 1960, O *Globo* consolidaria sua liderança entre os vespertinos cariocas, com mais de 200 mil exemplares de circulação.[1] Esbanjava leitores e anunciantes. Dentro da redação, aninhavam-se cronistas famosos, jornalistas esportivos de renome, fotógrafos exuberantes e uma célula de militantes do Partido Comunista Brasileiro, o vetusto PCB ou, para os íntimos, "Partidão". Um pouco antes do golpe militar que tomaria o poder em 31 de março de 1964, Roberto Marinho teve uma conversa com alguns integrantes da célula, que integravam também a folha de pagamentos de sua empresa. Foi um papo afável. Depois de constatar que haveria mudanças em breve na política nacional, embora não desse para saber em qual direção, o diretor do jornal abriu o jogo:

> Se as coisas penderem mais para o lado de vocês, o que eu duvido, queria pedir para me contratarem para ser redator, não me deixarem fora desta casa. Mas, se penderem mais

para o meu lado, podem ficar tranquilos, nada acontecerá com vocês.[2]

Quando os militares tomaram de assalto os centros de comando do Estado brasileiro, as coisas realmente mudaram — e não penderam nem um pouco para o lado dos militantes do PCB. Roberto Marinho, como era de seu costume, ficou bem posicionado no lado vencedor e não se esqueceu de cumprir a palavra. Tomou as providências para que nada de mal acontecesse com os comunistas que trabalhavam para ele. Essa proteção vigorou por toda a duração da ditadura.

No ano de 1964, o dr. Roberto agiu calculadamente em duas frentes. Na frente pública, das portas de O Globo para fora, aliou-se aos conspiradores que derrubaram o governo de João Goulart. Conspirou junto com eles. Apaixonadamente. Calculadamente. Aderiu com convicção aos preparativos da quartelada mambembe que contou com o engajamento eucarístico da Igreja católica, com o apoio pecuniário do empresariado nacional, com a cumplicidade logística dos Estados Unidos e, por fim, com a prontidão das baionetas e dos minguados tanques de guerra das Forças Armadas locais.

O jornalista nunca se envergonhou do compromisso com a tirania fardada. Ele, que se arrependeu por escrito de ter cedido aos encantos dos embaixadores do fascismo italiano, jamais recuou do apoio ao golpe de 1964. Em seu léxico, aliar-se aos golpistas era uma espécie de dever de honra para quem, como ele, apoiara os tenentes da Revolução de 1930. Na cabeça dele, o golpe era um prolongamento da insurreição armada de 1930, liderada por Getúlio Vargas, que, por sua vez, tinha sido um prolongamento do tenentismo dos anos 1920. Quando, em 1985, a ditadura finalmente ruiu, o patrão de O Globo ainda era fiel a ela.

Na segunda frente, da porta de O Globo para dentro, o jornalista-empresário se permitiu descumprir, em parte, as determinações dos militares. No interior das dependências de seu jornal, não foi liminarmente um lacaio do regime. Por certo, não autorizava que seus jornalistas, no rádio, na TV ou no jornal, criassem problemas para os militares. Aliás, não hesitou em acolher, dentro dos meios de comunicação sob seu controle, um clima de relativa autocensura. Por exemplo: quando o AI-5 foi decretado, em 13 de dezembro de 1968, cassando mandatos de parlamentares eleitos e cerceando as liberdades no Brasil, deu pessoalmente a ordem para que a notícia fosse veiculada com pouco destaque na TV Globo. Não queria aborrecer o governo.[3] Mas, fora isso, não permitia que os militares gerassem embaraços para os jornalistas de esquerda que eram seus assalariados. Agiu para resguardar a integridade dos que perderam em 1964, numa postura que se tornaria um ponto de orgulho na memória da empresa e da família.

Um artigo, não assinado, publicado na edição de 7 de agosto de 2003 de *O Globo*, "Coerência na vida pública e no jornalismo",[4] rememorou esse orgulho:

> Na redação do GLOBO, [Roberto Marinho] abrigou inimigos do regime, esquerdistas assumidos, e fez isso não como atitude política, mas porque, aos seus olhos, era pela competência que um profissional devia ser julgado. Ministros chamaram sua atenção para o que entendiam como infiltração comunista no jornal. Ficou conhecida a sua resposta:
> — Não há nada a temer: eles se infiltram e eu os filtro.
> Nenhuma demissão, nenhuma atitude discriminatória foi tomada por qualquer dos braços das Organizações Globo contra profissionais antirrevolucionários.

O termo "antirrevolucionários" chama a atenção. Ainda em agosto 2003, quando o artigo foi publicado, *O Globo* usava essa palavra para se referir aos opositores do golpe. O uso do termo deixa patente que, ainda em 2003, quase vinte anos depois do final do regime autoritário, com Roberto Marinho morto, O Globo se aliava à semântica da ditadura e dos saudosistas da ditadura. Usava o adjetivo "antirrevolucionários" para qualificar aqueles que não concordavam com o arbítrio, numa subordinação explícita à terminologia da ditadura.

Nesse tom, com um palavreado afinado pelo diapasão dos militares, o artigo de O Globo contava que Roberto Marinho nunca cedera às pressões que o regime lhe fizera para que ele entregasse "seus" comunistas:

> Uma delas lhe chegou um dia por parte do ministro da Justiça Juracy Magalhães [titular da pasta entre outubro de 1965 e janeiro de 1966], que praticamente exigia que algumas cabeças marcadas fossem cortadas na redação. Roberto Marinho desconversou:
> — Os comunistas no GLOBO são uns quatro ou cinco, mas me responsabilizo por eles.
> E nenhuma cabeça rolou.

Contra a estultice de alta patente dos ditadores, Roberto Marinho desenvolveu técnicas quase bem-humoradas para desconversar e, assim, manter a integridade física de seus assalariados de esquerda. Quando um ou outro emissário do poder vinha lhe pedir a cabeça de alguém, respondia calmamente. "O senhor cuida dos seus comunistas. Dos meus, cuido eu."[5]

Além de jornalistas, o mesmo patrão contratou autores de ficção ligados ao Partidão, que escreveram novelas e séries de enorme audiência e de lucros ainda maiores, como Oduvaldo Vianna Filho (um dos autores da série original A Grande Família, nos anos 1970), Lauro César Muniz (autor de Escalada e O Casarão, também na década de 1970) e Dias Gomes (O Bem-Amado e Saramandaia, nos anos 1970, e Roque Santeiro, de 1985). Segundo um levantamento do historiador Nahuel Ribke, pelo menos 50% das novelas exibidas pela Globo entre 1968 e 1979 foram escritas por autores críticos ao regime.[6]

Era comum que esses dramaturgos fossem chamados a prestar depoimentos em Brasília, onde se avistavam com censores que escarafunchavam detalhes dos roteiros em busca de mensagens que pudessem estimular a "subversão". Alfredo, um dos filhos de Dias Gomes, contou certa vez que a Globo sempre pedia para saber dos detalhes e deixava claro que, se surgisse algum problema um pouco mais complicado, "o dr. Roberto" seria acionado.[7]

No dia 19 de fevereiro de 1971, Dias Gomes teve de comparecer ao Cenimar (Centro de Informações da Marinha), no Rio de Janeiro. Ficou apreensivo. O Cenimar era uma catedral macabra de assassinatos, maus-tratos e "desaparecimentos". O roteirista sabia que seu camarada Walter Pontes, integrante do Comitê Cultural (do qual o próprio Dias também fazia parte), denunciara o nome de outros militantes após ter sido submetido a sessões de tortura. Enquanto se dirigia ao Cenimar, considerou a hipótese de que não sairia de lá nunca mais. Não tinha escolha, porém. Precisava ir.

O que se passou lá dentro o surpreendeu, como revelou a pesquisa de mestrado da jornalista Laura Mattos (defendida na USP, em 2017, e publicada como livro pela Companhia das Letras com o título *Herói mutilado: Roque Santeiro e os bastidores da censura à TV na ditadura*). A Globo exibia *Assim na Terra como no Céu*, a segunda novela de Dias Gomes para a emissora, cujo suspense maior girava em torno da morte da personagem Nívea. Laura Mattos reconstitui o episódio:

> No Cenimar, o encarregado do inquérito recebeu o autor falando do pedido que fizera para que o depoimento fosse adiado — queria ganhar tempo para avisar o maior número de

pessoas, dentro da Globo especialmente. O militar quebrou o clima de pânico do escritor: "Só adio com uma condição. O senhor vai me dizer quem matou a Nívea". Respirando aliviado, e irônico como sempre, Dias respondeu: "Isso eu não confesso nem sob tortura".[8]

Entre contratempos e outras tantas chateações, Dias Gomes nunca foi preso, não só porque a máquina repressiva da ditadura evitava mexer com gente famosa. Dias Gomes foi poupado, em boa medida, porque contou com a proteção do dr. Roberto. O próprio dramaturgo reconhecia esse fato, embora tenha reclamado mais de uma vez da "censura interna" na Globo.

Em 1995, numa entrevista ao programa *Roda Viva*, da TV Cultura de São Paulo, deixou no telespectador a impressão de que a censura interna o incomodava ainda mais que a censura oficial do governo: "Eu ia a Brasília, discutia com os censores, às vezes conseguia liberar alguma coisa. Mas contra a censura da empresa não se pode fazer nada".[9]

Em outras ocasiões, fez a mesma queixa. No livro *Apenas um subversivo*, diz que sofreu censura interna quando escrevia a novela *O Espigão*, que seria exibida em 1974. O enredo apresentava como vilão um empresário do ramo imobiliário — na verdade, uma caricatura escarrada de Sérgio Dourado, um construtor e incorporador que, naqueles anos, vinha forrando a paisagem carioca de concreto armado. Dourado era um lucrativo anunciante do jornal *O Globo*, e sua marca, suas propagandas e seus edifícios pipocavam em todos os horizontes da Cidade Maravilhosa, a tal ponto que, em 1977, seu nome foi parar num samba galhofeiro, "Carta do Tom", uma paródia de Chico Buarque e Tom Jobim a partir da canção original, de Vinicius de Moraes e Toquinho. Os versos da paródia iam na veia: "Minha janela não passa de um quadrado/ a gente só vê Sérgio

Dourado/ onde antes se via o Redentor". Pois foi esse personagem, Sérgio Dourado, a inspiração de Dias Gomes na novela que estrearia no horário nobre no ano de 1974. E foi esse senhor, também, que acionou o veto interno da Globo, ao menos na visão do novelista. Em suas memórias, Dias Gomes registra:

> Ao saber da sinopse, Sérgio Dourado [...] telefonou para o dono da Globo, que imediatamente mandou cancelar a novela [...]. A saída [...] foi mudar o protagonista, de empresário do setor imobiliário para dono de uma cadeia hoteleira, que tentaria derrubar um tradicional casarão a fim de construir um prédio para um grande hotel.[10]

Censuras internas à parte, outros comunistas ou ex-comunistas globais puderam contar com o manto protetor da Globo quando estavam em vias de se complicar com a polícia. Em 13 de dezembro de 1968, na noite em que foi noticiada a promulgação do AI-5, a empresa conseguiu livrar da cadeia Walter Clark, o então menino prodígio da televisão brasileira que, já na época, era alto diretor da TV Globo.

Clark estava mais para playboy do que para bolchevique, mas, anos antes, flertara com o charme dos seguidores de Lênin no Brasil. Depois de instalado na Globo, deixou de ter qualquer proximidade com o materialismo histórico. Apenas se permitia, em virtude dos laços de amizade que preservava com uns e outros, contribuir nas campanhas financeiras do "Partidão".

Na autobiografia que escreveu com a ajuda do jornalista Gabriel Priolli, o próprio Clark ironizou sua "militância", quando atravessava "noites de discussões intensas sobre o futuro do Brasil proletário, tudo naqueles apartamentos luxuosos, ultraburgueses".[11]

Clark sentia náuseas com as perorações dos próceres do PCB. Não tinha a menor paciência. Apesar disso, os agentes da repressão costumavam culpá-lo por qualquer coisa que lhes desagradasse. E, de fato, naquele fatídico 13 de dezembro de 1968, ele quase foi capturado. Estava voltando para casa, no fim da tarde, quando resolveu parar para tomar um chope e telefonar à secretária a fim de se inteirar sobre os números da audiência. Foi o que o salvou.

A secretária deu o alarme e contou que, nos corredores da Globo, já se comentava que havia policiais atrás dele. Em seguida, passou-lhe as instruções que recebera da cúpula da empresa: não voltar para casa de jeito nenhum, aliás, nem passar perto. Walter Clark obedeceu à orientação e se safou.

Mas como a Globo tinha acesso aos movimentos da polícia? Como era capaz de se antecipar aos planos da repressão? As táticas eram variadas. Na operação que salvou Clark, como o próprio revela, o que ajudou foi a ação de alguns "agentes duplos" — devidamente remunerados, é claro. "A situação foi contornada por dois militares que a Globo havia contratado para fazer a ponte com o governo, Edgardo Manoel Erichsen e Paiva Chaves. Eles logo 'ajeitaram as coisas'."[12]

Não se sabe bem qual o papel que esses dois militares cumpriram para a Globo naqueles seus primeiros anos. O que se sabia é que ajudavam. Pelo menos sobre um deles, Erichsen, há confirmação de que se tratava mesmo de um "agente duplo", que servia aos interesses tanto da Globo quanto dos militares, o que foi confirmado até por José Bonifácio de Oliveira Sobrinho, o Boni.[13] Tudo valia para o patrão proteger seus comunistas.

38. Esconderijo de repórteres

Para o patrão de *O Globo*, proteger os seus profissionais era proteger o valor da empresa. Não era questão de ideologia partidária. Entre as táticas de camuflagem e despiste nas quais se esmerou, havia algumas que pareciam gozação. No dia 27 de junho de 1979, quando *O Globo* publicou o projeto de Lei de Anistia que o governo pretendia enviar ao Congresso, num furo de reportagem que enfureceu o Ministério da Justiça, Roberto Marinho livrou seus jornalistas de uma encrenca pesada recorrendo a uma mentira zombeteira e, ao mesmo tempo, irrefutável.

O projeto que *O Globo* noticiou e deu na íntegra, com exclusividade, tinha sido furtado de cima da mesa do então ministro da Justiça, Petrônio Portela, por dois de seus jornalistas: Etevaldo Dias, chefe da sucursal de Brasília, e Orlando Britto, fotógrafo. O Palácio do Planalto reclamava explicações, e o dono do jornal se saiu com uma carta ao ditador de turno, João Figueiredo, que seria incendiária e irresponsável se não fosse cômica e desconcertante.

A história dessa carta, e seus bastidores, foi revelada num artigo de Elio Gaspari, na edição de O Globo de 8 de agosto de 2003.[1] Gaspari conta que, quando viu seu projeto nas páginas de O Globo, o ministro da Justiça tinha certeza de que os dois jornalistas, Etevaldo Dias e Orlando Britto, haviam de fato roubado o documento. Só não podia acusá-los diretamente. Não tinha provas.

O "furto", que o governo fez questão de registrar e anunciar à imprensa, chegou a ser noticiado no *Jornal Nacional* no mesmo dia, 27 de junho de 1979. Em mais uma de suas sinalizações de simpatia ao poder militar, o *JN* comunicou o país inteiro do desagradável incidente. Não disse nada, é claro, sobre quem eram os gatunos — dos quais a empresa conhecia o nome e o sobrenome. Em privado, o ministro da Justiça alegava saber quem eram os jornalistas que haviam surrupiado os papéis de sua escrivaninha, mas não podia apontar o dedo contra eles, pois não tinha como provar sua suspeita. O embaraço era completo. A ditadura sabia que O Globo sabia que ela sabia do furto, mas nenhuma das partes tinha como afirmar que sabia o que sabia. No meio disso tudo, Roberto Marinho era puro silêncio.

Abriu-se uma pequena crise entre o Planalto e os domínios da Globo. Foi aí que entrou a carta fatídica. Para dirimir a crise, Roberto Marinho, provavelmente aconselhado por algum emissário do governo, por um agente duplo ou por um ministro com ares de aliado, tomou a iniciativa pouco ortodoxa de escrevê-la, com o cuidado de endereçá-la a ninguém menos que João Figueiredo. Redigiu, então, essa que é provavelmente a maior desculpa esfarrapada da história da imprensa brasileira. Eis a íntegra da carta, tal como transcrita no artigo de Elio Gaspari:

Meu caro João

Desde que caíram as últimas chuvas os meus telefones 205-3788, 285-3511 e 265-0335, e as linhas diretas com o Globo e a TV Globo, emudeceram completamente.

Ontem às 7h da manhã, tive um sobressalto quando li O GLOBO, principalmente porque havia visto na TV Globo o hilariante episódio do desaparecimento de uma cópia do projeto de anistia no gabinete do Ministro Petrônio Portella.

Às 9h, já no meu gabinete, convoquei os responsáveis mais diretos da redação. Deram-me as seguintes explicações:

• que nem por um momento eu imaginasse que o redator do GLOBO presente no gabinete ministerial houvesse se apossado do documento desaparecido;

• que por volta das 24h o chefe da sucursal de Brasília havia sido procurado por um rapaz que pretendia interessar O GLOBO na posse do documento;

• que, verificada a autenticidade, imediatamente passou os seus termos pelo telefone para O GLOBO.

Quem chefiava a redação, já com o jornal praticamente fechado, procurou falar comigo ao telefone. Verificada a impossibilidade, resolveu assumir a responsabilidade de publicar o projeto.

Ante a minha reação desfavorável, chegada ao seu conhecimento, escreveu uma carta pedindo demissão do GLOBO, o que eu não aceitei. Isso é tudo que posso dizer.

Com um abraço muito afetuoso do Roberto.[2]

Choveu aquele dia no Rio de Janeiro. Isso era verdade. Os números dos telefones também eram verdadeiros. O resto da carta, não. E ficou tudo por isso mesmo.

Roberto Marinho sabia que a boa reportagem era boa para os seus negócios, tanto financeiramente como politicamente. A boa reportagem, ele tinha perfeita consciência disso, carreava leitores e credibilidade. Trazia faturamento. Como consequência, a empresa se tornava mais influente, e ele, mais poderoso. O cálculo era tão simples quanto certeiro.

Não era, enfim, por uma opção partidária, doutrinária ou política que o empresário, durante toda a sua vida, repeliu os urubus, os cachorros e os capangas que vigiavam e tentavam aprisionar ou intimidar os funcionários cujo talento ele admirava. Sua motivação era econômica: como seu negócio extraía valor das notícias exclusivas, das peças de ficção arrebatadoras e dos shows feéricos, tinha clareza de que inteligência e criatividade eram forças produtivas essenciais. Sobre isso se alicerçava o seu éthos de lealdade.

Ele protegia seus funcionários como quem protegia dinheiro e poder.

39. "Me enforquem com uma corda de seda"

Seu estilo personalíssimo de gerir gente de talento consistia em fazer com que seus jornalistas e seus artistas se sentissem acolhidos e seguros dentro da Globo. Com relação às pessoas de fora, ele podia ser cínico. Ensinava o subordinado a desligar o telefone e depois fazer de conta que a ligação caiu — e com isso ganhar tempo para montar uma versão convincente para os burocratas da ditadura.

> Quando for comigo, seja sincero. Mas quando for gente de fora diga "O negócio é o seguinte..." e desligue o telefone enquanto estiver falando. Depois, não se faça de encontradiço, apure, ligue de volta e diga: "Como eu estava dizendo quando caiu a linha, o negócio é o seguinte...".[1]

Do lado de dentro da Globo, era um patrão, mais do que adulado, adorado com sinceridade. Uma vez, o ator, autor e compositor Mario Lago, que era comunista, precisou de dinheiro emprestado e foi pedi-lo ao patrão. "O dr. Roberto fez um cheque e disse: 'Se os comunistas assumirem o poder, peça para me enforcarem com uma corda de seda... bem fininha'."[2]

Lago jamais escondeu sua gratidão: "O Roberto Marinho é o melhor patrão do mundo".[3]

A atriz Fernanda Montenegro concordava: "O maior patrão que o país teve".[4]

Não poucos jornalistas de O Globo comungaram do mesmo juízo. Alguns se sentiam homenageados pela preferência de Roberto Marinho em ser chamado de "jornalista" e não de empresário. Para Zuenir Ventura, a escolha tinha fundamentos:

> Em 1968, quando fui preso por subversão, o coronel do Exército encarregado do meu IPM [Inquérito Policial Militar] só queria falar de imprensa: tinha fascínio e ódio. Nos interrogatórios perguntava quanto a gente ganhava, qual a marca do carro, se namorava fora do casamento, se a cantora tal era mesmo lésbica, enfim essas coisas que, pelo visto, eram fundamentais para a segurança nacional. Ele devotava uma antipatia especial pelo GLOBO, com o qual aliás eu nada tinha a ver (trabalhava numa revista). Me lembro que um dia ele desabafou: "Aquilo lá (a redação) é um antro de subversivos, todos acobertados por esse Roberto Marinho. Ele é igual a vocês". Tenho a impressão de que nosso companheiro ia gostar da comparação.[5]

Outro jornalista célebre de O Globo, Jorge Bastos Moreno, gostava de contar uma passagem pitoresca, embora eclesiástica:

> Quando, no dia 28 de dezembro de 1985, o dr. Ulysses Guimarães cometeu talvez o seu mais grave pecado, ao apresen-

tar-me ao representante de Deus na terra como "um dos mais importantes jornalistas do país" e "representante das organizações Globo", o Papa João Paulo II replicou: "Rede Globo, Rede Globo, Rede Globo".[6]

Até o papa.

40. Protetor também de anticomunistas — por que não?

Essa pulsão de independência visceral levou o patrão de *O Globo* a não tolerar ingerências externas de nenhuma espécie. Protegia os seus, fossem de esquerda ou de direita. O mesmo patrão que defenderia "seus" comunistas contra a ditadura fechou posição para salvaguardar a voz de um direitista histriônico chamado Carlos Lacerda. Roberto Marinho não tinha predileções ideológicas. Sua predileção era a Globo.

Anticomunista de marca, Nelson Rodrigues, o dramaturgo que refundou o teatro brasileiro com peças decalcadas no jornalismo sensacionalista, como *Vestido de noiva* (1943) e *O beijo no asfalto* (1960) — esta diretamente inspirada na história de um repórter de *O Globo*, Pereira Rego —, trabalhou em *O Globo* por décadas. Seu conservadorismo desaforado o levou a aplaudir o golpe de 1964, embora seu filho Nelson Rodrigues Filho, ligado ao MR-8 (Movimento Revolucionário 8 de Outubro), uma das organizações da luta armada contra os militares, tenha sido torturado e mantido preso por sete anos. Também ele, Nelson, encontrou amparo nas páginas de O Globo.

Ele não perdia a chance de zombar da esquerda. Suas tiradas geniais destilavam seu caudaloso desprezo intelectual e ético pelos comunistas. Numa dessas, estabeleceu um nexo — causal — entre socialismo e imbecilidade:

> Outro dia, na casa de Otto Lara Resende, suspirava o poeta Vinícius:
> — A solução é a burrice.
> E ele era socialista por isso mesmo, porque o socialismo é burro. Estavam lá o anfitrião, Otto, o Hélio Pellegrino, eu e não sei mais quem. Ninguém protestou. No fundo, todos, ali, pareciam achar que o bom no socialismo não é a justiça, não é a paz, nem os bons sentimentos — é a burrice.[1]

A maior prova de gratidão que Roberto Marinho recebeu de um funcionário não foi escrita por um militante do PCB, mas pelo anticomunista Nelson Rodrigues. Numa crônica publicada em 21 de outubro de 1969, em O Globo — "O homem que fugiu dos 'outros'" —, o escritor conta como foi protegido pelo patrão. No trecho final da pequena obra-prima, narra o que se passou num sarau a que comparecera, três dias antes, num casarão na Gávea:

> [...] E, de repente, uma das senhoras presentes começou a falar mal de Roberto Marinho. Diga-se, de passagem, que a referida senhora era mais um decote do que uma senhora.
> O decote começou a dizer que Roberto Marinho era isso, era aquilo. Passou o garçom com a bandeja de salgadinho e apanhei um. O decote sem desconfiar que era só decote insistia em opinar. E jurava que Roberto Marinho não tinha nenhum idealismo, só pensava em si mesmo e não no

Brasil, era um péssimo patrão etc. etc. Os outros presentes inclinavam-se para o mesmo julgamento feroz.

Foi aí que comecei a falar. Preliminarmente, reivindiquei, para mim, a autoridade de quem conhecia Roberto Marinho há exatamente 38 anos. Entrei no Globo em 1931. Eu o conhecia e mais do que isso: — durante esses longos quarenta anos, eu tive com Roberto Marinho uma relação diária, direta, íntima. Fui mil vezes testemunha ocular e auditiva de sua coragem. Aí está a palavra: — coragem, que poucos brasileiros têm igual ou parecida. Isso por um lado. Por outro lado, não fazia outra coisa senão pensar no Brasil de uma maneira apaixonada, obsessiva e, o que é melhor, lúcida. Ninguém mais brasileiro do que Roberto Marinho.

O decote estava atônito. E não parei mais. Como patrão, contei o meu caso pessoal. Em 1935, fiquei doente do pulmão. Era o bom tempo em que os jornais chamavam a tuberculose, liricamente, de "peste branca". E, não obstante esse nome alvo, diáfano, a tuberculose era uma assassina profissional. Lembro-me de um sujeito que, na praça Quinze, correu para apanhar a barca que já apitava. E, de repente, parou. Parou e sentou-se no meio-fio. Veio a primeira golfada. Sangue vivo. Em seguida, vieram as outras. O homem tinha o olho enorme do asfixiado, o olho fixo do peixe. Morreu ali mesmo, afogado no próprio sangue. Continuando: — eu teria que subir, imediatamente, para Campos do Jordão. Já contei isso umas cinquenta vezes e contarei outras tantas, com uma gratidão que eu próprio considero obsessiva.

Ora, eu não estaria ali, entre os decotes, e nem aqui, rabiscando estas notas, se não fosse Roberto Marinho. Em 1935, eu poderia também sentar-me em qualquer meio-fio e banhar-me no meu próprio sangue etc. etc. Fui para Campos do Jordão, onde até os pombos, até os pardais, tinham hemoptises. Durante três anos, mês após mês, o mau patrão Roberto

Marinho pagou-me os vencimentos integrais. Eu não era ninguém, não tinha nome, era um vago funcionário de O Globo.
 O decote arregalou-se: — "Roberto Marinho é isso? Fez isso?". Mas eu ainda não acabara: — "Tem mais". Contei, então, um episódio recente, que me parece um dado psicológico, vital, decisivo. Um dia, um certo profissional de imprensa, vagamente suspeito, quis entrar para O Globo. Todo mundo manifestou-se contra sua admissão, menos Roberto Marinho. Foi advertido: — "Esse cara vai trair você na primeira oportunidade". Em suma: — era uma unanimidade feroz. Foi então que Roberto Marinho disse uma das coisas mais lindas, mais perfeitas, que já ouvi em toda a minha experiência jornalística, em toda a minha experiência humana. "Eu prefiro ser traído a desconfiar de todo mundo."
 Aí está todo o Roberto Marinho. Quem quiser vê-lo, em sua vida profunda, quem quiser sentir sua dimensão exata, não precisa senão conhecer esta frase. Dirá alguém — "Palavras, palavras, palavras". Exato. Mas palavras que vêm como uma irradiação de profundezas. "Prefiro ser traído a desconfiar de todo mundo." O que se esconde ou, por outra, o que não se esconde por trás dessa frase é todo um gesto de amor. Pode-se dizer também que há um pouco do nosso conhecido "amar ao próximo como a si mesmo".
 Um francês falava dos "outros" como assassinos de todos nós. Outro francês diz que o inferno são os "outros". O brasileiro Roberto Marinho quer, inversamente, acreditar nos outros, amar os outros, e ver nos outros uma essência que jamais será corrompida, uma graça que jamais será maculada.
 Vejam vocês: — Roberto Marinho tornou-se o assunto quase exclusivo desta crônica.[2]

Nelson Rodrigues ainda recebeu outro favor do patrão. Quando a ditadura militar se embrutecia mais e mais, a fotografia de seu filho estampava os cartazes de "terroristas procurados" que o regime mandava afixar em lugares públicos e publicar nos jornais. Quando esses anúncios apareciam em *O Globo*, Roberto Marinho dava um jeito de tirar a foto do terrorista procurado (só dava o nome). Nelson Rodrigues Filho acabaria na cadeia, mas, se é que isso serviu para aliviar o sofrimento da família, sua cara não apareceu em *O Globo* no papel de terrorista.[3] Nelson Rodrigues, pai, o anticomunista iconoclasta, soube ser grato, nos mesmos moldes em que os comunistas do patrão foram gratos. A gratidão, neste país, também não tem ideologia.

41. Isso, não

No dia 6 de fevereiro de 2003, uma quinta-feira, o ministro das Comunicações do primeiro governo de Luiz Inácio Lula da Silva, Miro Teixeira, mexia com o indicador esquerdo os cubos de gelo de seu *red label*, que suava sobre a mesa de toalha branca. Passavam poucos minutos da uma da tarde, e ele se descontraía para enfrentar um rodízio de carnes na badalada churrascaria de nome Porcão, em Brasília.

    O estabelecimento tinha as proporções arquitetônicas de um descomunal galpão de indústria. Na verdade, parecia um hangar de aeroporto, mas um hangar redecorado para ganhar ares de hall de entrada de um hotel-cassino em Las Vegas. Superfícies marmóreas enfeitadas com metais cromados e lustres de alta tonelagem adornavam os ambientes onde se enfileiravam mesas e mais mesas, com acomodações espaçosas para setecentos fregueses. Era uma imensidão. Se todos os deputados e senadores resolvessem almoçar ali, no mesmo dia, ainda sobrariam cadeiras para acomodar com folga uns assessores.

Aos sábados e domingos, famílias abastadas da capital federal afluíam em massa ao Porcão. Além delas, casais de forasteiros, formados por senhores de meia-idade vestidos de adolescentes de telenovela e moças carnudas de óculos escuros, completavam a paisagem. Havia também as crianças embonecadas, os jovens incertos em trajes de grunge chique, os turistas hesitantes e as recepcionistas de terninhos pretos. No meio disso, garçons deslizantes equilibravam espetos sangrando em bandejas de alumínio.

Nos dias de semana, o ambiente era menos informal. Autoridades, jornalistas, advogados e lobistas, uniformemente engravatados, se debruçavam em torno de costelas e mandioquinhas. Em 2003, o Porcão de Brasília era uma das instituições mais sólidas da República, onde o poder e a sociedade civil se entrelaçavam sorridentes, atrás de um oceano de sucos naturais em jarras médias, litros de gordura animal gotejante e bebidas sortidas.

Naquela quinta-feira do longínquo ano de 2003, o ministro Miro Teixeira desfrutava de uma consagradora lua de mel consigo mesmo. Tinha o olhar em farol baixo sob a cabeleira cerrada, mais longa do que curta, e grisalha. Suas sobrancelhas espessas davam a impressão de espetar como escova de aço. Aos 57 anos, encontrara o ponto de equilíbrio entre suas convicções, seus compromissos e suas circunstâncias. No ano anterior, tinha sido eleito, pelo PDT do Rio de Janeiro, para o seu oitavo mandato na Câmara dos Deputados, do qual se licenciara para comandar um dos ministérios mais visados, mais críticos e mais disputados do governo federal. Começara sua carreira no velho MDB em 1970, quando foi eleito pela primeira vez, tendo como padrinho o cacique Chagas Freitas, que governou a Guanabara e o Rio de Janeiro. Chagas Freitas tinha sido dono do diário *O Dia*, onde Miro trabalhou como jornalista.

Mais adiante, o político habilidoso trocou o chaguismo pelo seu polo oposto: filiou-se ao PDT de Leonel Brizola. Foi a partir do signo do trabalhismo brizolista que se aproximou de Luiz Inácio Lula da Silva e do Partido dos Trabalhadores. Feito ministro em 2003, era uma das raposas mais salientes do Planalto Central, unindo uma imagem de probidade pétrea à tarimba dos negociadores mais traquejados.

Com sua placidez imperturbável, Miro comparecia aos churrascos que o presidente Lula promovia na Granja do Torto no início de 2003. Eram ocasiões festivas, onde as estrelas do primeiro escalão, em mangas de camisa, trocavam elogios em voz alta. Vivia-se um clima de euforia em Brasília, de "agora, finalmente, vamos mudar este país". Miro não embarcava nessa. Ouvia a grandiloquência panfletária dos colegas sem se deixar afetar. Sua autoconfiança era de outra ordem. Não era ideológica, mas apenas pragmática e, de resto, física. Tinha segurança na fortaleza de sua saúde e se gabava de nunca ir a consultas médicas. "Eu não faço check-up", assegurava nas rodas da Granja do Torto, envaidecido de não ter de se submeter a nenhum tipo de regime alimentar. Dizia não praticar exercícios físicos. Não estava nem aí para essas coisas. "Chego em casa à noite e ainda tomo dois uísques", gracejava.

Em sua voz grave, num barítono metálico, bem no diapasão dos tufos agrestes das sobrancelhas, o sotaque carioca se sobressaía: "Doij ueshkesh". Miro não tinha ilusões. Sabia, desde aqueles primeiros dias de 2003, que o ministério de Lula não faria revolução nenhuma. Quando um excesso voluntarista era pronunciado à sua volta — uma "bravata", diria Lula —, ele apenas sorria em farol baixo. Sabia que os demais se excitavam com uma miragem. Vez ou outra, permitia-se um ar de embevecimento diante da afoiteza tola.

Era com esse semblante de tranquilidade que, naquela quinta-feira, em pleno descampado refrigerado do Porcão, o ministro esperava o malte se diluir no gelo que derretia. Calmamente. Assim era. Quem almoçava com ele naquele dia era o autor deste livro aqui. Era eu. E, neste momento, a primeira pessoa do autor do livro pede licença para entrar na história.

Eu era mais ansioso do que Miro Teixeira. Menos rodado e mais ingênuo. Como alguns dos outros que tinham se mudado para Brasília naqueles dias, estava acometido de uma certeza de que mudaríamos o país. Empossado havia 36 dias na presidência da Radiobrás, a estatal que fazia *A Voz do Brasil* e administrava emissoras do governo federal, entre elas a histórica Rádio Nacional do Rio de Janeiro, eu confiava que o Brasil seria outro depois de Lula. Eu acreditava nisso como acreditava serem reais, tangíveis e concretas as pedras de gelo à minha frente, rodando dentro do copo movidas por um dedo indicador.

Dentre as mudanças que viriam, eu estava convicto de que o governo encaminharia ao Congresso Nacional um projeto de lei para criar o marco regulatório dos meios de comunicação. Tratava-se de instituir no Brasil um sistema regulador nos moldes da FCC, a Federal Communications Comission americana, instituída pelo Congresso em 1934. Sentado diante do ministro, achei que era hora de convencê-lo dessa medida. Eu falava como um oráculo dos novos tempos.

O ministro não parecia se embriagar com minhas palavras. Ele tinha marcado o almoço comigo por outras razões. Seu interesse era apresentar sugestões para a Rádio Nacional do Rio de Janeiro, embora a Radiobrás, que eu presidia, não tivesse nenhum vínculo com o Ministério das Comunicações. Mesmo assim, resolvi atalhar e entrar com outra agenda. Inseri nos prolegômenos dos aperitivos o tema para o qual eu gostaria de convertê-lo. Gastei uns cinco, dez minutos, para expor a necessidade do novo marco regulatório para a radiodifusão no Brasil.

Nos Estados Unidos, eu disse, a FCC fora bem-sucedida. Como agência reguladora, tinha dado conta de proteger o regime da livre concorrência e da pluralidade de vozes no mercado dos meios de comunicação. Nós não tínhamos realizado essa tarefa no Brasil. Era chegado o momento de enfrentar o tema.

Expliquei a ele que, ao longo da segunda metade do século XX, o exemplo da FCC tinha inspirado legislações semelhantes em outros países democráticos. Só faltava o Brasil. Como ele me ouvia em silêncio, fui adiante. Lembrei ao ministro, em tom didático, que a legislação vigente no Brasil não previa sequer a formação de redes de televisão, o que abria brechas para a concentração de propriedade. Expliquei também que regular o mercado brasileiro não era uma bandeira de esquerda ou de direita, mas uma necessidade institucional das sociedades democráticas.

Para não ficar só na teoria, apontei casos reais. Em algumas regiões do Brasil, como a cidade do Rio de Janeiro, que ele conhecia bem, uma única organização empresarial, a Globo, era dona do maior diário impresso, da principal emissora de TV, de grandes emissoras de rádio (Globo e CBN), sem contar a televisão por assinatura. Nos Estados Unidos, prossegui, isso esbarraria nas normas estabelecidas pela FCC. No Brasil, entretanto, não havia limite para essa propriedade cruzada dos meios de comunicação. Até quando toleraríamos em nosso país esse vazio legal?, eu gesticulava na frente do impassível Miro Teixeira.

Uma linguicinha de lombo fatiada aterrissou em nossa mesa. Às vezes, o gelo tilintava, e eu seguia na peroração. Pensava no nome de Sérgio Motta, outrora ocupante daquela mesma pasta, o Ministério das Comunicações, no primeiro governo de Fernando Henrique Cardoso. Além de ter conduzido privatizações bem-sucedidas no setor de telefonia, patrocinou a aprovação da Lei Geral de Telecomunicações e fundou a Anatel (Agência Nacional de Telecomunicações). Numa outra lei, esta de 1995 (que seria revogada em 2011 por novo diploma legal que a substituiu), Motta pôs ordem no mercado de TV a cabo. Durante o primeiro governo FHC, ele fez muita coisa, só não mexeu com a televisão aberta.

Bem que tentou. Criou um grupo de trabalho que redigiu um projeto de lei. Esse projeto foi feito e refeito ao longo de várias versões, mas nunca saiu de seu gabinete. O ministro morreu em 1998, aos 57 anos (a idade que tinha Miro naquele nosso almoço), e o grupo de trabalho morreu com ele. Agora em 2003, eu pensava, o governo Lula poderia realizar o que Sérgio Motta não conseguiu.

Olhei nos olhos de Miro e disse que ele tinha a missão de liderar a elaboração de um projeto de lei que zerasse o déficit de modernidade que vínhamos arrastando fazia tempo. Assim, com esse toque de convocação da história, concluí meu monólogo. Sentia haver convencido meu interlocutor. Ele não tinha me interrompido, escutara meus argumentos, e tudo indicava que tomaria a palavra para elogiar a minha retórica. Terminei de falar revigorado em meu apetite de transformador nacional. Era líquido e certo que eu tocara o brio cívico do político pedetista que se declarava fã de Lula. Na certa, sairíamos daquela mesa de almoço com uma reunião agendada para instaurar um grupo de estudos que seria encarregado por ele de propor um projeto e resolver o anacronismo da nossa legislação.

Miro, vendo que eu tinha acabado meu discurso, mexeu de novo as pedras no copo, olhou para mim e escandiu pausadamente o seu sotaque. Eu me recordo agora, enquanto escrevo, de cada sílaba, eu me recordo da entonação. O que ele me disse dissipou qualquer dúvida que eu pudesse ter: Roberto Marinho ainda impunha um temeroso respeito nos gabinetes espalhados pela Esplanada dos Ministérios. A frase que segue agora é a que eu guardo na memória. Eu não registrei aquela conversa num gravador, não tenho o áudio comigo, mas tenho a lembrança viva do que ele disse: "Meu caro, se você fizer isso, o governo cai".

42. Fantasmagorias

Passados dezesseis anos daquele almoço, voltei a procurar Miro Teixeira. Queria tirar a limpo minhas rememorações. Fora isso, seria prazeroso revê-lo. De tantos que passaram por aquele período em Brasília, de tantos com quem convivi, Miro é dos poucos que sigo admirando da mesma maneira. Liguei para ele.

No dia 9 de maio de 2019, uma quinta-feira, almoçamos juntos no restaurante Alcaparra, no Flamengo, no Rio de Janeiro. Ele bebeu água. Eu também. Foram duas horas de ótima conversa. Cabelos completamente brancos, ele contou que havia se rendido à necessidade dos check-ups. Tinha perdido a eleição e estava sem mandato. "Às vezes me perguntam se tenho saudade de Brasília e eu minto. Digo que não." Explicou que sentia falta não do poder, mas dos debates na Câmara dos Deputados.

Sobre a frase devastadora que, na minha memória, ele pronunciara em 2003, tentou desconversar. "Eu não posso ter dito isso." Eu insisti, lembrando que ele fora breve, sumário, mas devastadoramente enfático ao rechaçar qualquer possibilidade de regulação dos meios de comunicação. "Miro", eu disse a ele, "a mensagem que você me passou naquele dia foi taxativa. Você me deu um recado direto: larga mão disso que isso não tem o menor cabimento."

Então ele se reconciliou com suas lembranças do nosso encontro no Porcão (que, em 2019, nem existia mais). "Isso eu posso ter dito, isso sim, que não tinha o menor cabimento." E continuou: "Eu achava isso e ainda acho. Acho que não deve acontecer [a regulação], que é restrição da liberdade, conteúdo não se regula. E não é papel do governo. E a proposta cairia [seria derrubada] no Congresso. Ou no Supremo".[1]

Era isso. Esse foi o teor da mensagem dele em 2003. Para o ministro das Comunicações de Lula, não havia sentido em se falar num marco regulatório de rádio e de televisão. E, do alto de sua convicção pétrea, o que ele deixou patente para mim foi um veto irrecorrível. Fiquei sem margem para replicar. O ministro Miro Teixeira dissera não, um não peremptório. Seria bobagem ou mesmo falta de educação voltar à mesma tecla. Mudamos de assunto. Ponto-final.

Em 2003, no dia 6 de fevereiro, saí do Porcão, em Brasília, com uma verdade estabelecida na cabeça. O presidente poderia mexer em muitas áreas, bem mais do que mexeu, mas não poderia, desde o primeiro mês de seu mandato, contrariar a Rede Globo de Televisão. Nunca, em nenhum dos governos do PT, a pauta do marco regulatório dos meios de comunicação entraria na agenda. E, desde aquele almoço, eu soube que seria assim.

O veto contra a regulação, ficou patente, nem era uma imposição de Lula ou do governo dele — era, sim, uma condição tácita — não expressa — da Globo. E, nesse ponto, seguindo o exemplo de Tancredo Neves, Lula não queria "brigar com o dr. Roberto" de jeito nenhum. Miro, de sua parte, não estava amedrontado ou tenso. Não se deixava intimidar. Simplesmente sabia, serenamente, pragmaticamente, os limites do espaço em que se movia. Mas isso ele nunca me disse — eu é que deduzi comigo mesmo.

Miro não tinha medo. Lula talvez não tivesse também. Mas o governo deles assimilara esse medo, um medo não declarado, naturalizado, emudecido. O que não deixava de ser engraçado. Naquela altura, o dr. Roberto já era um senhor de 98 anos de idade tragado por apagões de memória, com enfermeiros à sua volta. Por que razão ele ainda inspirava tanto medo? Eu não sabia responder, mas era assim que era.

Um observador poderia também questionar a Globo: o que vocês teriam a perder com a regulação? Qualquer um seria capaz de constatar: a Globo não perderia nada, assim como o governo não perderia coisa alguma. Ocorre que já havia um entendimento cristalizado, quase como um dogma, de que as palavras regulação e regulamentação eram sinônimo de censura e de obscurantismo. Estava sacramentado que esse era o limite inamovível da política brasileira. Não se mexeria em nada, nunca, que supostamente pudesse causar um esgar de sobrancelhas no semblante intocável do dono da Globo.

Roberto Marinho, que morreria em questão de meses, ainda aterrorizava. Ponto. Afrontá-lo — ou afrontar aquilo que achavam que ele pensava, mesmo quando ele já não pensava nada — era um ato mais que impraticável: era um ato impensável. Isso, sim, era poder.

Naquele mesmo 6 de fevereiro de 2003, quando Miro Teixeira, no Porcão de Brasília, jogou um balde de água fria em minhas veleidades transformadoras, o dono da Globo não dava mais expediente nas empresas. A cabeça falhava, suas lembranças recentes se apagavam e voltavam caoticamente. Ele não tinha mais as condições físicas para exercer a autoridade que sempre exercera.

Fora esses efeitos da esclerose, o velho homem até que passava bem. Tinha se recuperado de uma fratura na tíbia, causada por uma queda sofrida no dia 11 de agosto de 2002. Por um período, teve de recorrer ao auxílio de uma cadeira de rodas. Os médicos lhe receitaram anticoagulante em doses maiores. Queriam ter segurança de que nenhum coágulo se formasse e viesse a causar danos piores. Em meses, a saúde se normalizou. Em fevereiro de 2003, ele já caminhava normalmente, o que foi considerado uma grande conquista pela família — é raro que pessoas idosas, depois de uma fratura, recuperem os movimentos. Sua pressão arterial, monitorada diariamente, seguia bem.

Naquela quinta-feira em particular, enquanto Miro Teixeira desencorajava o marco regulatório no Porcão, em Brasília, a pressão de Roberto Marinho, no Cosme Velho, estava ótima. As medições registraram 12 por 7 às onze horas da manhã, 12,5 por 6,5 às cinco da tarde e 12 por 7 às onze da noite. Mas o paciente estava fora de combate. Àquela altura, Roberto Marinho ainda assustava governos, mas era mantido pela família em casa, afastado do comando de suas empresas.[2]

No dia 29 de julho de 2003, em sua aparição pública derradeira, ele participou de uma missa comemorativa dos 78 anos de fundação do jornal *O Globo*.[3] Só o que restava dele era o espectro do que fora. Sua glória tinha virado decrepitude, entre lapsos de memória e de consciência.[4] Em 2003, o seu fantasma, que entrou na ativa antes de seu corpo perder a vida, já tinha tomado posse do seu império.

PARTE 6:
IMAGENS NO TEMPO

43. Até que um dia, faltou

O dia 6 de agosto de 2003 caiu numa quarta-feira. No Cosme Velho, o temido senhor acordou tarde, às onze e meia da manhã. Tomou café e pediu para cancelar um almoço na TV Globo. Sua pressão arterial foi medida: 13 por 8. Seguiu direto para sua sessão de fisioterapia, que tinha se tornado rotineira desde a fratura na tíbia, um ano antes.

Quinze minutos depois de iniciados os exercícios, o fisioterapeuta Luís Felipe Guimarães chamou o mordomo Edgar Peixoto. O dr. Roberto não se sentia bem. O velho homem ergueu os olhos, encarou o mordomo e pediu: "Edgar, me tira dessa".[1]

Edgar nunca esqueceria aquele comando. Não desgrudava do patrão. Cuidava com esmero das suas 5328 gravatas e o ajudava a não repetir nenhuma.[2] Era o almoxarife das abotoaduras caras, com pedras preciosas, adornos que o punham, segundo Lily Marinho, no mesmo plano de Gianni Agnelli, David Rockefeller e Guy de Rothschild.[3] A vaidade lapidada do marido de Lily despertava inveja desde os anos 1930 — inveja confessa, como a de Nelson Rodrigues: "Fui, por muito tempo, uma espécie de Raskólnikov de Roberto Marinho. Odiei a sua casa, as suas varandas, os seus automóveis, os seus ternos, os seus cristais".[4]

O mordomo fitava o velho bilionário à sua frente, agora desabado à condição de moribundo. Chamou os dois médicos particulares que o atendiam. O primeiro a chegar foi o dr. Cláudio Domênico, cardiologista, que estava bem perto, no Hospital Silvestre, no bairro do Cosme Velho. Em seguida, entrou na casa o dr. Marcus Túlio Haddad, clínico geral e gastroenterologista, vindo do Hospital Samaritano.[5] Dona Lily montou guarda ao pé da cama e não desgrudou.[6] Os filhos foram alertados.

Pouco depois, a ambulância cruzou o portão da residência. Chegou sem atraso. O trânsito estava calmo. Quando o paciente chegou ao Hospital Samaritano, na rua Bambina, em Botafogo, a equipe médica fez o diagnóstico: um trombo, provavelmente originado da fratura que ele sofrera um ano antes, chegara ao pulmão.[7]

Roberto teve uma parada cardíaca. Foi reanimado. Por volta das quatro da tarde, os médicos entraram com medicação forte para dissolver o coágulo e, duas horas depois, viram que não dava resultado. Decidiram partir para uma cirurgia,[8] que começou pouco depois das nove da noite.

Às dez e meia, o homem que só remotamente considerava a hipótese de, um dia, vir a faltar, morreu.[9] Causa mortis: "embolia pulmonar, trombose venosa profunda".[10]

Para o filho mais velho, Roberto Irineu, foi um descuido, algo que poderia ter sido evitado: "Ele morreu de bobagem. Quebrou a perna um ano antes e, na emenda do osso, saiu um trombo. Ele morreu de trombose".[11]

O velório começou às dez da manhã do dia seguinte, no

Cosme Velho. O arcebispo emérito do Rio de Janeiro, cardeal dom Eugenio Sales, rezou em voz alta. O presidente da República, Luiz Inácio Lula da Silva, acompanhou o "pai-nosso". Dois ex-presidentes, José Sarney e Fernando Henrique Cardoso, compareceram, além de seis ministros de Estado e quatro governadores. Duas mil pessoas, entre empresários, artistas e políticos, foram ver o corpo. O enterro foi marcado para o mesmo dia, 7 de agosto, num ritual fechado para cerca de duzentos familiares e amigos no cemitério São João Batista, em Botafogo. Faltavam dois minutos para as quatro da tarde quando o caixão entrou na sepultura.[12] O presidente Lula decretou luto oficial de três dias.

44. Inclassificável

O economista Albert Fishlow, da Universidade Columbia, de Nova York, propôs a síntese de uma figura difícil de classificar: "Podemos dizer que, de certa maneira, Roberto Marinho inventou a globalização antes dos economistas".[1]

Dias depois do funeral, o semanário britânico *The Economist* publicou um necrológio alentado. O texto lembrou o verso de "Noites do Norte", uma canção de Caetano Veloso: "A escravidão permanecerá por muito tempo como a característica nacional do Brasil". *The Economist* não registra que a frase é uma citação da obra do advogado, político, jornalista e diplomata pernambucano Joaquim Nabuco (1849-1910), mas isso não importava nessa hora. Antes, importava que, na música, ressoa a permanência, mais do que da escravidão, das palavras fatídicas do abolicionista Nabuco, que seguiriam válidas até pelo menos o início do século XXI. Quanto às palavras do necrológio, elas iam adiante: "Os brasileiros são escravos, escravizados pela Globo".[2] Em sua acidez ferina, a revista britânica fez justiça: "Mr. Marinho ajudou a unificar o país. Ele contestou a crença de que o maior país da América do Sul era grande demais".[3]

Mas todo juízo é ambíguo. Roberto Marinho tornou o Brasil mais próximo do Brasil, provando que ele não era tão imenso a ponto de não poder se congregar numa identidade única. De outra parte, a unificação não se traduz numa operação linear, simplória. Ao contrário, ela se conforma como um advento complexo, instável, com sinais ambivalentes: pode ser reputada como um acontecimento positivo e negativo ao mesmo tempo. Positivo porque, mais próximo de si, o Brasil se reconhece como unidade. Negativo porque, ao se condensar no plano das imagens, o Brasil se achata, como quem se apequena, e se converte num signo estreito, redutor, estabelecido de cima para baixo. Qual o lado certo dessa equação hostil?

A ambiguidade do personagem, a grandeza incômoda que ele adquiriu — sobretudo depois de morto — fazem dele um sujeito singular. O semanário *The Economist*, com sua prosa cortante, no limiar do cinismo, parece saber disso. Roberto Marinho não foi um como outros. Ao não caber num paradigma unívoco, perdura, demandando um olhar que o tome como régua de si mesmo.

O jovem vaidoso e violento que chegou à idade adulta como um senhor diplomático e determinado foi um narciso safo. Ele se divertia com a própria egolatria, mas não a ponto de se deixar iludir pelos efeitos do espelho. Sabedor de seus limites, assim como de sua potência, subiu além da fronteira que o tempo lhe impôs. Dele, pode-se dizer que forjou a cara do capitalismo e do poder do Brasil na segunda metade do século XX. Sua influência empresarial e política mostrou uma longevidade improvável: iniciada na Revolução de 1930, alcançou, incólume, a formação do governo Lula, mais de setenta anos depois. Sua biografia integrou o Brasil ao Brasil, mas também o Brasil à sociedade do espetáculo — daí o acerto de dizerem que ele inventou a globalização antes dos economistas.

Roberto Marinho não foi apenas um dos gerentes mais poderosos do processo pelo qual a imagem eletrônica se converteu no fator identitário da nacionalidade. É também um autor desse processo, como um artista é autor de uma pintura ou de uma escultura. Esteve na vanguarda da modernização da indústria do entretenimento e de suas implicações sobre o jornalismo, diretamente. Com a Globo, o jornalismo inventou a linguagem performática que mudaria a própria natureza da notícia.

Por fim, esse homem inaugurou um jogo de cintura, um baião de dois entre Estado e mercado, para além dos marcos do patrimonialismo lusitano. Sem esse amaciamento ultramoderno, o capitalismo do espetáculo, meio de compadrio, meio chucro, sempre hipertecnológico, não teria sido viável nas terras brasileiras. Não fosse isso, sua personalidade não teria se fincado no posto de "hub" incontornável dos acordos e das pacificações institucionais que proporcionaram o senso de equilíbrio e de progresso ao imaginário nacional, trama em que as representações do Estado e da sociedade ganhariam vida. Ele pôs no ar um país cuja fisionomia simplesmente não existia antes da Rede Globo. Roberto Marinho pôs no ar o Brasil. Apenas isso. Um Brasil moderno, em que as novelas adestraram famílias de baixa renda no controle da natalidade, e ao mesmo tempo antiquíssimo, em que as imagens que mostravam o mundo colorido escondiam os acertos de plutocratas, oligarcas e o Estado que tornava possível o maravilhamento tecnológico. Um Brasil patriótico e coeso, em que a televisão servia de estádio continental para os certames desportivos em que a nação se media com as demais, como nas Copas do

Mundo que faziam o êxtase dos governos militares; ao mesmo tempo, um Brasil oprimido, em que o show ufanista ocultava a tortura de presos políticos praticada pelos militares e as causas profundas da desigualdade econômica, racial, social e de gênero. Roberto Marinho inaugurou um Brasil imaginário em que o povo se reconheceu e se identificou como brasileiro.

Os segredos do baião de dois futurista e retrógrado, o homem não os contou a ninguém. Dominou-os, apenas. Nunca foi vencido. Alguns tentaram, mas não houve quem o tivesse derrotado.

Cidadão Kane caboclo? Nem pensar. Ele é diferente de Charles Foster Kane. Não tem o matiz de Kane em matéria de vilania. Não peca, como Kane, pelo primitivismo político. Não sucumbiu à carência amorosa ou à petulância. Num detalhe mínimo, porém, talvez o Roberto Marinho real guardasse um traço do Cidadão Kane fictício. Esse detalhe, quase intangível, só se deu a ver nas exíguas frações de segundo em que os dois, distraídos, picados por limalhas de cenas da infância, deram de cara com a finitude irredutível.

45. Boneco

Na noite de 5 de junho de 1991, quarta-feira, o Rio Design Center, no Rio de Janeiro, abriu uma exposição de arte: "Paixões secretas de gente muito importante". A ideia foi da curadora Licia Olivieri, que depois viria a ser a gerente operacional do Instituto Casa Roberto Marinho, o espaço cultural em que se converteu a residência do Cosme Velho, para abrigar a valiosa coleção do antigo morador. Lícia reuniu, no showroom do Rio Design, as obras de arte favoritas de colecionadores ilustres da cidade, como Austregésilo de Athayde, da Academia Brasileira de Letras; Marcello Alencar, que, na época, era o prefeito; o cirurgião plástico Ivo Pitanguy; o maestro Tom Jobim; e, claro, Roberto Marinho. A curadora pediu a seus convidados — 33 no total — que cedessem uma única peça para a exposição, mas que fosse a predileta de cada um, aquela de que mais gostavam. Sobre essa peça, deveriam escrever uma apresentação, um pequeno testemunho.

Roberto Marinho escolheu a tela de nome *Boneco*, do modernista brasileiro José Pancetti (1902-58), que ele ganhara de presente do pintor no final dos anos 1940, por ocasião de seu noivado com Stella Goulart.[1] Entre todas as preciosidades de sua vasta coleção, nenhuma o emocionava mais.

A pintura, datada de 1939, tem dimensões modestas: 46,5 × 39 cm. Retrata um boneco de pano que ocupa praticamente toda a área do quadro. A figura está sentada, recostada num canto de parede, com as pernas ligeiramente abertas, esticadas. Embora não esteja deitada, assume uma posição que lembra uma postura de relaxamento na ioga, conhecida como Shavasana, a "posição do cadáver". Com as costas apoiadas na parede, jaz com a cabeça reclinada.

Os tons da pintura são pastéis. Variam do bege (o tecido que confecciona o personagem central) ao azul-claro, pálido (da parede), passando pelo verde-esmaecido (o plano horizontal em que o modelo está sentado). No rosto, o pintor rabiscou as feições de um menino de olhos fechados, o que intriga. Aquele boneco tem um quê de gente.

Mas não tem mãos. Os bracinhos acabam bruscamente nos punhos. Pés, ele tem. Usa sapatinhos de bebê. As solas trazem um toque de azul-escuro, vítreo, que reluz (e que só se vê no original; as reproduções fotográficas não captam esse azul). Fora as sapatilhas, não há outra peça de roupa. O ser que jaz está nu.

No hemisfério sul da tela, descansam três frutas. Nelas, as cores são fortes. À direita da figura em Shavasana, vemos uma pera com manchas róseas; entre os pés abertos, uma ameixa rubra; à sua esquerda, uma laranja em amarelo-radioso. As frutas nos informam sobre o tamanho do boneco: seu braço é pouca coisa mais comprido que uma pera.

Em 1991, atendendo ao pedido da curadora Lícia Olivieri, o proprietário dessa tela escreveu seu depoimento:

> Toda vez que olho esse pequeno quadro de Pancetti, tenho a comovida sensação de estar olhando para dentro de mim

mesmo. Tem ele um poder evocativo que me fascina, pois que dentro desse boneco há um menino, envolto de solidão, mistério e fantasia.

    Indiferente ao passar do tempo, como se algo de eterno o preservasse, o menino que pressinto dentro do boneco vive em algum encantado recanto de minha infância. Singelamente cercado de frutas — a pera, a ameixa, a laranja —, ele as transforma em brinquedos simples e coloridos. E com eles cria seu mundo de sonhos e de paz.

    Minha secreta paixão por esse quadro talvez se explique pelo fato de eu vê-lo como um símbolo do momento solitário em que o menino desenha, com as cores da pureza, o futuro do homem que será, um dia.[2]

Pelo texto, é perceptível que o dono do quadro falava como dono não apenas do quadro, mas do ser pequenino nele retratado. Ele escreve como se aquele retrato já existisse dentro dele, desde antes de Pancetti ter pensado em pintá-lo. Ele se sentia o dono soberano de um brinquedo que nunca existira no plano físico. Existiu, antes, em sua memória primordial. Depois de 1939, passou a existir como imagem, mas nunca como boneco de verdade. Foi o tempo todo um boneco de imagem, um boneco imaginário.

Nas poucas palavras que redigiu para a exposição de 1991, Roberto Marinho fala de si mesmo e da imagem que carregou a vida toda. Contemplando a sua obra predileta, o colecionador via a si mesmo, no passado. Ele encarava a pintura como quem se postava diante do espelho — um espelho que autorizava seu olhar a atravessar o tempo.

Em sua descrição, temos o atestado explícito do trauma que o acompanhou por toda a vida. Ali está a dor silenciosa do pirralho que, um dia, apanhou na escola. Já não importa o dia exato em que foi espancado. Não importa se foi aos sete, aos dez ou aos doze anos. Tudo isso é poeira que se foi. Importa, sim, é que na sensibilidade do magnata ele se via, na origem, como um ser minúsculo, inconsciente, batido, nocauteado. Eis o que o comovia tanto na tela de Pancetti.

Ao lado do frágil corpo desacordado, o homem de quase noventa anos revê as frutas que tinha levado para o recreio e que não pôde morder. As frutas também ficaram caídas no chão, abandonadas. Natureza-morta. Shavasana. Organismos inertes ao lado de um boneco imaginário que não tinha mãos e que, por não tê-las, não pôde devolver o soco que o derrubou. Mãos amputadas. Dor castrada.

Num segundo fôlego do olhar, o velho viu ali a fonte maior de sua força. Tanto é assim que ele mesmo escreve: "Um símbolo do momento solitário em que o menino desenha, com as cores da pureza, o futuro do homem que será, um dia". Viu o momento em que se transformou no homem corajoso que queria ser.

Foi a memória oculta, inconfessa, da criança nocauteada que o impeliu para o combate. Sua força brotou dessa imagem antes mesmo de ela ter sido pintada: um boneco desfalecido que não tinha mãos, um boneco de olhos fechados. Essa imagem foi senhora na alma do senhor de todas as imagens.

Agradecimentos

Este livro só foi possível porque a jornalista Ana Helena Rodrigues aceitou minha convocação para ajudar nas pesquisas. Eu queria ter base documental para todas as informações, e o volume de documentos, livros e jornais antigos era maior do que aquele que, sozinho, eu daria conta de manejar. Obrigado, Ana Helena.

Agradeço ao jornalista Mario Sergio Conti e à historiadora Lilia Moritz Schwarcz, coordenadores da coleção Perfis Brasileiros, pelo honroso convite para que eu escrevesse este livro. Tenho Mario Sergio na conta de um grande editor. Eu já tinha trabalhado com ele na revista *Veja* (como seu repórter, nos anos 1980, e depois como seu colunista, nos anos 1990) e no *Jornal do Brasil* (também como colunista, entre 2001 e 2003). Agora, neste projeto, ele me deu orientações minuciosas e estruturantes — todas acatadas.

Lilia Schwarcz, na leitura dos originais, sugeriu mudanças salvadoras, também acatadas. Otavio Marques da Costa, editor da Companhia das Letras, pilotou a edição final com presteza, competência e um talento impressionantes. Stéphanie Roque, Cássia Land e Fábio Fujita cuidaram do acabamento de forma esmerada.

Registro meu agradecimento a João Brant, que me passou dados que obteve na pesquisa para o seu doutorado e que não usou no texto final da tese (defendida com brilhantismo em 2018, no Departamento de Ciência Política da Faculdade de Filosofia, Ciências e Letras da Universidade de São Paulo).

Silvia Regina de Almeida Fiuza, doutora em história da cultura pela PUC-RJ, mestre em antropologia social pelo Museu Nacional da UFRJ e diretora do Acervo Roberto Marinho, do Grupo Globo, foi atenciosa e prestativa para sanar dúvidas na fase final de redação do perfil. Gisele Vitória Machado sugeriu complementos de apuração, que foram seguidos. Lauro Cavalcanti e Licia Olivieri, do Instituto Casa Roberto Marinho, ajudaram com seu conhecimento minucioso sobre a história da residência de Roberto Marinho, no Cosme Velho, e sobre a coleção de arte que ele acumulou. Minha assistente no escritório, Vera Lúcia da Silva, deu apoio logístico. Maria Paula Dallari Bucci fez indicações essenciais sobre história política do Brasil no século XX.

Por fim, o Mineiro. Ou, no começo, o Mineiro. Quando aceitei a incumbência de um dia redigir este trabalho — e só aceitei porque a encomenda era um perfil curto, e não uma biografia —, Luiz Antonio Novaes, o Mineiro, ficou empolgado e me estimulou. Amigo meu desde o curso de jornalismo na Escola de Comunicações e Artes, onde me recrutou para a Liberdade e Luta (corrente do movimento estudantil de inspiração trotskista, surgida na década de 1970), passou a me enviar recortes de jornal de O Globo sobre o personagem em questão. Arquivista determinado, historiador por vocação, dono de uma memória rara e dadivosa, botou fé no projeto. Acreditava nisso mais do que eu.

O Mineiro foi um grande jornalista, consagrado por uma carreira virtuosa em O *Globo*. Como fechador da primeira página do jornal de Irineu e Roberto Marinho, inventou uma linguagem pontuada de humor que se tornou marca da casa. Morreu em 2016, aos 56 anos, sem ver este livrinho, que a ele é dedicado.

Notas

1. PANCADA INAUGURAL [pp. 17-22]

1. Depoimento de Jorge Rodrigues, que foi advogado de Roberto Marinho: "O Roberto era um homem de grande coragem física. Ele dizia o seguinte: 'Um homem que não tem coragem não merece viver'" (Pedro Bial, *Roberto Marinho*. Rio de Janeiro: Zahar, 2004, p. 24).
2. Essas notas foram arquivadas no Acervo Roberto Marinho, sediado na Globo, no Rio de Janeiro. No dia 20 de fevereiro de 2019, uma transcrição das notas foi enviada por e-mail, pela equipe do acervo, para o autor deste livro. Roberto Marinho as guardou numa pasta com o título: "As brigas no Colégio Paula Freitas. A cena de agressão no colégio Anglo-Brazileiro [onde ele estudaria mais tarde]. A revanche". Embora as anotações não precisem a data do incidente, a historiadora Silvia Fiuza, responsável por toda a documentação armazenada, considera que tudo se passou nas primeiras semanas de aula no Paula Freitas. "Pelo que está nos escritos dele, quando estava no primário, teve uma briga com um garoto", escreveu ela em um segundo e-mail sobre o assunto, em 8 de julho de 2019. O Acervo Roberto Marinho, divisão do Grupo Globo com a missão de guardar a história das empresas Globo, de seus fundadores e acionistas, ocupava, em 2019, uma área de duzentos metros quadrados no bairro da Gávea, no Rio de Janeiro. Seis pesquisadores (historiadores

com mestrado e doutorado), dois jovens aprendizes e alguns prestadores de serviço (jornalistas, museólogos, restauradores, fotógrafos, técnicos em informática, entre outros) trabalhavam nesse centro de memória cuidando de mais de 200 mil documentos, entre cartas, relatórios, matérias de jornais e revistas, fotografias, vídeos, objetos tridimensionais e outros materiais. Além disso, o acervo mantinha os sites Memória Roberto Marinho (em fase de reformulação no ano de 2019) e História do Grupo Globo.

3. A biografia escrita pelo jornalista Pedro Bial, publicada em 2004, baseada em extensa pesquisa realizada pela equipe do projeto Memória Globo, narra o episódio em letras ligeiras, mas seguras, registrando o soco e o nocaute. Ver Pedro Bial, op. cit., p. 71.

4. Família Paula Freitas, "Origens e legados". 9 fev. 2016. Disponível em: <http://familiapaulafreitas.blogspot.com.br/>. Acesso em: 20 dez. 2018.

5. Leonencio Nossa, *Roberto Marinho: o poder está no ar. Do nascimento ao Jornal Nacional*. Rio de Janeiro: Nova Fronteira, 2019, p. 12: "Elizabeth Marinho, filha de Hilda, irmã caçula de Roberto, conta que a origem da família sempre foi um assunto 'estranho' nas conversas de domingo. Algo de que não se falava. 'Certa vez, ouvi minha mãe dizer que Edwiges era mulata'".

6. Jacques Marcovitch, *Pioneiros e empreendedores: a saga do desenvolvimento no Brasil*, v. 3. São Paulo: Edusp, 2012, p. 175. Ver também Fernando Morais, *Chatô, o rei do Brasil: A vida de Assis Chateaubriand, um dos brasileiros mais poderosos deste século* (São Paulo: Companhia das Letras, 1994, p. 671).

7. "O Roberto Marinho era de certa forma mulato, o pai dele era de uma pele mais escura, tinha traços negroides como todo o brasileiro. [...] Uma curiosidade é que ele até o fim da vida usou pó de arroz. Tem um lado que é o fato de ser um hábito de época, que no início do século os homens ainda se empoavam, mas também pode ser por um certo desconforto com a própria cor. Podia ser um complexo, mas não cheguei a uma conclusão. A Lily [Marinho, terceira esposa de Roberto Marinho] acha que é uma coisa de homem de época, o João Roberto [o terceiro filho] acha que podia ser alguma coisa a ver com a cor" (entrevista do biógrafo Pedro Bial para Darlan Alvarenga, em 4 de dezembro de 2004, na publicação on-line *Último Segundo*, "O homem Roberto Marinho por trás do mito e do patrão". O site Observatório da Imprensa reproduziu essa entrevista ao lado de outros textos sobre a vida de Roberto Marinho. Disponível em: <http://observatoriodaimprensa.com.br/entre-aspas/renata-lo-prete-28553/>. Acesso em: 15 nov. 2018).

8. Anotações arquivadas no Acervo Roberto Marinho.

9. Pedro Bial, op. cit., p. 28.

10. Fonte: Acervo Roberto Marinho.
11. Pedro Bial, op. cit., p. 13.
12. Ibid., p. 68.
13. Ibid., p. 71. Em suas notas memorialísticas, o próprio Roberto Marinho não faz menção ao apelido do garoto que o surrou, mas Bial o identifica como "Mongaguá". Não se conhece o nome de batismo do personagem.
14. Notas guardadas no Acervo Roberto Marinho.

2. SEM TRABALHO E SEM ESCOLA [pp. 23-8]

1. Jorge Cesar Pereira Nunes, "História gonçalense: O modelo inglês (de ensino)". *Tafulhar*, 2014. Disponível em: <https://tafulhar.com/2014/04/historia-goncalense-o-modelo-ingles-de.html?pfstyle=wp>. Acesso em: 16 dez. 2019.
2. Leonencio Nossa, op. cit., p. 34. Ver também Pedro Bial, op. cit., p. 28.
3. Entrevista concedida a Helio Contreiras, "O homem que faz presidentes" (*Jornal da Tarde*, São Paulo, 6 abr. 1993, p. 12).
4. A carta foi publicada na íntegra em *O Globo* (Rio de Janeiro, 2º clichê, p. 3, 19 dez. 1989).

3. UMA SOVA NO LARGO DA CARIOCA [pp. 29-34]

1. Memória Globo, "Irineu Marinho". Disponível em: <http://memoria.oglobo.globo.com/perfis-e-depoimentos/irineu-marinho-9124075>. Acesso em: 15 jul. 2019.
2. Um excelente retrospecto histórico da biografia de Irineu Marinho e de seu contexto na imprensa carioca foi publicado em 2012 por Maria Alice Rezende de Carvalho, em *Irineu Marinho: Imprensa e cidade* (Pref. de José Murilo de Carvalho. São Paulo: Globo, 2012).
3. "Tocaia sinistra". *A Noite*, Rio de Janeiro, 9 maio 1925, p. 1.

4. COMO *A NOITE* MUDOU DE DONO [pp. 35-41]

1. "Irineu Marinho". *A Noite*, Rio de Janeiro, 21 ago. 1925, p. 1.
2. Segundo o site oficial das memórias de Roberto Marinho, este pacto foi selado: "Um acordo verbal previa a devolução do controle acionário caso Marinho sobrevivesse à cirurgia e à viagem que faria, logo depois, para se restabelecer". Ver em Memória Roberto Marinho, "A perda de 'A Noite'". Disponível em: <http://robertomarinho.com.br/mostras/iri-

neu-marinho/a-noite/a-perda-de-a-noite.htm>. Acesso em: 20 dez. 2018. Geraldo Rocha, no entanto, nos artigos que escreveu a respeito, não confirmou publicamente a existência desse acordo, embora não o tenha negado expressamente.

3. Em 1929, nas páginas de A Noite, o próprio Geraldo Rocha lembra o episódio numa coluna que ele assinava, chamada "Secção Ineditorial". Nos textos intitulados "Minhas relações com Irineu Marinho" e "Meus negócios com Irineu Marinho", publicados respectivamente nos dias 22 e 23 de abril de 1929, sempre no alto da página 2, Rocha detalha a memória dessa colaboração. Ver também o artigo "Vivo o espírito de Marinho", também de Geraldo Rocha, publicado bem mais tarde, em 3 de agosto de 1956, em O Globo (Rio de Janeiro, Matutina, Geral, p. 9). Neste último, o tom adotado por Geraldo Rocha é de homenagem a Irineu Marinho.

4. Maria Alice Rezende de Carvalho, op. cit., p. 69.

5. QUANTO VALIA AQUELE VESPERTINO? [pp. 42-5]

1. Conforme cifra publicada no jornal A Noite, no dia 9 de maio de 1925, primeira página, na reportagem "Tocaia sinistra". No mesmo artigo, ele reproduz um fac-símile do documento assinado por Marinho, um recibo manuscrito, declarando que cedera a Rocha suas 3808 ações, em dezembro de 1925.
2. Geraldo Rocha, "Como e por que Irineu Marinho sahiu da 'A Noite'", A Noite, Rio de Janeiro, 24 abr. 1929, p. 2. Ver também o artigo publicado no dia 23 de abril de 1929, na página 2, na coluna "Secção Ineditorial", intitulado "Meus negócios com Irineu Marinho". Ali também Geraldo Rocha muda a cifra e fala em 3 mil contos (não mais em 3400).
3. Jorge Caldeira, *Júlio Mesquita e seu tempo*. São Paulo: Mameluco, 2015, p. 425, v. 3.
4. Ibid., p. 465.
5. Thomas H. Holloway, *Imigrantes para o café*. São Paulo: Paz e Terra, 1984, p. 268. Ver tabela de conversão disponível em: <http://ocaixa.com.br/bancodedados/dolaranualmedio.htm>. Acesso em: 24 mar. 2017. No câmbio de 1923, pela média do ano, 1 mil réis equivalia a 0,1 dólar, daí que um dólar comprava 10 mil réis. Essa era a proporção convencional, aceita na época, e perdurou com poucas flutuações ao longo daquela década. Em 1929, quando A Noite organizava o concurso de Miss Brasil, o dólar tinha se desvalorizado em 20% em relação a 1923: 1 mil réis equivaliam a 0,12 dólar. Naquele ano, a Miss Brasil foi Olga Bergamini de Sá, que recebeu um prêmio de 10 mil dólares. A de 1930, Yolanda Pereira, recebeu o mesmo prêmio na moeda nacional:

cem contos de réis, ano em que o câmbio estava em 0,11 de dólar para 1 mil réis. Mas a proporção de um décimo do dólar para cada 1 mil réis, ou um dólar para cada 10 mil réis, continuava ainda como uma referência socialmente aceita. Esses números reforçam a estimativa de que 3400 contos de réis equivaliam efetivamente a 340 mil dólares.

6. A inflação no período: 1334,55%. Índice utilizado: USCPI 31011 913 (Bureau of Labor Statistics). Ver em: <http://fxtop.com/pt/calculadora-de-inflacao.php?A=1%2C7&C1=USD&INDICE= USCPI31011913&DD1=01&MM1=05&YYYY1=1924&DD2=29&MM2=08& YYYY2=2017&btnOK=Calcular+equivalente>.

6. OCEANO [pp. 46-52]

1. O biógrafo Pedro Bial afirma que a família viajou no luxuoso *Conte Rosso*: "Logo Roberto veria que a vida é luta mais que briga. [...] Viu o luxo dos salões do *Conte Rosso*, as sedas, as tapeçarias e cristais da primeira classe; e viu também os passageiros mais humildes, as famílias de imigrantes, a terceira classe onde os pais de sua mãe tinham viajado, sem passagem de volta, a caminho do Brasil" (Pedro Bial, op. cit., p. 72).
2. Ibid., p. 73.
3. Fonte: jornal eletrônico *Novo Milênio*. Disponível em: <http://novomilenio.inf.br/rossini/conteros.htm>. Acesso em: 20 dez. 2018. As passagens compradas pela família no *Conte Rosso* fazem parte do acervo da família. O jornal A *Noite*, quando noticiava a viagem, sempre cita o nome do *Conte Rosso*.
4. "Morre Roberto Marinho, aos 98 anos". *O Globo*, Rio de Janeiro, 7 ago. 2003, p. 5A. Roberto Marinho provavelmente se confunde ao dar o nome do navio, pois todas as fontes atestam que os Marinho viajaram no *Conte Rosso*, não no *Giulio Cesare*, outro transatlântico adorado pelos milionários dos anos 1920. Outra hipótese a ser considerada é a de que a família Marinho tenha embarcado no *Giulio Cesare* em algum percurso pelo mar Mediterrâneo, depois de chegar à Europa, mas não há informações disponíveis que esclareçam essa dúvida.
5. Pedro Bial, op. cit., p. 79. Em A *Noite*, numa nota no segundo clichê, na página 2, há efetivamente a informação de que prisões que teriam sido feitas seriam julgadas no Supremo Tribunal Federal, mas não há uma menção explícita ao nome de Leal da Costa.
6. Geraldo Rocha, "Vivo o espírito de Marinho". *O Globo*, Rio de Janeiro, Matutina, Geral, 3 ago. 1956, p. 9.
7. "Tocaia sinistra". A *Noite*, Rio de Janeiro, 11 maio 1925, p. 2.
8. "Tocaia sinistra". A *Noite*, Rio de Janeiro, 12 maio 1925, p. 2.
9. "Vasco Lima". A *Noite*, Rio de Janeiro, 14 maio 1925, p. 2.

10. "Vasco Lima". *A Noite*, Rio de Janeiro, 15 maio 1925, p. 2.
11. "Tocaia sinistra". *A Noite*, Rio de Janeiro, 29 maio 1925, p. 3.
12. "Tocaia sinistra: Denúncia dos criminosos". *A Noite*, Rio de Janeiro, 15 jun. 1925, p. 2.
13. Leonencio Nossa, op. cit., p. 40.

7. O JORNAL QUE SE LIA "POR AMOR" [pp. 53-5]

1. Marialva Barbosa, *História cultural da imprensa: Brasil, 1900-2000*. Rio de Janeiro: Mauad, 2007, pp. 57-8.
2. Ibid., p. 86.
3. Ibid., pp. 59-60.
4. Nelson Rodrigues, *A menina sem estrela: Memórias*. São Paulo: Companhia das Letras, 1993, p. 112. Crônica originalmente publicada no *Correio da Manhã*, em 1967.

8. INVENTAR *O GLOBO* E DEPOIS MORRER [pp. 56-9]

1. "Sonho de Irineu se torna a realidade de Roberto". In: "O homem que apostou no Brasil". *O Globo*, Rio de Janeiro, Caderno Especial, 8 ago. 2003, p. 18.
2. Memória Globo, "O Globo é lançado". Disponível em: <http://memoria.oglobo.globo.com/linha-do-tempo/o-globo-eacute-lanccedilado-9196292>. Acesso em: 20 dez. 2018.
3. Ibid.
4. Nelson Rodrigues, *A menina sem estrela: Memórias*. São Paulo: Companhia das Letras, 1993, p. 112.

9. LETRAS AFIADAS [pp. 60-6]

1. *Roberto Marinho: O senhor do seu tempo*. Direção: Rozane Braga. Produção: Vivien Lynch. Roteiro: Zil Ribas e Marcel Souto Maior. Rio de Janeiro: FBL Criação e Produção, 2011. YouTube (57 min.). Disponível em: <https://youtube.com/watch?v=S3IQ2z0fbNs>. Acesso em: 11 dez. 2018.
2. "Irineu Marinho". *A Noite*, Rio de Janeiro, 21 ago. 1925, p. 1.
3. "Em pratos limpos: o 1º de abril da 'Noite'". *O Globo*, Rio de Janeiro, 2 abr. 1929, p. 2.
4. Geraldo Rocha, "Minhas relações com Irineu Marinho". *A Noite*, Rio de Janeiro, 22 abr. 1929, p. 2.

5. "As homenagens da hypocrisia gananciosa e as contradições do cynismo: O documento definitivo". *O Globo*, Rio de Janeiro, 23 abr. 1929, p. 1.

10. O RECIBO REVELADO [pp. 67-72]

1. Geraldo Rocha, "Meus negócios com Irineu Marinho". *A Noite*, Rio de Janeiro, 23 abr. 1929, p. 2.
2. Id., "Como e por que Irineu Marinho sahiu da 'A Noite'". *A Noite*, Rio de Janeiro, 24 abr. 1929, p. 2.
3. "Marinho e o pessoal da 'A Noite'". *A Noite*, Rio de Janeiro, 25 abr. 1929, p. 2.
4. "Como o Sr. Geraldo Rocha se insinuou na confiança de Irineu Marinho: a emboscada e o veneno da intriga e da espionagem". *O Globo*, Rio de Janeiro, 1º maio 1929, p. 1.
5. Ibid.
6. "Depois da catástrofe do Monte Serrat: desvio ou retenção indébita de dinheiros implorados ao povo, para socorrer infelizes?". *A Noite*, Rio de Janeiro, 2 maio 1929, p. 2.
7. "Depois da catástrofe do Monte Serrat: 'O Globo' confessa que não entregou e retém o dinheiro que implorou ao povo para socorrer infelizes". *A Noite*, Rio de Janeiro, 4 maio 1929, p. 2.

11. *A NOITE* FINDA [pp. 73-6]

1. Marialva Barbosa, op. cit., p. 60.
2. Ibid., pp. 59-60.
3. Geraldo Rocha, "Minhas relações com Irineu Marinho". *A Noite*, Rio de Janeiro, 22 abr. 1929, p. 2.
4. Id., "Como e por que Irineu Marinho sahiu da 'A Noite'". *A Noite*, Rio de Janeiro, 24 abr. 1929, p. 2.
5. Marialva Barbosa, op. cit., pp. 59-60.
6. Ver o depoimento de Manoel Antônio Gonçalves reproduzido em ibid.
7. Alzira Alves de Abreu et al. (Coord.), *Dicionário histórico-biográfico brasileiro pós-1930*, v. 4. Rio de Janeiro: Editora FGV, 2001, pp. 4001, 4105, 4107 e 4116. Ver também Marialva Barbosa, op. cit., p. 94.
8. Geraldo Rocha, "Vivo o espírito de Marinho". *O Globo*, Rio de Janeiro, Matutina, Geral, 3 ago. 1956, p. 9.

12. NO COMANDO [pp. 77-86]

1. Memória Roberto Marinho, "Diretor, redator-chefe". Disponível em: <http://robertomarinho.com.br/obra/o-globo/o-inicio/diretor-redator-chefe.htm>. Acesso em: 24 mar. 2017.
2. Nelson Rodrigues, A menina sem estrela: Memórias. São Paulo: Companhia das Letras, 1993, p. 111.
3. Pedro Bial, op. cit., p. 96.
4. Ibid., pp. 97-8.
5. Um podcast do jornal Folha de S.Paulo, da série "Presidente da semana", chegou a atribuir ao próprio Roberto Marinho a autoria desse retrato histórico, mas essa suposição não foi confirmada nos registros do jornal (Folha de S.Paulo, "Presidente da semana", 25 maio 2018. Disponível em: <https://folha.uol.com.br/poder/2018/05/ouca-todos-os-episodios-disponiveis-do-podcast-presidente-da-semana-sobre-os-presidentes-do-brasil.shtml>. Acesso em: 20 dez. 2018).
6. Pedro Bial, op. cit., pp. 96-7.
7. Memória Roberto Marinho, "'O Globo' e o primeiro governo Vargas". Disponível em: <http://robertomarinho.com.br/obra/o-globo/o-inicio/o-globo-e-o-primeiro-governo-vargas.htm>. Acesso em: 24 mar. 2017.
8. Ibid.
9. Leonencio Nossa, op. cit., p. 35.
10. Ibid., p. 36.
11. Pedro Bial, op. cit., p. 123.
12. Ibid., p. 115.
13. Nelson Rodrigues, O remador de Ben-Hur: Confissões culturais. São Paulo: Companhia das Letras, 1996, p. 153.
14. Entrevista de João Roberto Marinho concedida ao autor.
15. Ibid.
16. Mario Sergio Conti, Notícias do Planalto: A imprensa e Fernando Collor. São Paulo: Companhia das Letras, 1999, p. 158. Ver também Jacques Marcovitch, op. cit., pp. 160 e 166-7; Pedro Bial, op. cit., p. 24; Toni Marques, "O dia em que doutor Roberto virou 'Robertão'". In: "O homem que apostou no Brasil". O Globo, Rio de Janeiro, Caderno Especial, 8 ago. 2003, p. 17.

13. VIRANDO GENTLEMAN [pp. 89-92]

1. Essa interpretação é confirmada em Pedro Bial, op. cit., pp. 112 e 136-7.
2. No início da Segunda Guerra Mundial, Marinho manifestava-se contrário à posição de neutralidade adotada pelo governo brasileiro

e se mostrava alinhado com os aliados ("Roberto Marinho influiu durante sete décadas". *Folha de S.Paulo*, 7 ago. 2003. Disponível em: <http://folha.uol.com.br/folha/brasil/ult96u52057.shtml>. Acesso em: 20 dez. 2018). Depois de o Brasil se juntar às forças aliadas, *O Globo* deu extensa cobertura à atuação da Força Expedicionária Brasileira, lançando ainda o tabloide *O Globo Expedicionário* (Acervo Estadão, "Roberto Marinho" [s.d.]. Disponível em: <https://acervo.estadao.com.br/noticias/personalidades,roberto-marinho,1054,0.htm>. Acesso em: 20 dez. 2018).

3. Durante a Segunda Guerra Mundial, *O Globo* era favorável ao rompimento da aliança com a Alemanha e tomou posição a favor do fim da ditadura de Getúlio Vargas (Sérgio Mattos, "A trajetória de sucesso de Roberto Marinho". In: Seminário "Pioneirismo empresarial no Brasil e a construção do século XXI", FEA-USP, São Paulo, 9 out. 2007. Disponível em: <https://usp.br/pioneiros/n/arqs/sMattos_rMarinho.doc>. Acesso em: 24 mar. 2017).

4. Memória Roberto Marinho, "Carta de Roberto Marinho para Roberto Irineu". 13 fev. 1963. Disponível em: <http://robertomarinho.com.br/vida/trajetoria/familia/carta-para-roberto-irineu.htm>. Acesso em: 20 dez. 2018.

14. SAI GETÚLIO, ENTRA GETÚLIO, E A RÁDIO GLOBO FICA
[pp. 93-9]

1. Suplemento especial da *Revista do Globo*, de agosto de 1950, com a republicação de suas reportagens biográficas sobre Getúlio que tiveram grande repercussão. Abaixo de uma foto de Getúlio montando um cavalo, vinha, como legenda, a frase de João Neves da Fontoura: "Se o cavalo passar encilhado ele monta!" (Wikipedia, "Getúlio Vargas". Disponível em: <https://pt.wikipedia.org/wiki/Getúlio_Vargas>. Acesso em: 20 dez. 2018).

2. Fechada a negociação, o tempo foi passando sem que a reportagem fosse publicada: um dia, dois, três, uma semana... Decorrida mais uma semana, Manzon foi cobrar Marinho, desconfiado de que o comprador, pelas mesmas razões que Chateaubriand alegara para vetar, tivesse adquirido o material para engavetá-lo. Ao dizer isso ao jovem dono de *O Globo*, este respondeu com secura: "Se o senhor não confia no que eu lhe disse, suas fotos e seu texto estão à sua disposição, podemos cancelar o negócio. Mas o que o senhor me vendeu foi um pacote de dinamite. Já não é jogo, é política. O presidente Dutra está a par do assunto. É preciso escolher o melhor momento para publicar o seu material, e quem decide isso sou eu, que sou o dono do jornal, e

não o senhor. Como o senhor é um sujeito simpático, aceito esquecer essas suspeitas levianas que levantou contra mim. Tenha paciência e confie em mim" (Fernando Morais, op. cit., p. 470).
3. Jacques Marcovitch, op. cit., pp. 168-9.
4. Pedro Bial, op. cit., p. 119.
5. Ibid., p. 227.
6. O canal 4, da Globo, foi concedido pelo presidente Eurico Dutra em 1951, após parecer favorável da Comissão Técnica de Rádio (José Bonifácio de Oliveira Sobrinho, "Com Roberto Marinho: minhas três décadas de trabalho na construção da Rede Globo, ao lado do dono". *piauí*, Rio de Janeiro, n. 63, dez. 2011. Disponível em: <http://piaui.folha.uol.com.br/materia/com-roberto-marinho/>. Acesso em: 21 jun. 2021).
7. Memória Roberto Marinho, "Sistema Globo de Rádio: Expansão". Disponível em: <http://robertomarinho.com.br/obra/sistema-globo-de-radio/expansao.htm>. Acesso em: 20 dez. 2018.
8. Ibid.
9. Vivianne Cohen, "Gente fora de série: Roberto Marinho". *IstoÉ Gente*, São Paulo, 25 ago. 2003, 31 ago. 2003, 8 set. 2003, 15 set. 2003 (caps. I-IV). Disponível em: <http://terra.com.br/istoegente/gente_fora_serie/index_roberto_marinho.htm>. Acesso em: 20 dez. 2018.
10. Jacques Marcovitch, op. cit., p. 172.
11. "Em 1953, o presidente Getúlio Vargas, de forma arbitrária, revogou a concessão" (José Bonifácio de Oliveira Sobrinho, "Com Roberto Marinho: minhas três décadas de trabalho na construção da Rede Globo, ao lado do dono". *piauí*, Rio de Janeiro, n. 63, dez. 2011. Disponível em: <http://piaui.folha.uol.com.br/materia/com-roberto-marinho>. Acesso em: 20 dez. 2018).

15. TIROS E AMIGOS [pp. 100-5]

1. Thomas E. Skidmore, *Brasil: De Getúlio a Castello*. 13. ed. São Paulo: Paz e Terra, 2003, p. 163.
2. Ibid., p. 167.
3. Ibid.
4. Ibid., p. 168.
5. Ibid., p. 169.
6. Ibid., p. 170.
7. Jacques Marcovitch, op. cit., p. 172.
8. "Em julho de 1957, em um jantar, o dr. Roberto contou a história [de como Getúlio lhe arrancara a concessão] ao presidente Juscelino Kubitschek, que, dizem, deu ordens, com anotações num guarda-

napo, para reabrir o processo. Finalmente, em dezembro de 1957, a concessão retornou à Globo" (José Bonifácio de Oliveira Sobrinho, "Com Roberto Marinho: minhas três décadas de trabalho na construção da Rede Globo, ao lado do dono". *piauí*, Rio de Janeiro, n. 63, dez. 2011. Disponível em: <http://piaui.folha.uol.com.br/materia/com-roberto-marinho>. Acesso em: 20 dez. 2018).

9. "Carlos Lacerda, que contara com o apoio de O *Globo* para eleger-se governador do então estado da Guanabara, não escondia seu ardente desejo de chegar ao Palácio do Planalto. Golpista desde sempre, para alcançar a Presidência participaria ativamente da conspiração vitoriosa de 1964" (Pedro Bial, op. cit., p. 198).

10. Ibid., p. 175.

11. "Vimos que, ao tomar as rédeas da redação, tornar-se o dono de fato do jornal, Roberto Marinho se inicia compulsoriamente na política. Vimos também que ele descobre que tem talento político e o dom de estabelecer interlocução em qualquer aspecto das correntes de pensamento, dogma ou ideologia. [...] o futuro 'grande psicólogo', a que Otto Lara Resende iria se referir; alguém cuja argúcia permitia, em instantes, a 'leitura', a decodificação do interlocutor, seus interesses, forças e fragilidades" (Ibid., p. 139).

12. Ibid., pp. 157-8. Ver ainda, sobre compras de emissoras por Roberto Marinho: Sônia Virgínia Moreira, *Rádio palanque* (Rio de Janeiro: Mil Palavras, 1998, pp. 70-1, citada por Flávia Maria Leite de Castro Martin, *Jornalismo na Rádio Nacional: A cronologia dos noticiários veiculados pela emissora no período 1936-2007*. Rio de Janeiro: ECO/UFRJ, 2007. Monografia [Graduação em Jornalismo]).

13. Fundação Getulio Vargas, Centro de Pesquisa e Documentação de História Contemporânea do Brasil, "Rádio Globo". [s.d.]. Disponível em: <http://fgv.br/cpdoc/acervo/dicionarios/verbete-tematico/radio-globo>. Acesso em: 20 dez. 2018.

16. O BON-VIVANT NO ALTAR [pp. 106-10]

1. Pedro Bial, op. cit., p. 64.
2. "Roberto Marinho dormia pouco e pelado. O pijama viria junto com o casamento, ainda ia demorar" (Ibid., p. 120).
3. "Em 1939, no mesmo ano em que lançava a Rio Gráfica Editora, Marinho começou a fazer planos para fundar uma família e levar uma vida social de acordo com suas ambições. Começou por comprar uma casa no Cosme Velho e, pouco a pouco, todos os terrenos vizinhos" (Jacques Marcovitch, op. cit., p. 170). Ver também: "O nome do bairro é uma homenagem a Cosme Velho Pereira, comerciante português da antiga

rua Direita, atual rua Primeiro de Março. No século XVI, o comerciante habitava a parte mais alta do vale do Carioca, no caminho para o Corcovado. Sua chácara era banhada pelo rio Carioca, que ainda hoje corre no local. Após sua morte, sua chácara foi loteada e ali passaram a viver alguns nobres da corte. Cosme Velho é um bairro da zona sul da cidade do Rio de Janeiro, situado no sopé do morro do Corcovado e do morro de Dona Marta, ocupando a parte mais alta do vale do rio Carioca. Antes conhecido como 'Águas Férreas', tem como rua principal a rua Cosme Velho, que é a continuação da rua das Laranjeiras. O bairro faz divisa com Santa Teresa, Laranjeiras e Botafogo. Seu IDH, no ano 2000, era de 0,878, o 34º melhor da cidade do Rio de Janeiro. É no Cosme Velho que se situa a histórica Estação de Ferro do Corcovado, inaugurada ainda no tempo do Império. Desta estação parte o trem que leva turistas até o pico do Corcovado, onde está a estátua do Cristo Redentor, símbolo máximo da cidade e eleita uma das sete maravilhas do mundo moderno" (Wikipedia, "Cosme Velho". Disponível em: <https://pt.wikipedia.org/wiki/Cosme_Velho>. Acesso em: 20 dez. 2018).

4. Pedro Bial, op. cit., pp. 142-3.
5. Ibid., p. 153.
6. Jacques Marcovitch, op. cit., p. 170.
7. Leonencio Nossa, op. cit., p. 180.
8. Pedro Bial, op. cit., p. 141. Um catálogo ilustrado com obras da coleção foi publicado: *O século de um brasileiro* (Rio de Janeiro: Paço Imperial, 2004. Col. Roberto Marinho, p. 5).
9. "Seria ingênuo imaginar que o namorador Roberto houvesse se aquietado placidamente na monogamia. Como tantos cônjuges da época, e de todas as épocas, ele também dava suas 'escapulidelas'" (Pedro Bial, op. cit., p. 205). "Seu casamento estava acabado, só restara cenário; ainda assim, a um só tempo, ele arrumava namoradas e mantinha a esperança de reconquistar Stella" (Ibid., pp. 218-9).
10. "[...] meninos saudáveis e travessos, uma mãe encantadora e mulher deslumbrante, e o chefe de família, um homem muito importante, muito rico, muito ocupado. Inútil aplicarmos o chavão contemporâneo do 'pai ausente' em tal modelo familiar, é óbvio que Marinho não tinha tempo para criança. Mais interessante aproveitar o tema para uma ou duas reflexões engraçadas sobre a relação de Roberto com a 'canalha miúda'. Apesar de terem guardado na memória esta figura pouco presente e distante, os filhos privaram de algo precioso com este pai tão mais velho: momentos de intimidade" (Ibid., pp. 168-9).
11. Entrevista de João Roberto Marinho concedida ao autor.
12. Ibid.
13. Mario Sergio Conti, *Notícias do Planalto: A imprensa e Fernando Collor*. São Paulo: Companhia das Letras, 1999, p. 116.

14. Leonencio Nossa, op. cit., p. 426.
15. Entrevista de João Roberto Marinho concedida ao autor.

17. AVENTURAS (LUCRATIVAS) IMOBILIÁRIAS [pp. 111-7]

1. O jornal era o carro-chefe, mas "o crescimento financeiro do grupo se deu por causa da edição de gibis, histórias em quadrinhos norte-americanos e de empreendimentos imobiliários. [...] Quando da solenidade de inauguração da emissora de rádio, Roberto Marinho, já demonstrando uma visão estratégica de mercado e procurando diversificar ainda mais seus empreendimentos, enfatizou que 'esta não é só uma estação de rádio que estamos lançando. É uma nova forma que O Globo encontrou de servir ao país'" (Sérgio Mattos, op. cit.).
2. "Imagine a multiplicação de capital que isso significou, a curtíssimo prazo!" (Pedro Bial, op. cit., pp. 151-2).
3. "Ele era melhor nos negócios do que na política. Arnon se associou ao dono de O Globo, Roberto Marinho, em empreitadas imobiliárias de sucesso. Entre elas, a construção e incorporação do primeiro shopping center do Rio, o Cidade de Copacabana, mais conhecido como Shopping da Siqueira Campos, a rua onde se localiza. Estava bem posto na vida. O presidente Juscelino Kubitschek compareceu à inauguração de seu shopping" (Mario Sergio Conti, *Notícias do Planalto: A imprensa e Fernando Collor*. São Paulo: Companhia das Letras, 1999, p. 24).
4. "Esta família vai à missa sem sair de casa". *O Globo*, Rio de Janeiro, Matutina, Geral, 17 dez. 1960, p. 5.
5. "Venha apertar a mão de Jean-Paul Sartre e receber seu autógrafo". *O Globo*, Rio de Janeiro, Geral, 17 set. 1960, p. 7.
6. Fernando Sabino, "Editôra". *Jornal do Brasil*, Rio de Janeiro, Caderno 1, 20 set. 1960, p. 7.
7. O escritor Humberto Werneck dá detalhes dessa história quase inacreditável numa crônica publicada em 2019 (Humberto Werneck, "O furacão de Copacabana". *O Estado de S. Paulo*, Caderno 2, 5 fev. 2019, p. C6).
8. Em 1964, Roberto Marinho e Walther Moreira Salles tornaram-se sócios na empresa São Marcos Comércio e Indústria de Materiais de Construção, proprietária do parque Lage desde 1960. Moreira Salles, através da Companhia de Administração e Serviços, a CASER, comprou os 50% que pertenciam a Arnon de Mello. Em 31 de maio de 1974, a CASER vendeu a Roberto Marinho 45% das ações que tinha da São Marcos (303 750 ações por 6 124 046 cruzeiros). O valor foi pago em cinco parcelas, sendo a última em janeiro de 1975. Nas décadas de 1960 e 1970, Walther Moreira Salles tinha algumas ações da Inbasa

(Indústria Brasileira de Alimentos S/A), empresa de Roberto Marinho no ramo da alimentação infantil. Essas informações foram fornecidas pela equipe do Acervo Roberto Marinho por e-mail, enviado ao autor deste livro no dia 12 de fevereiro de 2019.
9. Jacques Marcovitch, op. cit., p. 173.
10. Leonencio Nossa, op. cit., p. 360.
11. Acervo Memorial Lage, "A transação do Parque Lage". Disponível em: <http://acervo.memorialage.com.br/xmlui/bitstream/handle/123456789/1146/RG-0871.pdf>. Acesso em: 20 dez. 2018.
12. Rodrigo Casarin, "Há 56 anos, o pai de Fernando Collor matava um senador dentro do Congresso". *Aventuras na História*, 4 dez. 2019. Disponível em: <https://aventurasnahistoria.uol.com.br/noticias/reportagem/historia-arnon-de-mello-morte-senado.phtml>. Acesso em: 16 jun. 2021.

18. EM DEFESA DO SENADOR SEM PONTARIA [pp. 118-20]

1. "Triste epílogo de dois erros graves". *O Globo*, Rio de Janeiro, Matutina, Geral, 5 dez. 1963, p. 1.
2. Ibid.
3. "A tragédia no Senado". *O Globo*, Rio de Janeiro, Matutina, Geral, 6 dez. 1963, p. 4.

19. JUNTE-SE À TECNOLOGIA [pp. 121-4]

1. Vivianne Cohen, op. cit.
2. Sérgio Mattos, op. cit.
3. Mario Sergio Conti, *Notícias do Planalto: A imprensa e Fernando Collor*. São Paulo: Companhia das Letras, p. 159.
4. Em 1944, ele comprou a Rádio Transmissora Brasileira, que operava no Rio de Janeiro a partir de uma frequência pertencente ao governo do Chile. Também no Rio, a Rádio Eldorado foi adquirida no final da década de 1950, mantendo o nome, e a Rádio Clube (em 1966), que passou a se chamar Rádio Mundial. Em 1965, a Rádio Nacional de São Paulo também foi comprada — viraria mais tarde a Rádio Globo —, além da Excelsior. "A expansão se acentuou a partir de 1970, com a entrada das estações FM. Em 1974, surgiu pela primeira vez a expressão Sistema Globo de Rádio" (Jacques Marcovitch, op. cit., p. 171).
5. Sérgio Mattos, op. cit.
6. Roberto Marinho, *Uma trajetória liberal*. Rio de Janeiro: Topbooks, 1992, p. 25.

7. "A Copa de 1938, na França, entrou para a história como a primeira que empolgou o Brasil, graças também à audácia de O Globo. Uma foto de Leônidas da Silva, o Diamante Negro, que seria eleito melhor jogador do torneio, ocupou simplesmente toda a primeira página" (Pedro Bial, op. cit., pp. 142-3).
8. "Certa vez, cismou em comprar uma velha rotativa que achara no subúrbio carioca. 'Não podemos gastar dinheiro', disse-lhe Herbert Moses, responsável pelas finanças do jornal. Roberto deu um jeito. Tomou emprestada uma sala ao lado da sede do periódico e escondeu a máquina por três anos" (Vivianne Cohen, op. cit.).
9. Pedro Bial, op. cit., p. 121. Segundo o biógrafo, o episódio foi representativo da "luta do redator-chefe, sequioso da projeção e expansão do seu jornal, contra o tesoureiro, com as contas a pagar, as naturais limitações de despesas".
10. "O Globo tinha finalmente se instalado num edifício próprio, construído sob medida por César de Mello e Cunha e inaugurado no dia 16 de outubro de 1954, na rua Irineu Marinho (aquela outra rua, na Urca, a se chamar Roquete Pinto)" (Ibid., pp. 181-2).
11. "Ele, sem conhecer nada de técnica, de engenharia, de coisa nenhuma, disse: 'O negócio é *off-set*. Tem que ser, tem que mudar o sistema de impressão'. E todos os diretores especializados ficaram contra." A declaração é de Evandro Carlos de Andrade, citada em ibid., p. 264.
12. Marialva Barbosa, op. cit., p. 155.

20. MODALIDADES ARTÍSTICAS E ESPORTIVAS [pp. 125-30]

1. Leonencio Nossa, op. cit., pp. 71-3.
2. Pedro Bial, op. cit., pp. 65 e 141.
3. Vivianne Cohen, op. cit.
4. Depoimento do editor José Mário Pereira em Memória Roberto Marinho, "Esportes". Disponível em: <http://robertomarinho.com.br/vida/esportes.htm>. Acesso em: 24 mar. 2017.
5. Memória Roberto Marinho, "Esportes". Disponível em: <http://robertomarinho.com.br/vida/esportes.htm>. Acesso em: 24 mar. 2017.
6. Pedro Bial, op. cit., p. 149. Ver também "Paixão pelo esporte". In: "O homem que apostou no Brasil". *O Globo*, Caderno Especial, Rio de Janeiro, 8 ago. 2003, p. 15.
7. Memória Roberto Marinho, "Carta de Roberto Marinho para Roberto Irineu". 13 fev. 1963. Disponível em: <http://robertomarinho.com.br/vida/trajetoria/familia/carta-para-roberto-irineu.htm>. Acesso em: 20 dez. 2018.

8. *Roberto Marinho: o senhor do seu tempo*, op. cit.
9. Jacques Marcovitch, op. cit., p. 176. Ver também Pedro Bial, op. cit., p. 207.
10. Entrevista de João Roberto Marinho concedida ao autor.
11. Pedro Bial, op. cit., pp. 209-10. O caso é narrado também por Leonencio Nossa, op. cit., p. 376.
12. Memória Roberto Marinho, "Carlos Lacerda". Disponível em: <https://robertomarinho.globo.com/opiniao/carlos-lacerda/>. Acesso em: 5 ago. 2021.

21. O JORNALISTA NO ESPELHO [pp. 133-9]

1. Jacques Marcovitch, op. cit., p. 177.

22. ESTREIA ESTABANADA [pp. 140-3]

1. "Outra concessão foi outorgada pelo presidente João Goulart, em 1962, e nenhuma outra lhe foi dada" (José Bonifácio de Oliveira Sobrinho, "Com Roberto Marinho: minhas três décadas de trabalho na construção da Rede Globo, ao lado do dono". *piauí*, Rio de Janeiro, n. 63, dez. 2011. Disponível em: <http://piaui.folha.uol.com.br/materia/com-roberto-marinho/>. Acesso em: 20 dez. 2018). Ver também Sérgio Mattos, op. cit.: "O Globo fez oposição moderada a Juscelino Kubitschek de quem acabou recebendo a primeira concessão de um canal de TV no Rio de Janeiro, em 1957. Em 1961, Marinho apoiou Jânio Quadros e depois apoiou João Goulart, no início, e conspirou contra ele depois, apoiando o golpe de 1964. Mas, foi Goulart quem lhe outorgou o segundo canal de TV, o de São Paulo. No dia 26 de abril de 1965, inaugurou a TV Globo do Rio de Janeiro, dando início a uma nova fase estrutural das Organizações Globo, beneficiando-se de suas relações com o regime militar e com todos os governos que se sucederam".
2. Leonencio Nossa, op. cit., p. 352.
3. O valor é estimado em função do montante da dívida que a Globo teria a saldar com o grupo americano em 1969: 3,75 milhões de dólares. Ver Elio Gaspari, *A ditadura escancarada* (São Paulo: Companhia das Letras, 2002, pp. 217-8).
4. Vivianne Cohen, op. cit. Ver também "Do Canal 4 à Rede Globo, a TV que une o país". In: "O homem que apostou no Brasil". *O Globo*, Rio de Janeiro, Caderno Especial, 8 ago. 2003, p. 22.

23. UM CUBANO EM HORA IMPRÓPRIA [pp. 144-9]

1. Jacques Marcovitch, op. cit., p. 174.
2. Fernando Morais, op. cit., pp. 667-74.
3. Memória Globo, "Caso Time-Life". Disponível em: <http://memoriaglobo.globo.com/acusacoes-falsas/caso-time-life>. Acesso em: 20 dez. 2018.
4. Mario Sergio Conti, *Notícias do Planalto: A imprensa e Fernando Collor*. São Paulo: Companhia das Letras, 1999, pp. 498-9.
5. As palavras de Roberto Marinho estão transcritas no site Memória Globo ("Caso Time-Life". Disponível em: <http://memoriaglobo.globo.com/acusacoes-falsas/caso-time-life>. Acesso em: 20 dez. 2018).
6. Ibid.
7. Entrevista com José Bonifácio de Oliveira Sobrinho e entrevista de Joe Wallach, diretor da TV Globo, à revista *Imprensa*, de março de 1990, pp. 46-50, citadas por Elio Gaspari, A *ditadura escancarada* (São Paulo: Companhia das Letras, 2002, p. 215).
8. Elio Gaspari, *A ditadura escancarada*. São Paulo: Companhia das Letras, 2002, p. 217.

24. ENTRE UM FUSCA E UM IATE [pp. 150-6]

1. "Preocupada com o fato de ser objeto de uma Comissão Parlamentar de Inquérito constituída por causa de uma associação que lhe dava prejuízo, a Time-Life parou de mandar dinheiro já em 1966 e quis sair do Brasil. Tinha colocado uns US$ 6 milhões na emissora. Marinho viu uma oportunidade de cortar seus vínculos com os americanos. Negociou um acordo pelo qual recebia um desconto sobre a dívida, que seria paga em prestações. Conseguiu um empréstimo do então First National City Bank, de Nova York, atual Citibank, com o aval do Banco do Estado da Guanabara, que hipotecou todos os bens de Marinho" (Matías M. Molina, "Desafios de um veículo poderoso". *Valor Econômico*, São Paulo, 24 abr. 2015. Disponível em: <https://valor.globo.com/eu-e/noticia/2015/04/24/desafios-de-um-veiculo-poderoso.ghtml>. Acesso em: 16 jun. 2021). Ver também Mario Sergio Conti, "O dono do mundo" (*Folha de S.Paulo*, Caderno Especial, 16 set. 2000, p. 13. Disponível em: <https://folha.uol.com.br/fsp/especial/tv_17.htm>. Acesso em: 16 jun. 2021): "Em 1969, Roberto Marinho rompeu a associação com Time-Life, e comprou dos americanos os estúdios da emissora. Fez um empréstimo de 3,8 milhões de dólares junto ao Citibank, avalizado pelo Banco do Estado da

Guanabara, e deu como garantia todos os seus bens, inclusive sua mansão no Cosme Velho".
2. Vera Brandimarte e Matías M. Molina, "Aos 50, TV Globo projeta o futuro". *Valor Econômico*, São Paulo, 24 abr. 2015. Disponível em: <https://valor.globo.com/eu-e/noticia/2015/04/24/aos-50-tv-globo-projeta-o-futuro.ghtml>. Acesso em: 16 jun. 2021.
3. "Roberto Irineu: [...] O outro banco cometeu a traição" (Ibid.).
4. "Naquele ano, lutamos muito para sobreviver. O Dr. Roberto, Walter e eu fomos falar com José Luiz Magalhães Lins porque precisávamos de 400 milhões de cruzeiros para continuar operando. José Luiz nos emprestou o dinheiro, que só quitamos anos mais tarde. [...] foi José Luiz quem nos salvou" (Joe Wallach, *Meu capítulo na TV Globo*. Rio de Janeiro: Topbooks, 2003, p. 107).
5. Ver ainda, sobre esse mesmo episódio, Mario Sergio Conti, *Notícias do Planalto: A imprensa e Fernando Collor* (São Paulo: Companhia das Letras, 1999, pp. 498-9). Ver também Elio Gaspari, A *ditadura escancarada* (São Paulo: Companhia das Letras, 2002, pp. 217-8): "Marinho sairia dela [da crise] tomando um empréstimo ao National City Bank, cuja engenharia financeira o obrigaria a empenhar bens pessoais, inclusive sua mansão do Cosme Velho".
6. José Luiz de Magalhães Lins, "Empréstimo para a TV Globo". *José Luiz de Magalhães Lins Acervo Digital*, [s.d.]. Disponível em: <https://joseluizdemagalhaeslins.com.br/emprestimo-para-a-tv-globo/>. Acesso em: 16 jun. 2021.
7. Texto fornecido pela equipe do Acervo Roberto Marinho por e-mail, enviado ao autor deste livro no dia 12 de fevereiro de 2019.
8. Entrevista de João Roberto Marinho concedida ao autor.
9. Ibid.
10. Memória Globo, "Caso Time-Life". Disponível em: <http://memoriaglobo.globo.com/acusacoes-falsas/caso-time-life>. Acesso em: 20 dez. 2018.
11. Roberto Marinho, "A TV Globo e o grupo 'Time-Life'". *O Globo*, Rio de Janeiro, 8 jul. 1971, p. 3.
12. Ibid.
13. Pedro Bial, op. cit., p. 216. Ver também Valquiria Daher, "'Roberto Marinho sabia que a TV era o negócio do futuro', conta Pedro Bial, biógrafo do fundador da Globo" (*O Globo*, Rio de Janeiro, 26 abr. 2015. Disponível em: <https://oglobo.globo.com/cultura/revista-da-tv/roberto-marinho-sabia-que-tv-era-negocio-do-futuro-conta-pedro-bial-biografo-do-fundador-da-globo-15968386>. Acesso em: 20 dez. 2018).
14. Pedro Bial, op. cit., pp. 220-1.
15. "Para Boni, acordo 'Globo Time-Life' foi operação 'totalmente

legal'". *Portal Imprensa*, 8 set. 2010. Disponível em: <http://portalimprensa.com.br/noticias/ultimas_noticias/35442/para+boni+acordo+globo+time+life+foi+operacao+totalmente+ilegal>. Acesso em: 16 jun. 2021.

25. BONI AND CLARK [pp. 157-62]

1. Walter Clark e Gabriel Priolli, *O campeão de audiência: Uma autobiografia*. São Paulo: Best Seller, 1991, p. 39.
2. Memória Globo, "Walter Clark". Disponível em: <https://memoriaglobo.globo.com/perfil/walter-clark/perfil-completo/>. Acesso em: 16 jun. 2021.
3. Mario Sergio Conti, *Notícias do Planalto: A imprensa e Fernando Collor*. São Paulo: Companhia das Letras, 1999, p. 33.
4. Jacques Marcovitch, op. cit., p. 187.
5. Walter Clark, op. cit., p. 294.
6. Ibid., p. 269.
7. José Bonifácio de Oliveira Sobrinho, "Com Roberto Marinho: minhas três décadas de trabalho na construção da Rede Globo, ao lado do dono". *piauí*, Rio de Janeiro, n. 63, dez. 2011. Disponível em: <http://piaui.folha.uol.com.br/materia/com-roberto-marinho/>. Acesso em: 20 dez. 2018.
8. Memória Globo, "Walter Clark". Disponível em: <https://memoriaglobo.globo.com/perfil/walter-clark/perfil-completo/>. Acesso em: 16 jun. 2021.
9. Luciano Trigo, "Memórias relatam ascensão e queda de Walter Clark na televisão". *G1*, 4 out. 2015. Disponível em: <http://g1.globo.com/pop-arte/blog/maquina-de-escrever/post/memorias-relatam-ascensao-e-queda-de-walter-clark-na-televisao.html>. Acesso em: 16 jun. 2021.
10. Mario Sergio Conti, *Notícias do Planalto: A imprensa e Fernando Collor*. São Paulo: Companhia das Letras, 1999, p. 33.

26. BONI: CASAMENTO DE 31 ANOS [pp. 163-8]

1. Memória Globo, "Boni". Disponível em: <https://memoriaglobo.globo.com/perfil/boni/>. Acesso em: 16 jun. 2021.
2. José Bonifácio de Oliveira Sobrinho, *O livro do Boni*. Rio de Janeiro: Casa da Palavra, 2011, pp. 163-4.
3. Ibid., pp. 167-9.
4. Ibid., p. 40.

5. Ibid., p. 175.
6. Wikipedia, "Boni". Disponível em: <https://pt.wikipedia.org/wiki/Boni>. Acesso em: 20 dez. 2018.

27. A CUMPLICIDADE DOS QUARTÉIS [pp. 169-73]

1. Jacques Marcovitch, op. cit., p. 182.

28. IDENTIDADES OPORTUNAS [pp. 174-6]

1. Ou, no dizer de Maria Rita Kehl, a política cultural vinha "entrelaçada com as políticas de segurança e desenvolvimento" (Maria Rita Kehl, "Eu vi um Brasil na TV". In: Alcir Henrique Costa, Maria Rita Kehl e Inimá Simões, *Um país no ar*. São Paulo: Brasiliense, 1986, p. 172).
2. Ver mais dados em Eugênio Bucci e Maria Rita Kehl, *Videologias* (São Paulo: Boitempo, 2004, especialmente pp. 220-5).

29. "PERMANENTE APOIO AO GOVERNO" [pp. 177-9]

1. José Eduardo Elias Romão, *A pedra na funda: a classificação indicativa contra a ditadura da indústria da comunicação*. Brasília: UnB, 2010, pp. 107-9. Tese (Doutorado).
2. Ibid.
3. Ibid.
4. Ibid.

30. CINQUENTA ANOS DEPOIS [pp. 180-4]

1. Entregue à então presidente da República, Dilma Rousseff, no dia 10 de dezembro de 2014. São três volumes (em seis tomos), totalizando 3400 páginas, impressos pela Imprensa Nacional e distribuídos para bibliotecas públicas no Brasil e no exterior. O texto integral também está acessível no site da CNV (cnv.gov.br).
2. No volume 3 do relatório, às páginas 25 a 29, o leitor encontra explicações sobre referências metodológicas adotadas para que se chegasse a essa quantificação.
3. O editorial foi republicado no único livro assinado por Roberto Marinho em toda a sua carreira: *Uma trajetória liberal* (Rio de Janeiro: Topbooks, 1992, pp. 42-5).

4. Ibid., p. 42.
5. "Protestos pelo país têm 1,25 milhão de pessoas, um morto e confrontos". *G1*, São Paulo, 21 jun. 2013. Disponível em: <http://g1.globo.com/brasil/noticia/2013/06/protestos-pelo-pais-tem-125-milhao-de-pessoas-um-morto-e-confrontos.html>. Acesso em: 20 dez. 2018; "Manifestações foram realizadas em 388 cidades do país". *Agência Estado*, São Paulo, 21 jun. 2013. Disponível em: <http://noticias.uol.com.br/ultimas-noticias/agencia-estado/2013/06/21/manifestacoes-foram-realizadas-em-388-cidades.htm>. Acesso em: 25 maio 2016.
6. "Apoio editorial ao golpe de 64 foi um erro". *O Globo*, Rio de Janeiro, 31 ago. 2013. Disponível em: <https://oglobo.globo.com/brasil/apoio-editorial-ao-golpe-de-64-foi-um-erro-9771604>. Acesso em: 20 dez. 2018.

31. A TRANSIÇÃO INÓSPITA [pp. 185-95]

1. Muito além do Cidadão Kane. Direção: Simon Hartog. Produção: John Ellis. Roteiro: Simon Hartog. Reino Unido: Large Door e Channel 4, 1993 (93 min.).
2. *Jornal Nacional: A notícia faz história*. Rio de Janeiro: Jorge Zahar, 2004, pp. 109-19.
3. Memória Globo, "Diretas já". Disponível em: <https://memoriaglobo.globo.com/erros/diretas-ja/>. Acesso em: 16 jun. 2021. Ver também a versão da Globo sobre o episódio: *Jornal Nacional: a notícia faz história*, op. cit., p. 157.
4. Mario Sergio Conti, *Notícias do Planalto: A imprensa e Fernando Collor*. São Paulo: Companhia das Letras, 1999, pp. 264-73.
5. *Jornal Nacional: a notícia faz história*, op. cit., p. 213.
6. *Cidadão Kane*. Direção Orson Welles. Produção: Orson Welles. Roteiro: Orson Welles e Herman J. Mankiewicz. Intérpretes: Orson Welles, Sonny Bupp, Dorothy Comingore e outros. Estados Unidos: RKO Radio Pictures e Mercury Productions, 1941 (119 min.).

32. SEM "TEMPO PERDIDO" [pp. 199-207]

1. Memória Roberto Marinho, "Esportes". Disponível em: <http://robertomarinho.com.br/vida/esportes.htm>. Acesso em: 24 mar. 2017.
2. Ibid.
3. Memória Roberto Marinho, "Casamentos: Ruth Marinho". Disponível em: <https://robertomarinho.globo.com/biografias/ruth-marinho/>. Acesso em: 16 jun. 2021.

4. "Uma nova paixão aos 85 anos". *O Globo*, Rio de Janeiro, Especial Roberto Marinho 1904-2003, 8 ago. 2003, p. 6.
5. Citado por Leonencio Nossa, op. cit., p. 111.
6. Ibid., p. 107.
7. Renata Leão, "Lily Marinho: todo mundo sabe que ela é a viúva de Roberto Marinho, mas poucos conhecem sua irreverência". *Trip*, São Paulo, n. 89, 7 jul. 2009. Disponível em: <https://revistatrip.uol.com.br/tpm/lily-marinho>. Acesso em: 20 dez. 2018.
8. Lily Marinho, *Roberto & Lily*. 3. ed. Rio de Janeiro: Record, 2005, p. 46.
9. Ibid., p. 25.
10. Ibid., p. 51.
11. Mario Sergio Conti, *Notícias do Planalto: A imprensa e Fernando Collor*. São Paulo: Companhia das Letras, 1999, p. 116.
12. Ibid., p. 118.
13. Pedro Bial, op. cit., p. 334.
14. Ibid.
15. Lily Marinho, op. cit., p. 95.
16. Ibid., pp. 96-7.
17. Ibid., p. 104.
18. Ibid., p. 157.
19. Ibid., p. 101
20. Ela mesma recorda um discurso que o marido fez num dos jantares que ofereciam: "Tão logo os aplausos cessaram, qual não foi minha surpresa e inquietude ao escutar, do outro lado da mesa, um som cristalino de sineta, um pouco diferente do tocado por Maurice Druon, e eis que me deparo com Roberto em pé. Senti um aperto no coração e outro ainda mais forte quando, para surpresa geral e maior ainda para mim, Roberto começou a falar em francês. Ora, estou bem a par do conhecimento de Roberto no que tange às línguas estrangeiras. Ele falava corretamente o inglês e suficientemente bem o francês, sem no entanto dominá-lo com perfeição. Terá sido a eloquência de Maurice Druon, terá sido por julgar que deveria responder ao homenageado em sua língua? O importante é que se conseguiu a proeza admirável de discursar durante cinco minutos sem cometer erros!" (Lily Marinho, op. cit., pp. 144-5).
21. Quem testemunhou foi a escritora Nélida Piñon: "Parecia-me, então, ouvir seu suspiro de alívio em abraçá-la, de tornar finalmente tangível o amor que o assaltava" (*O século de um brasileiro*, op. cit., p. 8).
22. Lily Marinho, op. cit., p. 85.
23. "Lily Marinho festeja o ano do Brasil na França". *IstoÉ Gente*, 21 mar. 2005. Disponível em: <https://terra.com.br/istoegente/292/urgente/urgente_06.htm>. Acesso em: 16 jun. 2021.

24. Ver Mônica Bergamo, "Uma noite em Versailles". *Folha de S.Paulo*, Ilustrada, 16 jun. 2005. Disponível em: <https://folha.uol.com.br/fsp/ilustrad/fq1606200509.htm>. Acesso em: 16 jun. 2021.

33. DESEJO TEIMOSO [pp. 208-10]

1. Lily Marinho, op. cit., p. 89.
2. José Mário Pereira, "Entrevista com Roberto Marinho". Originalmente publicada em *O Globo*, Rio de Janeiro, nov. 1992. Disponível em: <http://robertomarinho.com.br/vida/trajetoria/uma-trajetoria-liberal/entrevista-com-roberto-marinho.htm>. Acesso em: 24 mar. 2017.
3. Mario Sergio Conti, "Lembranças de Roberto Marinho". *Folha de S.Paulo*, Ilustrada. 10 ago. 2003. Disponível em: <http://folha.uol.com.br/fsp/ilustrad/fq1008200317.htm>. Acesso em: 20 dez. 2018.
4. Pedro Bial, op. cit., p. 33.

34. "SÓ NÃO BRIGO COM O DR. ROBERTO" [pp. 211-4]

1. Sean Kilachand, "Forbes History: the Original 1987 List of International Billionaires". *Forbes*, 21 mar. 2012. Disponível em: <https://forbes.com/sites/seankilachand/2012/03/21/forbes-history-the-original-1987-list-of-international-billionaires/#50883779447e>. Acesso em: 20 dez. 2018.
2. "11 curiosidades sobre os bilionários brasileiros". *Forbes Brasil*, 7 set. 2016. Disponível em: <https://forbes.com.br/fotos/2016/09/11-curiosidades-sobre-os-bilionarios-brasileiros/>. Acesso em: 20 dez. 2018.
3. "Como se fez ricos no Brasil nos últimos 30 anos". *Jornal do Brasil*, Rio de Janeiro, 14 mar. 2014. Disponível em: <http://jb.com.br/economia/noticias/2014/03/14/como-se-fez-ricos-no-brasil-nos-ultimos-30-anos.html>. Acesso em: 24 mar. 2017.
4. Roberto Campos, "Roberto Marinho, o catador do trigo". In: Roberto Marinho, *Uma trajetória liberal*. Rio de Janeiro: Topbooks, 1992, p. 28.
5. Pedro Bial, op. cit., p. 315.

35. CONFLITO DE INTERESSES? [pp. 215-8]

1. Jacques Marcovitch, op. cit., p. 190. Ver também Pedro Bial, op. cit., p. 315.
2. Pedro Bial, op. cit., p. 319.
3. "Inaugurada em 1985, quando transmitiu a programação da Rede

Manchete, a emissora demorou dois anos até se afiliar à Rede Globo, para a partir daí se consolidar como a líder em audiência no estado" ("TV Bahia comemora 26 anos com festa na Rede Bahia". *Ibahia*, 11 mar. 2011. Disponível em: <https://ibahia.com/detalhe/noticia/tv-bahia-comemora-26-anos-com-festa-na-rede-bahia/>. Acesso em: 16 jun. 2021).
4. Pedro Bial, op. cit., p. 319.

36. DA EXPANSÃO AO DESASTRE [pp. 219-27]

1. José Bonifácio de Oliveira Sobrinho, *O livro do Boni*. Rio de Janeiro: Casa da Palavra, 2011, p. 451.
2. Entrevista de João Roberto Marinho concedida ao autor.
3. Memória Roberto Marinho, "História Grupo Globo". Disponível em: <http://historiagrupoglobo.globo.com/hgg/index.htm>. Acesso em: 20 dez. 2018.
4. Mario Sergio Conti, *Notícias do Planalto: A imprensa e Fernando Collor*. São Paulo: Companhia das Letras, 1999, p. 330.
5. Memória Roberto Marinho, "História Grupo Globo". Disponível em: <http://historiagrupoglobo.globo.com/hgg/index.htm>. Acesso em: 20 dez. 2018.
6. Ibid.
7. Ibid.
8. Pedro Bial, op. cit., p. 332.
9. Roberto Campos, op. cit., p. 28.
10. Sérgio Mattos, op. cit.
11. Entrevista de João Roberto Marinho concedida ao autor.
12. Ibid.
13. Ibid.
14. Memória Roberto Marinho, "História Grupo Globo". Disponível em: <http://historiagrupoglobo.globo.com/hgg/index.htm>. Acesso em: 20 dez. 2018.
15. Areppim, "The Complete List of World's Billionaires 2000". 8 ago. 2018. Disponível em: <http://stats.areppim.com/listes/list_billionairesxoowor.htm>. Acesso em: 20 dez. 2018.
16. Entrevista de João Roberto Marinho concedida ao autor.
17. Ibid.
18. Vera Brandimarte e Matías M. Molina, op. cit.
19. Ibid.
20. Ibid.
21. Ibid.
22. "Roberto Marinho não deixou apenas empresas com faturamento

anual de 5,7 bilhões de dólares e um império de comunicações. Legou também a certeza de que é vitorioso quem acredita nos próprios sonhos" (Vivianne Cohen, op. cit.).
23. Entrevista de João Roberto Marinho concedida ao autor.
24. Memória Roberto Marinho, "História Grupo Globo". Disponível em: <http://historiagrupoglobo.globo.com/hgg/index.htm>. Acesso em: 20 dez. 2018.

37. PROTETOR DE COMUNISTAS [pp. 231-8]

1. Marialva Barbosa, op. cit., p. 155.
2. Quem contou essa história foi o jornalista Henrique Veltman, no dia 29 de março de 2011, à também jornalista Laura Mattos, em *Herói mutilado: Roque Santeiro e os bastidores da censura à TV na ditadura* (São Paulo: Companhia das Letras, 2019, p. 110).
3. "O doutor Roberto me ligou dando instruções para que o comunicado entrasse no ar discretamente. Walter Clark não estava. Eu e o Armando Nogueira [diretor de jornalismo] falamos com doutor Roberto, que, antes desse momento, achava que a revolução terminaria rapidamente. Caiu na real e viu que a partir daquele instante a ditadura estava implantada. Lamentou-se" (José Bonifácio de Oliveira Sobrinho em entrevista a Laura Mattos, em "Novelas escritas por autores que se opunham à ditadura eram mutiladas" [*Folha de S.Paulo*, Especial A15 50 anos, 11 dez. 2018, p. A10]).
4. "Coerência na vida pública e no jornalismo". *O Globo*, Rio de Janeiro, 7 ago. 2003, p. 5B.
5. Vivianne Cohen, op. cit.
6. Nahuel Ribke, "Telenovela Writes under the Military Regime in Brazil: beyond the Cooption and Resistance Dichotomy" (*Media, Culture & Society*, 2011), citado por Laura Mattos, *Herói mutilado: Roque Santeiro e os bastidores da censura à TV na ditadura* (São Paulo: Companhia das Letras, 2019, p. 107).
7. Laura Mattos, op. cit., p. 108.
8. Ibid.
9. A declaração feita por Dias Gomes no *Roda Viva*, em 12 jun. 1995, é citada por Laura Mattos, op. cit., pp. 120-1. A entrevista completa está disponível em: <https://tvcultura.com.br/videos/13313_alfredo-dias-gomes-12-06-1995.html>. Acesso em: 22 jul. 2021.
10. Dias Gomes, *Apenas um subversivo* (Rio de Janeiro: Bertrand Brasil, 1998, pp. 278-80), citado por Laura Mattos, *Herói mutilado: Roque Santeiro e os bastidores da censura à TV na ditadura* (São Paulo: Companhia das Letras, 2019, pp. 129-30).

11. Walter Clark e Gabriel Priolli, op. cit., p. 199.
12. Ibid., citado por Laura Mattos, *Herói mutilado: Roque Santeiro e os bastidores da censura à TV na ditadura* (São Paulo: Companhia das Letras, 2019, p. 109).
13. "Era um representante dos militares na TV Globo. Um agente duplo, servia aos interesses da TV Globo e dos militares. Foi indicado pelo próprio governo. Já que servia a dois senhores, tentava dourar a pílula dos dois lados. Às vezes trazia total irritação dos militares com a gente e às vezes conseguia liberar coisas nossas lá. Como a gente convivia com isso, quando ele trazia uma solução era festejado. Quando não trazia, era odiado. Situação extremamente esdrúxula ter um sujeito do outro lado mediando a seu favor. Era difícil" (José Bonifácio de Oliveira Sobrinho em entrevista a Laura Mattos, em *Herói mutilado: Roque Santeiro e os bastidores da censura à TV na ditadura* [São Paulo: Companhia das Letras, 2019, p. 109]).

38. ESCONDERIJO DE REPÓRTERES [pp. 239-42]

1. Elio Gaspari, "O drible da notícia". *O Globo*, Rio de Janeiro, Caderno Especial Roberto Marinho 1904-2003, 8 ago. 2003, p. 8.
2. Ibid.

39. "ME ENFORQUEM COM UMA CORDA DE SEDA" [pp. 243-5]

1. José Bonifácio de Oliveira Sobrinho, "Com Roberto Marinho: minhas três décadas de trabalho na construção da Rede Globo, ao lado do dono". *piauí*, Rio de Janeiro, n. 63, dez. 2011. Disponível em: <http://piaui.folha.uol.com.br/materia/com-roberto-marinho/>. Acesso em: 20 dez. 2021.
2. Ibid.
3. Pedro Bial, op. cit., p. 32.
4. Carla Rocha, "Atores da TV Globo lamentam a perda". In: "O homem que apostou no Brasil". *O Globo*, Rio de Janeiro, Caderno Especial, 8 ago. 2003, p. 4.
5. "Nosso companheiro, Zuenir Ventura". *O Globo*, Rio de Janeiro, Caderno Especial Roberto Marinho 1904-2003, 8 ago. 2003, p. 8.
6. Jorge Bastos Moreno, "O Papa e a Rede Globo". In: "O homem que apostou no Brasil". *O Globo*, Rio de Janeiro, Caderno Especial, 8 ago. 2003, p. 8.

40. PROTETOR TAMBÉM DE ANTICOMUNISTAS — POR QUE NÃO? [pp. 246-50]

1. Nelson Rodrigues, *A menina sem estrela: Memórias*. São Paulo: Companhia das Letras, 1993, p. 252.
2. Nelson Rodrigues, *O remador de Ben-Hur: Confissões culturais*. São Paulo: Companhia das Letras, 1996, pp. 135-7.
3. Pedro Bial, op. cit., p. 109.

42. FANTASMAGORIAS [pp. 257-60]

1. Entrevista de Miro Teixeira concedida ao autor.
2. Os dados sobre a pressão arterial constam no caderno de anotações do mordomo, Edgar Peixoto. Na agenda de Roberto Marinho na TV Globo, na qual eram marcados seus compromissos pessoais, não há registro de nenhuma atividade no dia 6 de fevereiro de 2003. Essas informações foram fornecidas pela equipe do Acervo Roberto Marinho por e-mail, enviado ao autor deste livro no dia 12 de fevereiro de 2019.
3. "Saiba mais sobre Roberto Marinho, fundador da Globo". *Folha de S.Paulo*, 6 ago. 2003. Disponível em: <http://folha.uol.com.br/folha/brasil/ult96u52048.shtml>. Acesso em: 20 dez. 2018.
4. "Ele não ia mais à emissora. Eu fui na casa dele visitá-lo, fui com o Jorge Adib. Fomos na casa dele, ele nos recebeu, mas não reconheceu nem a mim, nem o Jorge. Nós ficamos conversando com ele, e ele sempre dizia que estava pedindo emprego para nós" (depoimento de José Bonifácio de Oliveira Sobrinho em *Roberto Marinho: o senhor do seu tempo*, op. cit.).

43. ATÉ QUE UM DIA, FALTOU [pp. 263-5]

1. *Roberto Marinho: o senhor do seu tempo*, op. cit.
2. Pedro Bial, op. cit., p. 27.
3. Lily Marinho, op. cit., pp. 163-4.
4. Nelson Rodrigues, *A menina sem estrela: Memórias*. São Paulo: Companhia das Letras, 1993, p. 117.
5. Os nomes do fisioterapeuta e dos dois médicos foram confirmados pela equipe do Acervo Roberto Marinho.
6. Lily Marinho, op. cit., p. 16.
7. Informações sobre a sucessão desses eventos foram fornecidas pela equipe do Acervo Roberto Marinho por e-mail, enviado ao autor deste livro em 26 de fevereiro de 2019.

8. Memória Globo, "Morte de Roberto Marinho". Disponível em: <https://memoriaglobo.globo.com/jornalismo/coberturas/morte-de-roberto-marinho/>. Acesso em: 16 jun. 2021.
9. "O homem que apostou no Brasil". *O Globo*, Rio de Janeiro, Caderno Especial, 8 ago. 2003, p. 2.
10. Fonte: Acervo Roberto Marinho.
11. Memória Roberto Marinho, "Se um dia eu vier a faltar". Disponível em: <http://robertomarinho.com.br/vida/trajetoria/familia/se-um-dia-eu-vier-a-faltar.htm>. Acesso em: 24 mar. 2017.
12. Fernanda da Escóssia e Plínio Fraga, "Enterro de Marinho leva autoridades ao Rio". *Folha de S.Paulo*, 8 ago. 2003. Disponível em: <https://folha.uol.com.br/fsp/brasil/fc0808200325.htm>. Acesso em: 20 dez. 2018: "Também compareceram ao velório ou ao enterro empresários de comunicação — como Roberto Civita (Editora Abril), Francisco de Mesquita Neto (grupo Estado de S. Paulo), Jaime Sirotsky (grupo RBS e presidente da Associação Mundial de Jornais) e José Antonio do Nascimento Brito ('Jornal do Brasil'). Foram recebidas mais de 400 coroas de flores, uma delas enviada pelo empresário Silvio Santos, dono do SBT, e outra em nome do ditador cubano, Fidel Castro. Estiveram presentes ainda empresários como Lázaro Brandão, do Bradesco, Pedro Moreira Salles, do Unibanco, Carlos Alberto Vieira, do Safra, e Antônio Ermírio de Moraes, do grupo Votorantim. Além deles, foram ao cemitério intelectuais e artistas, como o arquiteto Oscar Niemeyer e o novelista Gilberto Braga. [...] Cerca de cem jornalistas, inclusive estrangeiros, foram credenciados para acompanhar o velório e o enterro".

44. INCLASSIFICÁVEL [pp. 266-9]

1. "Despedida reuniu do povo ao presidente". *O Globo*, Rio de Janeiro, Especial, 8 ago. 2003, p. 2.
2. "One of the songs that Caetano Veloso, a Brazilian musical star, has made a hit translates approximately, 'For a long time slavery will remain the national characteristic of Brazil.' Of course, it sounds a lot better in Portuguese, and Mr Veloso, like Bob Dylan in America, has a huge and enraptured public that loves his protest music, in this case about Brazil's racial disparity. Those who do not care much for protesting are still pleased that his success internationally has benefited Brazil. He is right, they will say, half seriously, the Brazilians are slaves, enslaved to Globo" ("Obituary: Roberto Marinho, a Unifier of Brazil, Died on August 6th, Aged 98". *The Economist*, Londres, 14 ago. 2003. Disponível em: <http://economist.com/node/1988969>. Acesso em: 20 dez. 2018).

3. "Mr Marinho helped to unify the country. He contested the belief that South America's biggest country was too big" (Ibid.).

45. BONECO [pp. 270-3]

1. Memória Roberto Marinho, "Artes plásticas". Disponível em: <http://robertomarinho.com.br/mobile/vida/colecao-roberto-marinho.htm>. Acesso em: 20 jul. 2019.
2. *O século de um brasileiro*, op. cit., p. 5.

Bibliografia

LIVROS

ABREU, Alzira Alves de et al. (Coord.). *Dicionário histórico-biográfico brasileiro pós-1930*. Rio de Janeiro: Editora FGV, 2001.
ADORNO, Theodor W.; HORKHEIMER, Max. *Dialética do esclarecimento: Fragmentos filosóficos*. Rio de Janeiro: Zahar, 1985.
BARBOSA, Marialva. *História cultural da imprensa, Brasil: 1900-2000*. Rio de Janeiro: Mauad, 2007.
BIAL, Pedro. *Roberto Marinho*. Rio de Janeiro: Zahar, 2004.
BUCCI, Eugênio; KEHL, Maria Rita. *Videologias*. São Paulo: Boitempo, 2004.
CALDEIRA, Jorge. *Júlio Mesquita e seu tempo*. São Paulo: Mameluco, 2015. v. 3.
CAMPOS, Roberto. *Roberto Marinho, o catador do trigo*. In: MARINHO, Roberto. *Uma trajetória liberal*. Rio de Janeiro: Topbooks, 1992, p. 28.
CARVALHO, Maria Alice Rezende de. *Irineu Marinho: Imprensa e cidade*. Pref. José Murilo de Carvalho. São Paulo: Globo, 2012.
CLARK, Walter; PRIOLLI, Gabriel. *O campeão de audiência: Uma autobiografia*. São Paulo: Best Seller, 1991.
CONTI, Mario Sergio. *Notícias do Planalto: A imprensa e Fernando Collor*. São Paulo: Companhia das Letras, 1999.
COSTA, Alcir Henrique; KEHL, Maria Rita; SIMÕES, Inimá. *Um país no ar*. São Paulo: Brasiliense, 1986.

GASPARI, Elio. *A ditadura escancarada.* São Paulo: Companhia das Letras, 2002.

GOMES, Dias. *Apenas um subversivo.* Rio de Janeiro: Bertrand Brasil, 1998. Citado por MATTOS, Laura. *Herói mutilado: Roque Santeiro e os bastidores da censura à TV na ditadura.* São Paulo: Companhia das Letras, 2019.

HOLLOWAY, Thomas H. *Imigrantes para o café.* São Paulo: Paz e Terra, 1984.

JORNAL Nacional: A notícia faz história. Rio de Janeiro: Zahar, 2004. (Col. Memória Globo).

MARCOVITCH, Jacques. *Pioneiros e empreendedores: A saga do desenvolvimento no Brasil.* São Paulo: Edusp, 2012. v. 3.

MARINHO, Lily. *Roberto & Lily.* 3. ed. Rio de Janeiro: Record, 2005.

MARINHO, Roberto. *Uma trajetória liberal.* Rio de Janeiro: Topbooks, 1992.

MATTOS, Laura. *Herói mutilado: Roque Santeiro e os bastidores da censura à TV na ditadura.* São Paulo: Companhia das Letras, 2019.

MORAIS, Fernando. *Chatô, o rei do Brasil: A vida de Assis Chateaubriand, um dos brasileiros mais poderosos deste século.* São Paulo: Companhia das Letras, 1994.

MOREIRA, Sônia Virgínia. *Rádio palanque.* Rio de Janeiro: Mil Palavras, 1998. Citado por MARTIN, Flávia Maria Leite de Castro. *Jornalismo na Rádio Nacional: A cronologia dos noticiários veiculados pela emissora no período 1936-2007.* Monografia em Jornalismo, Rio de Janeiro, ECO/UFRJ, 2007.

NOSSA, Leonencio. *Roberto Marinho: O poder está no ar. Do nascimento ao Jornal Nacional.* Rio de Janeiro: Nova Fronteira, 2019.

OLIVEIRA SOBRINHO, José Bonifácio. *O livro do Boni.* Rio de Janeiro: Casa da Palavra, 2011.

RIBKE, Nahuel. "Telenovela Writers under the Military Regime in Brazil: Beyond the Cooption and Resistance Dichotomy". *Media, Culture & Society,* 2011. Citado por MATTOS, Laura. *Herói mutilado: Roque Santeiro e os bastidores da censura à TV na ditadura.* São Paulo: Companhia das Letras, 2019.

RODRIGUES, Nelson. *A menina sem estrela: Memórias.* São Paulo: Companhia das Letras, 1993.

RODRIGUES, Nelson. *O remador de Ben-Hur: Confissões culturais.* São Paulo: Companhia das Letras, 1996.

O SÉCULO de um brasileiro. Rio de Janeiro: Paço Imperial, 2004. (Col. Roberto Marinho).

SKIDMORE, Thomas E. *Brasil: de Getúlio a Castello.* 13. ed. São Paulo: Paz e Terra, 2003.

WALLACH, Joe. *Meu capítulo na TV Globo.* Rio de Janeiro: Top Books, 2003.

ARTIGOS EM JORNAL OU REVISTA

"OS ACONTECIMENTOS militares". *A Noite*, Rio de Janeiro, 7 jan. 1925, 2º clichê, p. 1.

ALVARENGA, Darlan. "O homem Roberto Marinho por trás do mito e do patrão". *Último Segundo*, São Paulo, 4 dez. 2004. Disponível em: <http://observatoriodaimprensa.com.br/entre-aspas/renata-lo-prete-28553>. Acesso em: 20 dez. 2018.

ANTUNES, Anderson. "The Complete List of the 150 Richest People in Brazil". *Forbes*, 18 set. 2014. Disponível em: <https://forbes.com/sites/andersonantunes/2014/09/18/the-complete-list-with-the-150-richest-people-in-brazil/#76787e1033da>. Acesso em: 20 dez. 2018.

"APOIO editorial ao golpe de 64 foi um erro". *O Globo*, Rio de Janeiro, 31 ago. 2013. Disponível em: <https://oglobo.globo.com/brasil/apoio-editorial-ao-golpe-de-64-foi-um-erro-9771604>. Acesso em: 20 dez. 2018.

BELLOS, Alex. "Roberto Marinho: Brazilian Tycoon Whose Globo Empire Made Him the Most Powerful Media Figure in Latin America". *The Guardian*, Londres, 8 ago. 2003. Disponível em: <https://theguardian.com/media/2003/aug/08/citynews.brazil>. Acesso em: 20 dez. 2018.

BERGAMO, Mônica. "Uma noite em Versailles". *Folha de S.Paulo*, Ilustrada, 16 jun. 2005. Disponível em: <https://folha.uol.com.br/fsp/ilustrad/fq1606200509.htm>. Acesso em: 16 jun. 2021.

BRANDIMARTE, Vera; MOLINA, Matías M. "Aos 50, TV Globo projeta o futuro". *Valor Econômico*, São Paulo, 24 abr. 2015. Disponível em: <https://valor.globo.com/eu-e/noticia/2015/04/24/aos-50-tv-globo-projeta-o-futuro.ghtml>. Acesso em: 16 jun. 2021.

CASARIN, Rodrigo. "Há 56 anos, o pai de Fernando Collor matava um senador dentro do Congresso". *Aventuras na História*, 4 dez. 2019. Disponível em: <https://aventurasnahistoria.uol.com.br/noticias/reportagem/historia-arnon-de-mello-morte-senado.phtml>. Acesso em: 16 jun. 2021.

"COERÊNCIA na vida pública e no jornalismo". *O Globo*, Rio de Janeiro, 7 ago. 2003, p. 5B.

COHEN, Vivianne. "Gente fora de série: Roberto Marinho". *IstoÉ Gente*, São Paulo, 25 ago. 2003, 31 ago. 2003, 8 set. 2003, 15 set. 2003; caps. I-IV. Disponível em: <http://terra.com.br/istoegente/gente_fora_serie/index_roberto_marinho.htm>. Acesso em: 20 dez. 2018.

"COMO o Sr. Geraldo Rocha se insinuou na confiança de Irineu Marinho: A emboscada e o veneno da intriga e da espionagem". *O Globo*. Rio de Janeiro, 1º maio 1929, p. 1.

"COMO se fez ricos no Brasil nos últimos 30 anos". *Jornal do Brasil*, Rio de

Janeiro, 14 mar. 2014. Disponível em: <http://jb.com.br/economia/noticias/2014/03/14/como-se-fez-ricos-no-brasil-nos-ultimos-30-anos.html/>. Acesso em: 24 mar. 2017.

CONTI, Mario Sergio. "O dono do mundo". *Folha de S.Paulo*, Caderno Especial, 16 set. 2000, p. 13. Disponível em: <https://folha.uol.com.br/fsp/especial/tv_17.htm>. Acesso em: 16 jun. 2021.

CONTI, Mario Sergio. "Lembranças de Roberto Marinho". *Folha de S.Paulo*, Ilustrada, 10 ago. 2003. Disponível em: <http://folha.uol.com.br/fsp/ilustrad/fq1008200317.htm>. Acesso em: 20 dez. 2018.

CONTREIRAS, Helio. "O homem que faz presidentes". *Jornal da Tarde*, São Paulo, 6 abr. 1993, p. 12.

DAHER, Valquiria. "'Roberto Marinho sabia que a TV era o negócio do futuro', conta Pedro Bial, biógrafo do fundador da Globo". *O Globo*, Rio de Janeiro, 26 abr. 2015. Disponível em: <https://oglobo.globo.com/cultura/revista-da-tv/roberto-marinho-sabia-que-tv-era-negocio-do-futuro-conta-pedro-bial-biografo-do-fundador-da-globo-15968386>. Acesso em: 20 dez. 2018.

"DEPOIS da catástrofe do Monte Serrat: Desvio ou retenção indébita de dinheiros implorados ao povo, para socorrer infelizes?". *A Noite*, Rio de Janeiro, 2 maio 1929, p. 2.

"DEPOIS da catástrofe do Monte Serrat: 'O Globo' confessa que não entregou e retém o dinheiro que implorou ao povo para socorrer infelizes". *A Noite*, Rio de Janeiro, 4 maio 1929, p. 2.

"DESPEDIDA reuniu do povo ao presidente". *O Globo*, Rio de Janeiro, Especial, 8 ago. 2003, p. 2.

"DO CANAL 4 à Rede Globo, a TV que une o país". In: "O homem que apostou no Brasil". *O Globo*, Rio de Janeiro, Caderno Especial, 8 ago. 2003, p. 22.

"EM PRATOS limpos: o 1º de abril da 'Noite'". *O Globo*, Rio de Janeiro, 2 abr. 1929, p. 2.

ESCÓSSIA, Fernanda da; FRAGA, Plínio. "Enterro de Marinho leva autoridades ao Rio". *Folha de S.Paulo*, 8 ago. 2003. Disponível em: <https://folha.uol.com.br/fsp/brasil/fc0808200325.htm>. Acesso em: 20 dez. 2018.

"ESTA família vai à missa sem sair de casa". *O Globo*, Rio de Janeiro, Matutina, Geral, 17 dez. 1960, p. 5.

GASPARI, Elio. "O drible da notícia". *O Globo*, Caderno Especial Roberto Marinho 1904-2003, 8 ago. 2003, p. 8.

"AS HOMENAGENS da hypocrisia gananciosa e as contradições do cynismo: O documento definitivo". *O Globo*, Rio de Janeiro, 23 abr. 1929, p. 1.

"O HOMEM que apostou no Brasil". *O Globo*, Rio de Janeiro, Caderno Especial, 8 ago. 2003, p. 2.

"IRINEU Marinho". *A Noite*, Rio de Janeiro, 21 ago. 1925, p. 1.

KILACHAND, Sean. "Forbes History: The Original 1987 List of International Billionaires". *Forbes*, 21 mar. 2012. Disponível em: <https://forbes.com/sites/seankilachand/2012/03/21/forbes-history-the-original--1987-list-of-international-billionaires/#50883779447e>. Acesso em: 20 dez. 2018.

LEÃO, Renata. "Lily Marinho: Todo mundo sabe que ela é a viúva de Roberto Marinho, mas poucos conhecem sua irreverência". *Trip*, São Paulo, n. 89, 7 jul. 2009. Disponível em: <https://revistatrip.uol.com.br/tpm/lily-marinho>. Acesso em: 20 dez. 2018.

"LILY Marinho festeja o ano do Brasil na França". *IstoÉ Gente*, 21 mar. 2005. Disponível em: <https://terra.com.br/istoegente/292/urgente/urgente_06.htm>. Acesso em: 16 jun. 2021.

"MANIFESTAÇÕES foram realizadas em 388 cidades do país". *Agência Estado*, São Paulo, 21 jun. 2013. Disponível em: <http://noticias.uol.com.br/ultimas-noticias/agencia-estado/2013/06/21/manifestacoes--foram-realizadas-em-388-cidades.htm>. Acesso em: 20 dez. 2018.

MANZANO, Rodrigo; IGNACIO, Ana. "Entrevista: Afiado bisturi". *Revista Imprensa*, São Paulo, n. 260, pp. 22-7, set. 2010.

"MARINHO e o pessoal da 'A Noite'". *A Noite*, Rio de Janeiro, 25 abr. 1929, p. 2.

MARINHO, Roberto. "A TV Globo e o grupo 'Time-Life'". *O Globo*, Rio de Janeiro, 8 jul. 1971, p. 3.

MARINHO, Roberto. "Carta a Lula". *O Globo*, Rio de Janeiro, 19 dez. 1989, 2º clichê, p. 3. Disponível em: <robertomarinho.com.br/vida/opiniao/brasil/carta-a-lula.htm>. Acesso em: 20 dez. 2018.

MARQUES, Toni. "O dia em que doutor Roberto virou 'Robertão'". In: "O homem que apostou no Brasil". *O Globo*, Rio de Janeiro, Caderno Especial, 8 ago. 2003, p. 17.

MATTOS, Laura. "Novelas escritas por autores que se opunham à ditadura eram mutiladas". *Folha de S.Paulo*, Especial AI5 50 anos, 11 dez. 2018, p. A10.

MOLINA, Matías M. "Desafios de um veículo poderoso". *Valor Econômico*, São Paulo, 24 abr. 2015. Disponível em: <https://valor.globo.com/eu-e/noticia/2015/04/24/desafios-de-um-veiculo-poderoso.ghtml>. Acesso em: 16 jun. 2021.

MORENO, Jorge Bastos. "O papa e a Rede Globo". In: "O homem que apostou no Brasil". *O Globo*, Rio de Janeiro, Caderno Especial, 8 ago. 2003, p. 8.

"MORRE Roberto Marinho, aos 98 anos". *O Globo*, Rio de Janeiro, 7 ago. 2003, p. 5A.

"NOSSO companheiro, Zuenir Ventura". *O Globo*, Rio de Janeiro, Caderno Especial, 8 ago. 2003, p. 8.

"UMA NOVA paixão aos 85 anos". *O Globo*, Rio de Janeiro, Especial Roberto Marinho 1904-2003, 8 ago. 2003, p. 6.

"OBITUARY: Roberto Marinho, a Unifier of Brazil, Died on August 6th, Aged 98". *The Economist*, Londres, 14 ago. 2003. Disponível em: <http://economist.com/node/1988969>. Acesso em: 20 dez. 2018.

OLIVEIRA SOBRINHO, José Bonifácio de. "Com Roberto Marinho: minhas três décadas de trabalho na construção da Rede Globo, ao lado do dono". *piauí*, Rio de Janeiro, n. 63, dez. 2011. Disponível em: <http://piaui.folha.uol.com.br/materia/com-roberto-marinho>. Acesso em: 20 dez. 2018.

"PAIXÃO pelo esporte". In: "O homem que apostou no Brasil". *O Globo*, Rio de Janeiro, Caderno Especial, 8 ago. 2003, p. 15.

"PARA Boni, acordo 'Globo Time-Life' foi operação 'totalmente legal'". *Portal Imprensa*, 8 set. 2010. Disponível em: <http://portalimprensa.com.br/noticias/ultimas_noticias/35442/para+boni+acordo+globo+time+life+foi+operacao+totalmente+ilegal>. Acesso em: 16 jun. 2021.

PEREIRA, José Mário. "Entrevista com Roberto Marinho. Memória Roberto Marinho". Originalmente publicada no jornal *O Globo*, Rio de Janeiro, nov. 1992. Disponível em: <http://robertomarinho.com.br/vida/trajetoria/uma-trajetoria-liberal/entrevista-com-roberto-marinho.htm>. Acesso em: 24 mar. 2017.

"PROTESTOS pelo país têm 1,25 milhão de pessoas, um morto e confrontos". *G1*, São Paulo, 21 jun. 2013. Disponível em: <http://g1.globo.com/brasil/noticia/2013/06/protestos-pelo-pais-tem-125-milhao-de-pessoas-um-morto-e-confrontos.html>. Acesso em: 20 dez. 2018.

"ROBERTO Marinho influiu durante sete décadas". *Folha de S.Paulo*, 7 ago. 2003. Disponível em: <http://folha.uol.com.br/folha/brasil/ult96u152057.shtml>. Acesso em: 20 dez. 2018.

ROCHA, Carla. "Atores da TV Globo lamentam a perda". In: "O homem que apostou no Brasil". *O Globo*, Rio de Janeiro, Caderno Especial, 8 ago. 2003, p. 4.

ROCHA, Geraldo. "Minhas relações com Irineu Marinho". *A Noite*, Rio de Janeiro, 22 abr. 1929, p. 2.

ROCHA, Geraldo. "Meus negócios com Irineu Marinho". *A Noite*, Rio de Janeiro, 23 abr. 1929, p. 2.

ROCHA, Geraldo. "Como e por que Irineu Marinho sahiu da 'A Noite'". *A Noite*, Rio de Janeiro, 24 abr. 1929, p. 2.

ROCHA, Geraldo. "Vivo o espírito de Marinho". *O Globo*, Rio de Janeiro, Matutina, Geral, 3 ago. 1956, p. 9.

SABINO, Fernando. "Editôra". *Jornal do Brasil*, Rio de Janeiro, Caderno 1, 20 set. 1960, p. 7.

"SAIBA mais sobre Roberto Marinho, fundador da Globo". *Folha de S.Paulo*,

6 ago. 2003. Disponível em: <http://folha.uol.com.br/folha/brasil/ult96u52048.shtml>. Acesso em: 20 dez. 2018.
"SONHO de Irineu se torna a realidade de Roberto". In: "O homem que apostou no Brasil". *O Globo*, Rio de Janeiro, Caderno Especial, 8 ago. 2003, p. 18.
"TOCAIA sinistra". *A Noite*, Rio de Janeiro, 9 maio 1925, p. 1.
"TOCAIA sinistra". *A Noite*, Rio de Janeiro, 11 maio 1925, p. 2.
"TOCAIA sinistra". *A Noite*, Rio de Janeiro, 12 maio 1925, p. 2.
"TOCAIA sinistra". *A Noite*, Rio de Janeiro, 29 maio 1925, p. 3.
"TOCAIA sinistra: Denúncia dos criminosos". *A Noite*, Rio de Janeiro, 15 jun. 1925, p. 2.
"A TRAGÉDIA no Senado". *O Globo*, Rio de Janeiro, Matutina, Geral, 6 dez. 1963, p. 4.
"TRISTE epílogo de dois erros graves". *O Globo*, Rio de Janeiro, Matutina, Geral, 5 dez. 1963, p. 1.
"VASCO Lima". *A Noite*, Rio de Janeiro, 14 maio 1925, p. 2.
"VASCO Lima". *A Noite*, Rio de Janeiro, 15 maio 1925, p. 2.
"VENHA apertar a mão de Jean-Paul Sartre e receber seu autógrafo". *O Globo*, Rio de Janeiro, Geral, 17 set. 1960, p. 7.
WERNECK, Humberto. "O furacão de Copacabana". *O Estado de S. Paulo*, Caderno 2, 5 fev. 2019, p. C6.

SITES

ACADEMIA BRASILEIRA DE LETRAS. "Morre Roberto Marinho, aos 98 anos". 7 ago. 2003. Disponível em: <http://academia.org.br/noticias/morre-roberto-marinho-aos-98-anos>. Acesso em: 20 dez. 2018.
ACERVO ESTADÃO. "Roberto Marinho". [s.d.]. Disponível em: <https://acervo.estadao.com.br/noticias/personalidades,roberto-marinho,1054,0.htm>. Acesso em: 20 dez. 2018.
ACERVO MEMORIAL LAGE. "A transação do Parque Lage". Disponível em: <http://acervo.memorialage.com.br/xmlui/bitstream/handle/123456789/1146/RG-0871.pdf>. Acesso em: 20 dez. 2018.
AREPPIM. "The Complete List of World's Billionaires 2000". 8 ago. 2018. Disponível em: <http://stats.areppim.com/listes/list_billionairesxooxwor.htm>. Acesso em: 20 dez. 2018.
O CAIXA. "Tabela de conversão: Dólar anual médio". Disponível em: <http://ocaixa.com.br/bancodedados/dolaranualmedio.htm>. Acesso em: 24 mar. 2017.
CALCULADORA DE INFLAÇÃO. "Cálculo de inflação e de evolução dos preços entre 2 datas". Disponível em: <http://fxtop.com/pt/calculadora-de-inflacao.php?A=1%2C7&C1=USD&INDICE=USCPI31011913&-

DD1=01&MM1=05&YYYY1=1924&DD2=29&MM2=08&YYYY2=2017&btnOK=Calcular+equivalente>. Acesso em: 20 dez. 2018.

COMISSÃO NACIONAL DA VERDADE. "Conheça e acesse o relatório final da CNV". 10 dez. 2014. Disponível em: <http://cnv.memoriasreveladas.gov.br/index.php/outros-destaques/574-conheca-e-acesseo-relatorio--final-da-cnv>. Acesso em: 20 dez. 2018.

FAMÍLIA PAULA FREITAS. "Origens e legados". 9 fev. 2016. Disponível em: <http://familiapaulafreitas.blogspot.com.br/>. Acesso em: 20 dez. 2018.

FOLHA DE S.PAULO. "Presidente da semana". 25 maio 2018. Disponível em: <https://folha.uol.com.br/poder/2018/05/ouca-todos-os-episodios--disponiveis-do-podcast-presidente-da-semana-sobre-os-presidentes--do-brasil.shtml>. Acesso em: 20 dez. 2018.

FORBES BRASIL. "11 curiosidades sobre os bilionários brasileiros". Foto 11, Roberto Marinho. 7 set. 2016. Disponível em: <https://forbes.com.br/fotos/2016/09/11-curiosidades-sobre-os-bilionarios-brasileiros/>. Acesso em: 20 dez. 2018.

FUNDAÇÃO GETULIO VARGAS. CENTRO DE PESQUISA E DOCUMENTAÇÃO DE HISTÓRIA CONTEMPORÂNEA DO BRASIL (CPDOC). "Rádio Globo". [s.d.]. Disponível em: <http://fgv.br/cpdoc/acervo/dicionarios/verbete-tematico/radio-globo>. Acesso em: 20 dez. 2018.

LINS, José Luiz de Magalhães. "Empréstimo para a TV Globo". *José Luiz de Magalhães Lins Acervo Digital*, [s.d.]. Disponível em: <https://joseluizdemagalhaeslins.com.br/emprestimo-para-a-tv-globo/>. Acesso em: 16 jun. 2021.

MEMÓRIA GLOBO. "Boni". Disponível em: <https://memoriaglobo.globo.com/perfil/boni/>. Acesso em: 16 jun. 2021.

MEMÓRIA GLOBO. "Caso Time-Life". Disponível em: <https://memoriaglobo.globo.com/acusacoes-falsas/caso-time-life/>. Acesso em: 16 jun. 2021.

MEMÓRIA GLOBO. "Diretas Já". Disponível em: <http://memoriaglobo.globo.com/erros/diretas-ja>. Acesso em: 16 jun. 2021.

MEMÓRIA GLOBO. "O Globo é lançado". Disponível em: <http://memoria.oglobo.globo.com/linha-do-tempo/o-globo-eacute-lanccedilado-9196292>. Acesso em: 20 dez. 2018.

MEMÓRIA GLOBO. "Irineu Marinho". Disponível em: <http://memoria.oglobo.globo.com/perfis-e-depoimentos/irineu-marinho-9124075>. Acesso em: 15 jul. 2019.

MEMÓRIA GLOBO. "Morte de Roberto Marinho". Disponível em: <https://memoriaglobo.globo.com/jornalismo/coberturas/morte-de-roberto--marinho/>. Acesso em: 16 jun. 2021.

MEMÓRIA GLOBO. "Walter Clark". Disponível em: <https://memoriaglobo.globo.com/perfil/walter-clark/>. Acesso em: 16 jun. 2021.

MEMÓRIA ROBERTO MARINHO. "Artes plásticas". Disponível em: <http://robertomarinho.com.br/mobile/vida/colecao-roberto-marinho.htm>. Acesso em: 20 jul. 2019.

MEMÓRIA ROBERTO MARINHO. "Automobilismo". Disponível em: <http://robertomarinho.com.br/vida/esportes/automobilismo.htm>. Acesso em: 20 dez. 2018.

MEMÓRIA ROBERTO MARINHO. "Carlos Lacerda". Disponível em: <https://robertomarinho.globo.com/opiniao/carlos-lacerda/>. Acesso em: 5 ago. 2021.

MEMÓRIA ROBERTO MARINHO. "Carta de Roberto Marinho para Roberto Irineu". 13 fev. 1963. Disponível em: <http://robertomarinho.com.br/lumis/portal/file/fileDownload.jsp?fileId=8A70B4943FF489CE-0140161DC46A7E16>. Acesso em: 20 dez. 2018.

MEMÓRIA ROBERTO MARINHO. "Casamentos". Disponível em: <http://robertomarinho.com.br/vida/familia/stella-goulart-marinho/stella-goulart-marinho.htm>. Acesso em: 20 dez. 2018.

MEMÓRIA ROBERTO MARINHO. "Casamentos: Ruth Marinho". Disponível em: <https://robertomarinho.globo.com/biografias/ruth-marinho/>. Acesso em: 16 jun. 2021.

MEMÓRIA ROBERTO MARINHO. "Diretor, redator-chefe". Disponível em: <http://robertomarinho.com.br/obra/o-globo/o-inicio/diretor-redator-chefe.htm.>. Acesso em: 24 mar. 2017.

MEMÓRIA ROBERTO MARINHO. "Esportes". Disponível em: <http://robertomarinho.com.br/vida/esportes.htm>. Acesso em: 24 mar. 2017.

MEMÓRIA ROBERTO MARINHO. "'O Globo' e o primeiro governo Vargas". Disponível em: <http://robertomarinho.com.br/obra/o-globo/o-inicio/o-globo-e-o-primeiro-governo-vargas.htm>. Acesso em: 24 mar. 2017.

MEMÓRIA ROBERTO MARINHO. "Hipismo". Disponível em: <http://robertomarinho.com.br/vida/esportes/hipismo.htm>. Acesso em: 20 dez. 2018.

MEMÓRIA ROBERTO MARINHO. "História Grupo Globo". Disponível em: <http://historiagrupoglobo.globo.com/hgg/index.htm>. Acesso em: 20 dez. 2018.

MEMÓRIA ROBERTO MARINHO. "A perda de 'A Noite'". Disponível em: <http://robertomarinho.com.br/mostras/irineu-marinho/a-noite/a-perda-de-a-noite.htm>. Acesso em: 20 dez. 2018.

MEMÓRIA ROBERTO MARINHO. "Se um dia eu vier a faltar". Disponível em: <http://robertomarinho.com.br/vida/trajetoria/familia/se-um-dia--eu-vier-a-faltar.htm>. Acesso em: 24 mar. 2017.

MEMÓRIA ROBERTO MARINHO. "Sistema Globo de Rádio: Expansão". Disponível em: <http://robertomarinho.com.br/obra/sistema-globo-de-radio/expansao.htm>. Acesso em: 20 dez. 2018.

NOVO MILÊNIO. "Navios: o *Conte Rosso*". [s.d.]. Disponível em: <http://novomilenio.inf.br/rossini/conteros.htm>. Acesso em: 20 dez. 2018.

NUNES, Jorge Cesar Pereira. "História gonçalense: o modelo inglês (de ensino)". *Tafulhar*, 2014. Disponível em: <https://tafulhar.com/2014/04/historia-goncalense-o-modelo-ingles-de.html?pfstyle=wp>. Acesso em: 16 dez. 2019.

TAMARIND. "História do iate". [s.d.]. Disponível em: <http://tamarind.com.br/pt-br/history/#>. Acesso em: 20 dez. 2018.

TRIGO, Luciano. "Memórias relatam ascensão e queda de Walter Clark na televisão". G1, 4 out. 2015. Disponível em: <http://g1.globo.com/pop-arte/blog/maquina-de-escrever/post/memorias-relatam-ascensao-e-queda-de-walter-clark-na-televisao.html>. Acesso em: 16 jun. 2021.

"TV Bahia comemora 26 anos com festa na Rede Bahia". *Ibahia*, 11 mar. 2011. Disponível em: <https://ibahia.com/detalhe/noticia/tv-bahia-comemora-26-anos-com-festa-na-rede-bahia/>. Acesso em: 16 jun. 2021.

WIKIPÉDIA. "Boni". Disponível em: <https://pt.wikipedia.org/wiki/Boni>. Acesso em: 20 dez. 2018.

WIKIPÉDIA. "Cosme Velho". Disponível em: <https://pt.wikipedia.org/wiki/Cosme_Velho>. Acesso em: 20 dez. 2018.

WIKIPÉDIA. "Getúlio Vargas". Disponível em: <https://pt.wikipedia.org/wiki/Getúlio_Vargas>. Acesso em: 20 dez. 2018.

FILMES E VÍDEOS

CIDADÃO Kane [*Citizen Kane*]. Direção: Orson Welles. Produção: Orson Welles. Roteiro: Orson Welles e Herman J. Mankiewicz. Intérpretes: Orson Welles, Sonny Bupp, Dorothy Comingore e outros. Estados Unidos: RKO Pictures e Mercury Productions, 1941 (119 min.).

MUITO além do Cidadão Kane [*Brazil: Beyond Citizen Kane*]. Direção: Simon Hartog. Produção: John Ellis. Roteiro: Simon Hartog. Reino Unido: Large Door e Channel 4, 1993 (93 min.).

ROBERTO Marinho: O senhor do seu tempo. Direção: Rozane Braga. Produção: Vivien Lynch. Roteiro: Zil Ribas e Marcel Souto Maior. Rio de Janeiro: FBL Criação e Produção, 2011. YouTube (57 min.). Disponível em: <https://youtube.com/watch?v=S3IQ2zzofbNs. Acesso em: 11 dez. 2018>.

RODA Viva. Dias Gomes. Disponível em: <https://tvcultura.com.br/videos/13313_alfredo-dias-gomes-12-06-1995.html>. Acesso em: 22 jul. 2021.

TRABALHOS ACADÊMICOS

MARTIN, Flávia Maria Leite de Castro. *Jornalismo na Rádio Nacional*: A cronologia dos noticiários veiculados pela emissora no período 1936--2007. Rio de Janeiro: ECO-UFRJ, 2007. Monografia (Graduação em Jornalismo).

MATTOS, Sérgio. "A trajetória de sucesso de Roberto Marinho". In: Seminário "Pioneirismo empresarial no Brasil e a construção do século XXI". FEA-USP, São Paulo, 9 out. 2007. Disponível em: <https://usp.br/pioneiros/n/arqs/sMattos_rMarinho.doc>. Acesso em: 24 mar. 2017.

ROMÃO, José Eduardo Elias. *A pedra na funda: A classificação indicativa contra a ditadura da indústria da comunicação*. Brasília: Faculdade de Direito da UnB, 2010. Tese (Doutorado).

ENTREVISTAS

JOÃO ROBERTO MARINHO, em 10 de maio de 2019, das 15h45 às 17h10, na sede das Organizações Globo, no décimo primeiro andar do edifício na rua Lopes Quintas 303, Jardim Botânico, Rio de Janeiro.

MIRO TEIXEIRA, em 9 de maio de 2019, das 13h às 15h, no restaurante Alcaparra, no Flamengo, no Rio de Janeiro.

Outros entrevistados pediram para não ser identificados.

Índice remissivo

À *la recherche du temps perdu* (Proust), 203
ABC (American Broadcasting Company), 212
Abelleira Carman, Manuel, 155
Abissínia (atual Etiópia), 91
Academia Brasileira de Letras, 126, 270
Acervo Roberto Marinho (Globo), 152
Adib, Jorge, 305n
Adorno, Theodor, 9
Agnelli, Gianni, 263
Agripino, João, 117
Aguiar, Amador, 152
AI-5 (Ato Institucional número 5, 1968), 180-1, 233, 237
Aída (ópera de Verdi), 126
Alcântara (navio), 81
Alcântara Machado (agência paulista), 164
Aldeia Campista (Rio de Janeiro), 55
Aldridge, Alfred R., 24
Aldridge, Leonard, 24
Alemanha, 90, 202
Alencar, Marcello, 270
alfabetização no Brasil (anos 1920), 53
Alves, Eustachio, 49-50
Alves, Rodrigues, 18
Amado, Jorge, 114
América do Sul, 104, 267
América Latina, 38, 73, 205, 224
Anatel (Agência Nacional de Telecomunicações), 255
Anistia (1979), 239, 241
Anne, princesa da Inglaterra, 153
Antonio Leal da Costa, 41, 49-50
Apenas um subversivo (Dias Gomes), 236
"Apoio ao golpe militar foi um erro" (editorial de *O Globo*, 2013), 182-3
Araújo, Paulo Cabral de, 155
Arena (Aliança Renovadora Nacional), 213, 216

Arisco (cavalo), 126
Assim na Terra como no Céu (telenovela), 235
Assis, Machado de, 107
Atentado da rua Tonelero (1954), 102
Athayde, Austregésilo de, 270
Aumond, Jean-Pierre, 202
Automóvel Clube do Brasil, 126

Bahia, 213, 217-8
Balsemão, Francisco Pinto, 222
Banco Central, 225
Banco do Brasil, 115-6
Banco Nacional, 151-2
Banco Português do Investimento (BPI), 227
Bandeira, Manuel, 114
Bandeirantes, Rede, 26, 161, 192
Barbosa, Marialva, 74
Barbosa, Rui, 31
Barros, Antonieta Fleury de, 125-6
Barros, Antonio Pinto Coelho de, 31
Barros, Edwiges de Souza (avó paterna de Roberto Marinho), 18, 30-1
Barros, João Marinho Coelho de (avô paterno de Roberto Marinho), 30
Batista, Fulgêncio, 144
Beauvoir, Simone de, 113
Beijo no asfalto, O (Rodrigues), 246
Bem-Amado, O (telenovela), 234
Benício, Valentim, 81
Bernardes, Arthur, 37, 49-50
Berrêdo, Victorio, 128
Bertaso, família, 220
Besanzoni, Gabriella, 126
Bial, Pedro, 22, 204, 283n
Bikila, Abebe, 90-1, 93
Boneco (tela de Pancetti), 270-3
Boni (José Bonifácio de Oliveira Sobrinho), 156-8, 160-7, 169-70, 219, 238
Bound to Glory (Guthrie), 21

Bradesco, 152, 221
Braga, Gilberto, 306n
Braga, Rubem, 114
Brandão, Lázaro, 221, 306n
Brasil: de Getúlio a Castello (Skidmore), 100
Brasília, 119, 160, 170, 177, 199, 211, 235-6, 239, 241, 251-4, 257-60
Brazil Railway Company, 39, 50, 75
Brito, José Antonio do Nascimento, 306n
Britto, Orlando, 239-40
Brizola, Leonel, 187-8, 190, 253
Brunini Filho, Raul, 98
Buarque, Chico, 236
Bye Bye, Brasil (filme), 161

Cabral de Melo Neto, João, 114
"café com leite", política do, 79
Café de Flore (Paris), 206-7
Camargo Corrêa (construtora), 211
Camargo, Sebastião, 211
Campos, Roberto, 9, 212, 222
candomblé, 82
Capra, Frank, 112
Caras (revista), 205-6
Cardillo, Salvatore, 125
Cardoso, Espírito Santo, general, 101
Cardoso, Fernando Henrique, 96, 255-6, 265
"Carta do Tom" (canção), 236
Caruso, Chico, 108
Caruso, Enrico, 125
Carvalho, Castellar de, 40, 47-8, 50
Carvalho, Maria Alice Rezende de, 41
Carvalho Filho, Horácio Gomes Leite de, 202
Casarão, O (telenovela), 234
CASER (Companhia de Administração e Serviços), 291n
Cassino Atlântico (Rio de Janeiro), 95

Cassino da Urca (Rio de Janeiro), 96, 201-2
Castelo Branco, Humberto de Alencar, 148
Castro, Caiado de, 98
Castro, Fidel, 110, 113, 144, 306n
CBN (rádio), 222, 255
CBS (Columbia Broadcasting System), 212
Cemitério São João Batista (Rio de Janeiro), 265
Cenimar (Centro de Informações da Marinha), 235
Central Globo de Jornalismo, 188
Centro Hípico do Exército, 199
Chagas, Francisco, 51
Chateaubriand, Assis, 19, 38, 54, 67, 95-6, 134, 145, 158, 163, 202, 212, 287n
Chaves, Paiva, 238
Chica, dona ver Marinho, Francisca Pisani Barros (mãe de Roberto Marinho)
Chile, 104-5, 292n
Chirac, Bernadette, 206
Chirac, Jacques, 206
Cidadão Kane (filme), 194, 269
"Cinco em Tríplices" (prova de hipismo), 199
"Cinco Tríplices-General Mário Vital Guadalupe Montezuma" (prova de hipismo), 199
Cinderela (lancha), 159
Citibank, 150-3, 155, 295n
Civita, Roberto, 306n
Clair, Janete, 167
Clark, Walter, 158, 160-1, 164, 166-7, 169, 176, 237-8, 303n
classe média, 136, 226
Clube Hípico Fluminense, 127
"Cocaína, A" (canção), 82
"Coerência na vida pública e no jornalismo" (artigo de *O Globo*, 2003), 233

Colégio Aldridge (Rio de Janeiro), 23-4
Colégio Paula Freitas (Rio de Janeiro), 17-9, 22
Collor de Mello, Fernando, 25-6, 112, 192-3, 220
Comissão Nacional da Verdade, 181, 298n
Comitê de Honra da Associação dos Amigos do Ano do Brasil na França (2005), 206-7
comunistas, 84, 90, 231-2, 234, 237-8, 244, 246-7, 250
Condenado ao êxito (projeto de autobiografia de Roberto Marinho), 21
Congresso Nacional, 181, 254
Constituição brasileira de 1946, 145-6
Conte Rosso (navio), 46-7, 283n
Conti, Mario Sergio, 85, 122, 209
Conversa em Família (programa de rádio), 97
Copa do Mundo de 1938 (França), 123
Copa do Mundo de 1970 (México), 175
Copacabana Palace, 58, 73
Coppede, família, 47
Cordiferro, Alessandro, 125
Correio da Manhã (jornal), 54
Correio da Noite (jornal), 57
Corretora de Valores Garantia, 152
Corte Real, Roberto, 163-4
Cosme Velho (Rio de Janeiro), 106-8, 110, 151-2, 161, 204, 260, 263-5, 270, 289-90n
Costa e Silva, Artur da, 148
Costa, Adroaldo Mesquita da, 148
Costa, Antonio Leal da, 40-1, 49, 58
Couto e Silva, Golbery do, 178
Cristina, dona (avó materna de Roberto Marinho), 125
Crítica (jornal), 73

Cruzeiro, O (revista), 54, 95
Cultura (TV), 236
"Cuore 'ngrato" (canção), 125

Daniel Filho, 167
Deloitte, 226
Deng Xiao Ping, 223
Despedida de Casado (telenovela), 160
Dia, O (jornal), 252
Diário Carioca (jornal), 202
Diário de Notícias, O (jornal), 31
Diários Associados, 19, 38, 134, 145, 155
Dias, Etevaldo, 239-40
Dias, Marluce, 219, 223
Diegues, Cacá, 161
Dines, Alberto, 181
Diretas Já (campanha de 1984), 190-1
ditadura militar (1964-85), 80, 92-3, 130, 144, 148, 166, 171, 174-6, 180, 182-5, 193, 211-3, 235, 246, 249, 304n
dólar, câmbio do, 225
Domênico, Cláudio, 264
Dops (Departamento de Ordem Política e Social), 144
Dourado, Sérgio, 236-7
Doutrina de Segurança Nacional, 174
Drummond de Andrade, Carlos, 114
Druon, Maurice, 300n
Dutra, Eurico Gaspar, 94-7, 99, 287n

Economist, The (jornal), 266-7
Edifício A Noite (Rio de Janeiro), 73
Editora Abril, 220
Editora do Autor, 114
Editora Pró-Sucesso, 220
Eletrobras, 101
Embratel, 166, 170, 172, 175
Época (revista), 220

Época Negócios (revista), 220
Erichsen, Edgardo Manoel, 238
Escalada (telenovela), 234
escravidão, 266
Espigão, O (telenovela), 236
Estado de S. Paulo, O (jornal), 43-4, 180, 223
Estado Novo, 82, 90, 93-4
Estados Unidos, 21, 44, 111, 136, 156, 213, 232, 254-5
Etiópia, 91
Eu te amo (filme), 161
Europa, 35, 37-8, 47-8, 66, 71, 81, 90, 92, 119, 206, 221
Excelsior (TV), 158

Falcão, Armando, 178
Família Sears (programa de TV), 165
Fantástico (programa de TV), 161
Farquhar, Percival, 39, 50
fascismo, 84, 90-1, 232
FCC (Federal Communications Comission), 254-5
Federação Internacional de Automobilismo, 126
Figueiredo, João, 239-40
First National City Bank, 150, 152-3, 155, 295n
Fishlow, Albert, 266
Fluminense Football Club, 126
Folha de S.Paulo (jornal), 190
Fontoura, Walter, 221
Forbes (revista), 211-2, 224
Ford, Tom, 152
Forte de Copacabana (Rio de Janeiro), 79, 81
Fortunato, Gregório, 102
Fortune (revista), 142
Fraga, Armínio, 225
França, 48, 110, 123, 202, 206-7
Freitas, Chagas, 252
Fundação Roquette Pinto, 161
Furacão sobre Cuba (Sartre), 113-4

Garnero, Mario, 217
Gaspari, Elio, 148, 240
Gazeta de Notícias (jornal), 31, 41, 48, 55, 62
Geisel, Ernesto, 213
Gire, Joseph, 73
Giulio Cesare (navio), 47, 283n
globalização, 266, 268
Globo, O (jornal), 24, 28, 47, 56-9, 61, 63-4, 66-7, 69-72, 75-9, 81-5, 89-97, 99, 102-3, 105, 107-8, 111-3, 116, 118-9, 121-2, 124, 126, 128-9, 133-4, 140, 154, 159-60, 169, 182, 189, 200-2, 209, 212, 221, 223, 231-4, 236, 239-40, 244, 246-7, 249-50, 260
Globo, Editora, 220, 223
Globo, Grupo, 85, 212, 219-20, 223-5, 227
Globo, Organizações, 122, 182-3, 187, 221, 233, 294n
Globo, Rádio, 93, 97-8, 101-5, 121-3, 129-30, 255, 292n
Globo, Rede, 25-6, 80, 104, 122, 141-9, 153, 156-8, 161, 164-6, 168, 172, 174-7, 179, 183, 185-6, 188-93, 201, 215-6, 218-9, 221-3, 227, 233, 235, 237-8, 241, 243, 245, 258, 263, 268, 294n, 302n, 304-5n
Globo Internacional (canal brasileiro para o exterior), 222
Globo Repórter (programa de TV), 161
GloboPar (holding), 217
Globosat, 224
GNT (canal), 224
golpe militar (1964), 25, 128, 179, 182-3, 231-2, 246, 294n
Gomes, Alfredo, 235
Gomes, Dias, 167, 234-7
Gonzáles Videla, Gabriel, 104-5
Goulart, João (Jango), 100-1, 134, 141, 179, 213, 232, 294n

Goulart, Paulo, 107
"grade horizontal" da Rede Globo, 161, 167
Grande Família, A (série de TV), 234
Grande Olimpíada, A (filme), 90
Grêmio Juvenil Tupi (programa de TV), 163
Grupo Estado, 224
Grupo Imprensa (Portugal), 222
Guerra, Amadeu, 32
Guignard, Alberto da Veiga, 108
Guimarães, Luís Felipe, 263
Guimarães, Ulysses, 213-4, 244
Guthrie, Woody, 21
Gymnasio Anglo-Brasileiro (Rio de Janeiro), 23

Haddad, Marcus Túlio, 264
Hadden, Briton, 141
Hartog, Simon, 186
Hearst, William Randolph, 194
Hernandez Catá, Alberto, 144
Herói mutilado: Roque Santeiro e os bastidores da censura à TV na ditadura (Mattos), 235
Herzstein, Edwin, 142
hipismo, 23, 107, 127, 199
Hitler, Adolf, 90
"Homem que fugiu dos 'outros', O" (Rodrigues), 247
Horkheimer, Max, 9
Hummel, Marcos, 191-2

Igreja católica, 214, 232
Ilha das Cobras (RJ), 37, 47
Inbasa (Indústria Brasileira de Alimentos S/A), 291-2n
Infoglobo, 223
Inglaterra, 153
"Instituições em frangalhos" (editorial do *Estadão*, 1968), 180
Instituto Casa Roberto Marinho, 270

Instituto Profissional Sousa Aguiar
 (Rio de Janeiro), 24, 27
IPCTV Globo (Japão), 222

J. W. Thompson (agência
 britânica), 164
Jabor, Arnaldo, 161
Jango *ver* Goulart, João
Japão, 205, 217, 222
Joá (cavalo), 127
João Paulo II, papa, 245
Jobim, Tom, 236, 270
Jogos Olímpicos de Roma (1960), 90
joint venture (Globo e Time-Life),
 147
Jornal da Tarde, 25-6, 180
Jornal do Brasil, 181
Jornal Hoje (telejornal), 192
Jornal Nacional (telejornal), 104,
 161-2, 166-7, 188-93, 240
jornalismo, 47, 61-2, 74, 79, 97,
 105, 142, 161-2, 181, 209, 222-3,
 233, 246, 268
Jouvet, Louis, 202
Jujuba (cavalo), 107
"Julgamento da Revolução"
 (editorial de *O Globo*, 1984),
 182

Kairala, José, 117, 120
Kehl, Maria Rita, 298n
Kennedy, John Fitzgerald, 213
Kubitschek, Juscelino, 103, 213,
 288n, 291n

Laborioso (cavalo), 199
Lacerda, Carlos, 97-8, 101-4, 115-6,
 127-9, 145, 176, 246
Lago, Mario, 243
Lara Resende, Otto, 21, 114, 160,
 247, 289n
Leão, Danuza, 201
Lei de Anistia (1979), 239, 241
Lei Geral de Telecomunicações,
 255

Lemann, Jorge Paulo, 152
liberalismo, 92
Life (revista), 141-2
Lily & Roberto (autobiografia de
 Lily Marinho), 202
Lima, Vasco, 29-30, 32-3, 35-6,
 49-52, 58, 85
Lins, José Luiz de Magalhães, 109,
 151-2, 210, 296n
Linx Filmes, 164
Luce, Henry, 141-2
Lula da Silva, Luiz Inácio, 24-8,
 192, 193, 206, 225, 227, 251,
 253-4, 256, 258-9, 265, 268
Lula da Silva, Marisa Letícia, 206

Madeira-Mamoré (estrada de
 ferro), 39
Magalhães, Antônio Carlos, 212-8
Magalhães, Juracy, 234
Maluf, Paulo, 212
Manchete, Rede, 26, 192, 218,
 302n
Mandrake (quadrinhos), 111
manifestações de junho (2013),
 183
Manzon, Jean, 95, 287n
Marcellini, Romolo, 90
Marcovitch, Jacques, 95, 98
Marie Claire (revista), 220
Marinho, Elizabeth (cunhada de
 Roberto Marinho), 127
Marinho, família, 31, 38, 50, 55,
 103, 151, 153, 167, 211
Marinho, Francisca Pisani Barros
 (mãe de Roberto Marinho), 31,
 46, 61, 64, 77
Marinho, Heloísa (irmã de
 Roberto Marinho), 46-7
Marinho, Hilda (irmã de Roberto
 Marinho), 46
Marinho, Irineu (pai de Roberto
 Marinho), 21, 30-1, 33, 35-7,
 40-2, 45-8, 51, 53-9, 61-3, 67-8,
 70, 75, 77

Marinho, João Roberto (filho de Roberto Marinho), 85, 108-9, 153-4, 223-5, 227
Marinho, José Roberto (filho de Roberto Marinho), 108, 223
Marinho, Lily Monique de Carvalho (terceira esposa de Roberto Marinho), 201-9, 263-4, 280n
Marinho, Moacyr (primo de Roberto Marinho), 29-30, 32, 51
Marinho, Paulo Roberto (filho de Roberto Marinho), 108
Marinho, Ricardo (irmão de Roberto Marinho), 46, 103
Marinho, Roberto Irineu (filho de Roberto Marinho), 9, 90, 108-9, 151, 153, 204, 223, 225-7, 264
Marinho, Rogério (irmão de Roberto Marinho), 46-7, 103
Marinho, Ruth Albuquerque (segunda esposa de Roberto Marinho), 153, 200-1, 203-4
Marinho, Stella Goulart (primeira esposa de Roberto Marinho), 107-10, 152, 155, 271
Martins, Aldemir, 108
Mattos, Eurycles de, 57, 61, 77-9
Mattos, Laura, 235
MDB (Movimento Democrático Brasileiro), 213-4, 252
Médici, Emílio Garrastazu, 175, 213
Meireles, Cecília, 114
Mello, Arnon de, 112, 114, 116-20, 291n
Mello e Souza, Cláudio, 128
Memória Globo (projeto de 2004), 188
Mena Barreto, João de Deus, 81
Mesquita Filho, Júlio de, 180
Mesquita Neto, Francisco de, 306n
Mesquita, Júlio, 43
Ministério da Guerra, 81, 101
Ministério da Justiça, 98, 234, 239-40
Ministério das Comunicações, 177-9, 212, 215-8, 251, 255, 258
Mônaco, 221
Mongaguá (colega de escola de Roberto Marinho), 22
Montenegro, Fernanda, 244
"Moon River" (canção), 143
Moraes, Antônio Ermírio de, 212, 306n
Moraes, Vinicius de, 114, 236
Morais, Fernando, 145
Moreira Salles, Pedro, 306n
Moreira Salles, Walther, 114, 152-4, 291n
Moreira, Cid, 188
Morel, Edmar, 82
Moreno, Jorge Bastos, 244
Moses, Herbert, 34, 58, 123
Motta, Sérgio, 255-6
MR-8 (Movimento Revolucionário 8 de Outubro), 246
Muito além do Cidadão Kane (documentário), 185-6, 188, 190-4
Müller, Filinto, 84
Multi Propaganda, 164
Multishow, 224
Mundo, O (jornal), 75-6
Muniz, Lauro César, 234
Museu da Imagem e do Som (MIS, São Paulo), 186
Mussolini, Benito, 84, 90-1, 93

Nabuco, Joaquim, 266
nazismo, 90
NBC (National Broadcasting Company), 164, 212
NEC (Nippon Electric Company), 216-7
"Nessun dorma" (ária de Puccini), 125

Neves, José Octavio de Castro, 164
Neves, Tancredo, 98-9, 134, 182, 212-3, 215-6, 218, 258
New York Times, The (jornal), 44
Niemeyer, Oscar, 306n
Niterói (RJ), 30-1, 41, 55, 62, 211
Nóbrega, Jorge, 223
Nogueira, Armando, 103, 162, 188, 303n
Noite, A (jornal), 28, 30-6, 38-44, 46-8, 50-1, 53-5, 57-8, 61-71, 73-6, 82, 135
"Noite Mundana, A" (coluna social), 49
"Noites do Norte" (canção), 266
Nossa, Leonencio, 19, 109, 153
Nota, A (jornal), 75
Notícia, A (jornal), 31
Notícias do Planalto (Conti), 85
Nova York, 44, 150, 153, 160, 164, 194, 266, 295n
Novarro, Ramon, 20
novelas da Globo, 235-6

oligarquias, 74
Olimpíadas de Londres (1948), 127
Oliveira, Euclides Quandt de, 177-9
Olivieri, Lícia, 270-1
ONU (Organização das Nações Unidas), 93
Ordem, A (jornal), 111

Paglia, Ernesto, 191
Paiva, Max Gomes de, 51-2
Paiz, O (jornal), 75
Palácio de Versailles, 206
Pancetti, José, 108, 270-3
Parlamento em Ação, O (programa de rádio), 98
Parque Lage (Rio de Janeiro), 115-6, 291n
Partido Comunista Brasileiro (PCB), 231-2, 234, 237, 247

PDC (Partido Democrata Cristão), 117
PDT (Partido Democrático Trabalhista), 187, 252-3
Peixoto, Edgar, 263-4, 305n
Peixoto, Ernâni Amaral, 83
Pellegrino, Hélio, 247
Pequenas Empresas & Grandes Negócios (revista), 220
Pereira, Cosme Velho, 289-90n
Péricles, Silvestre, 117-20
Perón, Juan Domingos, 75, 101
Pessoa, Epitácio, 37, 47, 49, 84
Petrópolis (RJ), 126, 221
Pimenta, Matos, 111
Pitanguy, Ivo, 270
Planeta Imóvel (portal de imóveis), 223
Plano Collor, 220
Plano Nacional de Cultura, 174
Plano Real, 224
Polícia do Distrito Federal, 84
Pontes, Walter, 235
Portela, Petrônio, 239
Portinari, Candido, 108, 126
Porto Alegre, 164, 220
Portugal, 48, 221, 227
Pradel, Honorato, 80-1
Prazeres, Heitor dos, 108
Price Waterhouse Media, 226
Priolli, Gabriel, 237
Proconsult & Racimec Associados, 186-8, 190
Projac (Rio de Janeiro), 222
Proust, Marcel, 203
PT (Partido dos Trabalhadores), 24, 27, 253, 258
PTB (Partido Trabalhista Brasileiro), 117
Puccini, Giacomo, 125

Quadros, Jânio, 294n
Quem Acontece (revista), 220
Quirino, Luís, 158

Racine, Jean-Baptiste, 203
Rádio Nacional, 163, 254
Rádio Roquette-Pinto, 116
Rádio Tamoio, 158
Rádio Transmissora Brasileira, 105, 292n
Radiobrás, 254
RAI (Radiotelevisione Italiana), 221
Rangel Sobrinho, Orlando da Fonseca, 80-1
RDB (Rede Bahia de Televisão), 217
Recenseamento de 1920, 53
Rego, Pereira, 246
República Velha, 36
Revista do Globo, 287n
Revolta dos Dezoito do Forte (1922), 37
Revolução de 1930, 75, 79-80, 90, 111, 232, 268
Ribke, Nahuel, 235
Rimbaud, Arthur, 203
Rio de Janeiro, 17-9, 24, 30, 36, 41, 49, 52-4, 64, 68, 73-4, 80, 83, 97, 105, 107, 109, 113, 122, 126, 143-4, 155, 162, 173, 181, 183, 186, 188-9, 201, 203, 222, 235-6, 241, 252, 254-5, 257, 265, 270
Rio Design Center, exposição no (1991), 270
Rio Gráfica Editora, 220, 289n
Rocha, Geraldo, 38-43, 48, 50, 63-4, 66-71, 73-6, 282n
Rockefeller, David, 263
Roda Viva (programa de TV), 236
Rodrigues Filho, Nelson, 246, 250
Rodrigues, Nelson, 54, 58, 60, 78, 83, 246-7, 249-50, 264
Rolla, Joaquim, 202
Romão, José Elias, 177
Roque Santeiro (telenovela), 234-5
Rothschild, Guy de, 263
Rousseff, Dilma, 298n

Sabino, Fernando, 114
Sales, Eugenio, d., 265
Salles, Walter, 153
Salvador (BA), 61
Santinha, dona (esposa de Dutra), 96
Santos (SP), 71, 159
Santos, Silvio, 220-1, 306n
São José dos Campos (SP), 168
São Marcos Comércio e Indústria de Materiais de Construção, 291n
São Paulo, 26, 75, 94, 96, 134, 141, 149, 158, 163-4, 168, 183, 186, 190-1, 206, 216, 221, 236
São Paulo-Rio Grande (subsidiária da Brazil Railway), 75
Saramandaia (telenovela), 234
Sarney, José, 182, 200, 216, 265
Sartre, Jean-Paul, 113-4
SBT (Sistema Brasileiro de Televisão), 26, 192, 221, 306n
Schmidt, Augusto Frederico, 116
Sears (lojas), 165
Segall, Lasar, 108, 126
Segunda Guerra Mundial, 90, 95, 121-2, 286n
Seilassie, Haile, 91
SIC (Sociedade Independente de Comunicação, Portugal), 221
Silva, Marques da, 65
Silva, Velho da, 47
Sinhô (sambista), 82
Sirotsky Sobrinho, Maurício, 165
Sirotsky, Jaime, 306n
Skidmore, Thomas, 100
Sky, 224-5
Soares, Costa, 32
Sociedade Hípica Brasileira, 199
Solar de Megaípe (PE), 107
SOS Animal Felino (Guaratiba, RJ), 201
"SOS Globo" (selo), 159
SporTV, 224

Super Shopping Center (Rio de Janeiro), 112-4, 291n
Super-Homem (quadrinhos), 111

Tamarind (iate), 155
Taylor, Elizabeth, 155
Teatro Lírico (Rio de Janeiro), 125
Teixeira, Miro, 251-60
Telecine, 224
Telemontecarlo (posto da Globo em Mônaco), 221
telenovelas da Globo, 235-6
televisão, 26, 96, 99, 103, 122-3, 133-6, 140-1, 148-9, 157-8, 163-6, 168-72, 174-6, 179-80, 183, 217, 219, 222, 226-7, 237, 255-6, 258, 268
tenentistas, levantes (anos 1920), 37, 84
Time (revista), 141-2
Time-Life (grupo americano), 141-2, 145-8, 150, 154, 156-8, 170, 175, 210, 295n
Top Sports, 224
Toquinho, 236
Torres, Paulo, 98
Tribuna da Imprensa (jornal), 98
Tribuna, A (jornal), 31
Tribunal Regional Eleitoral (TRE), 187
tuberculose, 35, 248
Tupi (TV), 96, 134, 158, 163, 165
Turandot (ópera de Puccini), 125
TV Bahia, 217-8
TV Gaúcha, 164-5
TV Globo *ver* Globo, Rede
TV Paulista, 163-4
TV Rio, 158, 164

UDN (União Democrática Nacional), 97, 101
Última Hora (jornal), 98, 101, 124
Unibanco, 114, 152-3
Uni-Duni-Tê (programa infantil de TV), 143

Valentino, Rodolfo, 20
Valor Econômico (jornal), 225
Vanguarda, Rede, 168
Vargas, Alzira, 83
Vargas, Benjamin, 102
Vargas, Getúlio, 75, 79, 81, 83-4, 89-90, 93, 97-9, 100, 102, 134, 232, 287-8n
Vaz, Rubens, 102
Veja (revista), 220
Veloso, Caetano, 266, 306n
Ventura, Zuenir, 244
Verdi, Giuseppe, 125-6
Verlaine, Paul, 203
Vestido de noiva (Rodrigues), 246
Vianna Filho, Oduvaldo, 234
Vidal, Barros, 32
Vieira, Carlos Alberto, 306n
Von Metternich, Paul, príncipe, 126
Votorantim, Grupo, 212
Voz do Brasil, A (programa de rádio), 171, 254

Wainer, Samuel, 98, 101
Wallach, Joe, 156-7, 160-1, 164-5, 169
Washington Luís, 79, 81
Welles, Orson, 194

Esta obra foi composta
por Raul Loureiro
em Electra e impressa
pela Gráfica Bartira
em ofsete sobre papel
Pólen Soft da Suzano S.A.
para a Editora Schwarcz
em outubro de 2021

A marca FSC® é a garantia de que a madeira utilizada na fabricação do papel deste livro provém de florestas que foram gerenciadas de maneira ambientalmente correta, socialmente justa e economicamente viável, além de outras fontes de origem controlada.